Robin Sharma

Die geheimen Briefe des Mönchs der seinen Ferrari verkaufte

Aus dem Englischen von
Hans Freundl

Pattloch

Titel der englischen Originalausgabe
The Secret Letters Of The Monk Who Sold His Ferrari

Deutsche Erstausgabe genehmigt durch:
HarperCollins Publishers Ltd.
2 Bloor Street East, M4W 1A8 Toronto (Ontario), Canada

Besuchen Sie uns im Internet:
www.pattloch.de

Umschlaggestaltung: ZERO Werbeagentur, München
Umschlagabbildungen: Tim Robinson/Arcangel Images; Keren Su/GettyImages
Redaktion: Franz Leipold
Satz: Adobe InDesign im Verlag
Druck und Bindung: C. H. Beck, Nördlingen
Printed in Germany
ISBN 978-3-629-13007-5

2 4 5 3 1

»Geh, so weit du sehen kannst.
Wenn du dort angekommen bist,
kannst du weiter sehen.«

Thomas Carlyle

Prolog

Mein Führer ging stumm vor mir her, als behage es auch ihm nicht, hier unten zu sein. Im Tunnel war es feucht, und er war nur schwach beleuchtet. Die Gebeine von sechs Millionen Parisern ruhten hier in der Erde …

Plötzlich blieb der junge Mann vor dem Eingang zu einem weiteren Tunnel stehen. Er war durch ein kleines rostiges Eisengitter von dem Tunnel abgetrennt, aus dem wir kamen. Dieser Tunnel war dunkel. Mein Führer schob das Gitter zur Seite und machte ein paar Schritte in die Dunkelheit. Dann blieb er stehen und schaute zu mir zurück, um sich zu vergewissern, dass ich ihm folgte. Ich trat unsicher aus dem matten Licht heraus, als sein Rücken vor mir verschwand. Ich ging ein paar Schritte weiter. Da stieß mein Fuß gegen irgendetwas. Ein dumpfes Scheppern erfüllte die Luft, und ich erstarrte. Zugleich wurde es hell um mich herum. Mein Führer hatte seine Taschenlampe eingeschaltet. Plötzlich wünschte ich, er hätte es nicht getan. Die schaurige Geordnetheit war verschwunden. Überall lagen Knochen – sie waren über den Boden verstreut, lagen zwischen unseren Füßen und waren an der Mauer in ungeordneten Stapeln aufgehäuft. Das

Licht der Taschenlampe verfing sich in Staubwolken und Spinnweben, die von der Decke herabhingen.

»Ça c'est pour vous«, sagte mein Führer. Er warf mir die Taschenlampe zu. Als ich sie auffing, trat er schnell hinter mich.

»Was –«, rief ich.

Bevor ich meine Frage zu Ende bringen konnte, sagte der Mann: *»Il vous rencontrera ici.«* Dann war er verschwunden und ließ mich allein hier zurück, fünfzehn Meter unter der Erde, ein einsamer, verlassener Mensch inmitten einem Meer von Toten.

Kapitel 1

Es war einer jener Tage, von denen man sich wünscht, sie wären schon vorbei, kaum dass sie zehn Minuten alt sind. Es begann, als ich meine Augen aufschlug und feststellte, dass beunruhigend viel Sonnenlicht durch die Fensterläden des Schlafzimmers drang. Jene Menge an Sonnenlicht, die für 8 Uhr morgens typisch ist – nicht für 7 Uhr morgens. Mein Wecker hatte nicht geläutet. Dieser Erkenntnis folgte ein zwanzigminütiges Schimpfen und Heulen (das Heulen besorgte mein sechs Jahre alter Sohn), als ich durch das Haus hetzte, vom Bad in die Küche und zur Haustür, und dabei versuchte, all die lächerlichen kleinen Dinge zusammenzuraffen, die Adam und ich für den Rest dieses Tages benötigen würden. Als ich eine Dreiviertelstunde später mit dem Wagen an seiner Schule ankam, warf mir Adam einen vorwurfsvollen Blick zu.

»Mami hat gesagt, wenn du mich am Montag zu spät zur Schule bringst, werde ich Sonntagabend nicht mehr zu Hause verbringen dürfen.«

Junge, Junge!

»Das war das letzte Mal, ich verspreche es.«

Adam stieg mit einem zweifelnden Gesichtsausdruck aus dem Auto.

»Hier«, sagte ich und reichte ihm einen prall gefüllten Plastikbeutel. »Vergiss dein Pausenbrot nicht.«

»Behalte es«, erwiderte Adam, ohne mich anzuschauen. »Ich darf keine Erdnussbutter in die Schule mitbringen.«

Darauf drehte er sich um und rannte über den leeren Schulhof. *Das arme Kind,* dachte ich, während ich beobachtete, wie er mit seinen kurzen Beinen auf die Eingangstür zulief. Nichts ist schlimmer, als zu spät zur Schule zu kommen, wenn alle anderen schon da sind und die Nationalhymne durch die Gänge hallt. Und dann auch noch kein Pausenbrot dabeizuhaben.

Ich warf den Plastikbeutel auf den Beifahrersitz und seufzte. Ein weiteres »Betreuungswochenende« hatte ein unrühmliches Ende gefunden. Ich hatte als Ehemann eklatant versagt. Und jetzt schien es, als würde ich auch als getrennt lebender Vater auf ähnlich grandiose Weise scheitern. Nachdem ich Adam abgeholt hatte, reihte sich anscheinend eine Enttäuschung an die andere. Obwohl ich die ganze Woche, wenn Adam nicht da war, das Gefühl hatte, mir würde etwas Wichtiges fehlen, verspätete ich mich am Freitag regelmäßig. Die versprochene Pizza und der Kinobesuch wurden vergällt durch das Thunfisch-Sandwich, das Annisha Adam mittags zu essen gab. Und dann war da noch mein Telefon, das unaufhörlich piepste, als habe es einen schlimmen Schluckauf. Es läutete im Kino und wenn ich Adam zu Bett brachte. Es läutete beim Frühstück, bei dem wir leicht angebrannte Pfannkuchen verzehrten, und wenn wir im Park spazieren gingen. Es läutete, wenn wir uns Hamburger holten, und es läutete die ganze übrige Zeit. Natürlich war das

Läuten nicht das eigentliche Problem. Das bestand darin, dass ich jedes Mal darauf reagierte. Ich überprüfte meine Kurznachrichten; ich verschickte Antworten; ich telefonierte. Und mit jeder Unterbrechung wurde Adam ein wenig stiller, ein wenig distanzierter. Es brach mir das Herz, doch der Gedanke, das Ding einfach zu ignorieren oder es abzuschalten, trieb mir den Schweiß auf die Stirn.

Während ich zur Arbeit raste, dachte ich über das verkorkste Wochenende nach. Als Annisha angekündigt hatte, dass sie eine Trennung auf Probe wünsche, fühlte ich mich, als habe mich gerade ein Lastwagen angefahren. Sie hatte sich seit Jahren darüber beklagt, dass ich nie Zeit für sie und Adam fand; dass ich viel zu sehr von meiner Arbeit in Beschlag genommen werde; dass ich viel zu sehr mit meinem eigenen Leben beschäftigt sei, um auch an ihrem teilhaben zu können.

»Aber wie soll das besser werden, wenn du mich verlässt?«, fragte ich. »Wenn du häufiger mit mir zusammen sein möchtest, warum sorgst du dann dafür, dass du mich künftig noch seltener siehst?«

Immerhin hatte sie gesagt, dass sie mich nach wie vor liebe. Und dass sie wolle, dass ich weiterhin ein gutes Verhältnis zu meinem Sohn pflege.

Doch als ich schließlich in eine eigene Wohnung umzog, war ich verletzt und verbittert. Ich hatte versprochen, ich würde künftig versuchen, mehr Zeit zu Hause zu verbringen. Ich hatte sogar Einladungen zu einem Golfturnier und zu einem Essen mit Geschäftskunden abgelehnt. Doch Annisha sagte, das seien alles nur Kinkerlitzchen – ich sei nicht ernsthaft dazu bereit, all die Dinge abzustellen, die falsch liefen. Jedes Mal, wenn ich an diese Worte dachte, knirschte ich mit den Zähnen. Verstand Annisha denn nicht, wie sehr mich meine Arbeit forderte? Konnte sie nicht begreifen, wie wichtig es für mich war, beruflich voranzukommen? Wenn ich nicht so viel gearbeitet hätte, dann hätten wir uns unser großes Haus, die Autos und die eindrucksvollen Großbildfernseher nicht leisten können. Gut, ich gebe zu, Annisha machte sich nichts aus den Fernsehern. Aber trotzdem!

Ich nahm mir vor: Ich werde ein erstklassiger »getrennter Vater« sein. Ich werde Adam meine Aufmerksamkeit schenken; ich werde zu allen schulischen Anlässen erscheinen; ich werde mir die Zeit nehmen, ihn ins Schwimmbad oder zum Karate zu fahren; ich werde ihm Bücher vorlesen. Wenn er abends anruft, werde ich alle Zeit der Welt haben, um mit ihm zu reden. Ich werde mir seine Probleme anhören, ihm Ratschläge geben und mit ihm Spaß haben. Ich werde ihm bei den Hausaufgaben helfen, und ich werde sogar lernen, diese nervigen Videospiele mit ihm zu spielen, die er so mag. Ich werde ein wunderbares Verhältnis zu meinem Sohn aufbauen, auch wenn ein gutes Verhältnis zu meiner Frau nicht mehr möglich ist. Und ich werde Annisha beweisen, dass ich nicht irgendwelche »Kinkerlitzchen« mache.

In den ersten Wochen nach der Trennung kam ich ganz gut zurecht. In mancherlei Hinsicht war es gar nicht so schwer. Doch es schockierte mich, wie sehr ich die beiden vermisste. Ich wachte in meiner Wohnung auf und lauschte auf die schwache Stimme, von der ich wusste, dass sie nicht da war. Ich lief am Abend in der Wohnung umher und dachte nach. *Jetzt ist die Zeit, zu der ich eine Gutenachtgeschichte vorlesen würde. Jetzt würde ich Adam vor dem Einschlafen umarmen. Und das ist der Moment, in dem ich mich zu Annisha ins Bett kuscheln würde, der Moment, in dem ich sie in den Arm nehmen würde.* Ich konnte die Wochenenden kaum erwarten.

Aber als die Monate verstrichen, begannen auch diese Gedanken zu verschwinden. Genauer gesagt, sie wurden durch etwas anderes verdrängt. Ich nahm mir jeden Abend Arbeit mit nach Hause oder blieb lange im Büro. Wenn Adam anrief, tippte ich auf meinem Computer weiter und hörte ihm nur flüchtig zu. Manchmal vergingen Wochen, ohne dass ich daran dachte, was er wohl den Tag über machte. Als die Schulferien begannen, wurde mir klar, dass ich gar keine freie Zeit für ihn eingeplant hatte. Dann sagte ich kurzfristig ein Geschäftsessen ab an jenem Abend, als in Adams Schule das Frühjahrskonzert stattfand. Ich vergaß auch, ihn zur halbjährlichen Zahnreinigung zu bringen, obwohl mich Annisha eine Woche vorher daran erinnert hatte. Und ich begann, am Freitag zu spät zu kommen. Das war wieder so ein Wochenende gewesen, das man nicht gerade als gelungen bezeichnen konnte.

Ich winkte dem Wachmann Danny kurz zu, als ich meinen Wagen auf den Firmenparkplatz lenkte. Nachdem ich mich so beeilt hatte, wünschte ich jetzt plötzlich, ich wäre nicht hier. Ich fuhr auf meinen Platz, stellte aber den Motor nicht ab.

Zu meiner Entschuldigung muss ich erwähnen, dass es für mich völlig natürlich war, mich so sehr in die Arbeit zu stürzen. Wir hatten damals eine besonders schwierige Situation in der Firma. Seit Monaten kursierte das Gerücht, wir sollten verkauft werden. Ich hatte die letzten zwölf Wochen mit nichts anderem verbracht, als Berichte und Aufstellungen zu verfassen: Verkaufsberichte, Bestandsverzeichnisse, Personalberichte, Gewinn-und-Verlust-Rechnungen. Wenn ich abends die Augen zumachte, sah ich die Zeilen und Spalten von Tabellen vor mir. Das erwartete mich in dem Gebäude, aber ich konnte es nicht länger hinauszögern. Ich stellte den Motor ab, griff mir meine Laptop-Tasche und ging hinein.

Ich begrüßte Devin, unseren Mann am Empfang. Er beugte den Kopf konzentriert über seinen Computerbildschirm, aber ich wusste, dass er Solitär spielte. Als ich nach rechts abbog, sah ich aus den Augenwinkeln, dass Devin grinste, aber vielleicht bildete ich mir das auch nur ein. Der kürzeste Weg zu meinem Büro führt über die linke Seite, aber diesen benutzte ich schon länger nicht mehr. Devin dachte offensichtlich, dies habe damit zu tun, dass Tessas Schreibtisch auf der rechten Seite liegt. Doch das war nur ein zusätzliches Bonbon. Wenn ich nach rechts ging, musste ich nicht an Juans Büro vorbei. *Juan.* Verdammt. Ich weiß nicht, warum mir diese Sache nach all der Zeit noch immer so nahegeht. Das Büro wurde jetzt nicht mehr benutzt. Die Jalousien waren herabgelassen, der Schreibtischstuhl war leer. Auf dem Aktenschrank standen keine Bilder von Juans Frau und Kindern mehr, der Beistelltisch war frei von Kaffeetassen, und an den Wänden hingen keine Tafeln mehr. Doch es war, als liege der Schatten all dieser Dinge noch immer über dem leeren Raum.

Ich verlangsamte meine Schritte, als ich mich Tessas Arbeitsplatz näherte. Tessa und ich arbeiteten schon seit mehreren Jahren zusammen. Wir waren immer gut miteinander ausgekommen – wir hatten denselben Sinn für Humor. Ich war mir nicht sicher, wie es mit mir und Annisha weitergehen würde, aber ich musste zugeben, dass ich seit der Trennung häufiger an Tessa gedacht hatte.

Ich entdeckte ihr schwarzes Haar, aber sie telefonierte gerade. Daher ging ich weiter.

Kaum hatte ich die Tür zu meinem Büro hinter mir geschlossen, lief alles wieder wie gehabt. Ich überlegte, ob ich mir den neuen Prototyp ansehen sollte, bevor ich mich den dringenderen Aufgaben widmete. Ich wusste, dass das Konstruktionsteam mich über jede neue Entwicklung auf dem Laufenden halten würde, doch der Gedanke, mich ein paar Minuten im Labor abzulenken, war verführerisch.

Im Konstruktionslabor hatte ich angefangen. Einen meiner ersten Jobs hatte ich in der Entwicklungsabteilung dieser Firma bekommen, eines Autoteile-Herstellers. Es war mein Traumjob. Juan, der technische Direktor, hatte mich von Anfang an unter seine Fittiche genommen. Juan war mein Mentor.

Aber selbst wenn man seinen Job liebt, kann man nicht ständig am selben Fleck bleiben. Das ist ein Karrierekiller. Doch das brauchte mir niemand zu sagen. Ich war wie ein Hund, der so eifrig mit dem Schwanz wedelt, dass er sich fast den Rücken verrenkt. Auch meinen Vorgesetzten entging das nicht. Als mir angeboten wurde, in der Firmenhierarchie eine Stufe höher zu klettern, rief mich Juan zu sich ins Büro.

»Du weißt«, sagte er, »wenn du diese Position annimmst, wirst du mit Forschung und Entwicklung nichts mehr zu tun haben. Du wirst verkaufen und Managementaufgaben übernehmen. Willst du das?«

»Ich will vorwärtskommen, Juan«, erwiderte ich und lachte. »Und ich werde damit bestimmt nicht warten, bis du in den Ruhestand gehst.«

Juan schenkte mir nur ein schwaches Lächeln, sagte aber nichts.

Nach diesem ersten Karriereschritt stieg ich rasch weiter auf. Bald war ich verantwortlich für alle unsere Projekte und Produktentwicklungen für einen unserer wichtigsten Kunden.

Ich griff mir meine Kaffeetasse und wollte durch die Eingangshalle zum Labor gehen, aber dann blieb ich stehen. Es war nicht notwendig, dass ich dorthin ging. Ich stellte meine Kaffeetasse ab und setzte mich in meinen Schreibtischsessel. Ich schaltete meinen Computer ein, öffnete einen Ordner und richtete meine Augen auf das Zahlengewirr, das meinen Bildschirm ausfüllte.

Einige Stunden später hatte ich eine weitere Gewinn-und-Verlust-Rechnung erstellt und wollte mich gerade meinem überquellenden Posteingang zuwenden, als das Telefon läutete. Ich brauchte ein paar Sekunden, bis ich die Stimme meiner Mutter erkannte. Sie klang aufgeregt. *Gütiger Himmel,* dachte ich. *Was ist denn jetzt schon wieder los?* Meine Mutter hatte in den letzten Monaten ungewöhnlich viel Interesse an meinem Leben gezeigt. Das fing an, mich allmählich zu nerven.

»Tut mir leid, dass ich dich bei der Arbeit störe,

Jonathan, aber es ist wichtig«, sagte sie. »Ich habe gerade mit Cousin Julian gesprochen. Er muss dich sofort sehen. Es ist dringend.«

Mich?, dachte ich. *Warum um alles in der Welt will Julian mich sehen?*

Offen gesagt, ich kannte Julian kaum. Er war nicht mein Cousin, sondern der Cousin meiner Mutter. Sie hatte ein enges Verhältnis zu Julian und dessen Schwester Catherine gepflegt, als sie alle noch klein gewesen waren, aber ich war in einem anderen Teil des Landes aufgewachsen. Entfernte Verwandte waren für mich so interessant wie die Zeitung der vergangenen Woche.

Bei meiner ersten und bisher einzigen Begegnung mit Julian war ich ungefähr zehn Jahre alt gewesen. Wir besuchten Catherine, die uns zum Essen in ihr Haus eingeladen hatte. Ich kann mich nicht mehr erinnern, ob auch Julians Frau anwesend war, oder ob sie damals schon geschieden waren. Um ehrlich zu sein, ich kann mich kaum an diesen Besuch erinnern, nur an eine Sache: an Julians feuerroten Ferrari. Catherine hatte davon gesprochen, und daher wartete ich auf der Treppe vor dem Haus, bis er die Zufahrt herauffuhr. Das Auto war noch prachtvoller, als ich es mir vorgestellt hatte. Julian sah, was ich für ein Gesicht machte (meine Kinnlade fiel anscheinend bis zu meinen Schuhen herunter), und lud mich zu einer kleinen Spritztour ein. Ich war noch nie in einem Auto gesessen, das so schnell fuhr. Mir kam es vor, als würden die Räder jeden Augenblick von der Straße abheben, so dass wir in der Luft schwebten. Ich glaube, ich habe während der gesamten Fahrt nicht ein Wort gesagt. Als wir wieder zum Haus zurückkamen, stieg Julian aus, aber ich rührte mich nicht von der Stelle.

»Willst du noch eine Weile im Auto sitzen bleiben?«, fragte er.

Ich nickte. Er wandte sich zum Gehen, aber ich hielt ihn auf.

»Cousin Julian?«

»Ja«, sagte er.

»Woher hast du dieses Auto?«, fragte ich. »Ich meine … das muss doch sehr viel Geld gekostet haben?«

»Das stimmt«, erwiderte er. »Wenn du auch einmal ein solches Auto haben willst, Jonathan, musst du sehr, sehr hart arbeiten, wenn du einmal groß bist.«

Das habe ich nie vergessen.

Wie ich mich erinnere, blieb Julian nach dem Essen nicht lange – Mutter und Cousine Catherine schienen enttäuscht, vielleicht sogar ein bisschen verärgert. Obwohl ich erst zehn Jahre alt war, konnte ich mir vorstellen, dass Julian wesentlich interessantere Orte kannte. Er führte jenes Leben, das auch ich führen wollte, wenn ich älter war. Ich beobachtete neidisch, wie Julians fabelhafter Sportwagen zur Straße hinunterrollte.

Nachdem meine Mutter jahrelang nicht mehr von Julian gesprochen hatte, erwähnte sie seinen Namen nun jedes Mal, wenn wir uns trafen. Vor kurzem hatte sie mir erzählt, dass es den Ferrari schon lange nicht mehr gab. Cousin Julian hatte anscheinend nach irgendeinem Erlebnis sein Leben gründlich verändert. Er hatte seinen höchst einträglichen Beruf als angesehener Rechtsanwalt an den Nagel gehängt, den Ferrari verkauft und sich einem »einfachen« Leben zugewandt. Mutter erzählte mir, dass er bei einer weitgehend unbekannten Gruppe von Mönchen, die tief im Himalaja lebten, Studien absolviert habe und dass er neuerdings häufig purpurrote Gewänder trage. Sie sagte, er sei ein völlig anderer Mensch geworden. Ich verstand nicht recht, warum sie das für eine gute Sache hielt.

Und sie hatte versucht, uns beide zusammenzubringen. Sie hatte mir vorgeschlagen, ich solle mir etwas Zeit reservieren, um ihn zu besuchen, wenn ich geschäftlich in seiner Stadt zu tun hätte. Aber, offen gesagt, wenn ich nicht einmal genug Zeit für Annisha und Adam aufbringen konnte, warum sollte ich mir dann einen Tag freinehmen, um ihn mit einem Mann zu verbringen, den ich kaum kannte? Außerdem, wenn er noch immer ein erfolgreicher Anwalt mit einem glamourösen Lebensstil und einem tollen Flitzer gewesen wäre, hätte ich darin eher einen Sinn erkennen können. Warum jedoch sollte ich meine Zeit für einen beschäftigungslosen alten Mann opfern, der keinen Ferrari mehr besaß? In meiner Stammkneipe gab es Leute wie ihn zuhauf.

»Mutter«, sagte ich, »wovon redest du? Warum will Julian mich sehen?«

Mutter wusste nichts Näheres. Sie sagte, Julian wolle mit mir sprechen. Er brauche in irgendeiner Sache meine Hilfe.

»Das ist verrückt«, erwiderte ich. »Ich habe Cousin Julian seit Jahren nicht mehr gesehen. Ich kenne den Mann kaum. Es gibt bestimmt auch noch andere Leute, die ihm helfen können.«

Mutter erwiderte nichts, aber ich glaubte zu hören,

dass sie leise schluchzte. Die letzten Jahre, seit mein Vater gestorben war, waren sehr schwierig für sie gewesen. »Mutter«, sagte ich, »geht's dir gut?«

Sie schniefte ein wenig, aber dann redete sie in einem eiskalten Ton weiter, den ich von ihr gar nicht kannte.

»Jonathan, wenn du mich liebst, dann mache es. Du sollst alles tun, was Julian von dir verlangt.«

»Aber was …« Ich bekam keine Gelegenheit, meine Frage zu stellen.

»Wenn du heute nach Hause kommst, wird ein Flugticket bei dir im Briefkasten liegen.« Sie fing einen weiteren Satz an, aber dann versagte ihre Stimme. »Jonathan, ich muss jetzt weg«, sagte sie noch und legte auf.

Den Rest des Tages fiel es mir schwer, mich zu konzentrieren. Der Anruf sah meiner Mutter überhaupt nicht ähnlich – ihre Eindringlichkeit und ihre Verzweiflung verunsicherten mich. Und zudem war alles ziemlich rätselhaft. Was um alles in der Welt wollte Julian von mir? Ich dachte darüber nach, wie er sein Leben umgekrempelt hatte. War er völlig durchgedreht? Würde ich auf einen verwirrten alten Zausel treffen, der von irgendwelchen verschwörerischen Machenschaften der Regierung faselte? Einen Typen mit wirren Haaren, der im Hausmantel und in Pantoffeln über die Straße schlurfte? (Ich wusste, dass Mutter das nicht gemeint hatte, als sie von »purpurroten Gewändern« sprach, aber ich wurde dieses Bild nicht mehr los.) Ich war so sehr mit diesen Gedanken beschäftigt, dass ich an Juans Büro vorbeiging, nachdem ich abends Schluss gemacht hatte. Erst als ich in die

Eingangshalle kam, erkannte ich, was ich getan hatte. Es erschien mir als ein schlechtes Omen.

Zu Hause hätte ich fast vergessen, in den Briefkasten zu schauen. Ich fummelte ein paar Minuten mit dem verbogenen Schlüssel herum, dann sprang die kleine Metalltür auf, und Handzettel von Pizzadiensten und Werbeblätter für Versicherungsangebote verteilten sich über den Boden. Als ich sie aufhob, fand ich dazwischen einen dicken Umschlag. Er war von meiner Mutter. Ich seufzte, stopfte ihn in die Tasche und ging die Treppe hoch zu meiner Wohnung.

Ich schob eine tiefgekühlte Lasagne in die Mikrowelle und öffnete den Umschlag. Darin lagen eine kurze Notiz von meiner Mutter, in der sie mir mitteilte, dass Julian gegenwärtig in Argentinien lebe, und ein Flugticket nach Buenos Aires. Du meine Güte, dachte ich. Ich soll einen Zwölf-Stunden-Flug auf mich nehmen, um mich für ein oder zwei Stunden mit einem entfernten Verwandten zu treffen? Über das Wochenende? Toll. Ich würde das ganze Wochenende in einer fliegenden Sardinendose verbringen und deshalb meinem Sohn eine Enttäuschung bereiten müssen. Oder ich würde meine Mutter noch mehr verletzen müssen, nachdem es ihr ohnehin nicht besonders gutging.

Ich verzehrte meine lauwarme Lasagne vor dem Fernseher und hoffte, dass ein tüchtiger Schluck Scotch die Kargheit meiner Mahlzeit und meine Trübsal kaschieren würde.

Den Anruf bei Annisha schob ich so lange hinaus, bis ich sicher sein konnte, dass Adam im Bett war. Annisha hält sehr viel von festen, geregelten Abläufen, und daher wusste ich, was mich erwartete. Als sie sich meldete, klang sie müde, aber nicht gerade unglücklich. Ich machte mich darauf gefasst, dass ihre Stimmung gleich umschlagen würde, und berichtete ihr von meinen möglichen Plänen für das Wochenende. Doch Annisha wusste bereits Bescheid.

»Ich habe mit deiner Mutter gesprochen, Jonathan«, sagte sie. »Du musst das machen. Adam wird Verständnis dafür haben.«

Damit war die Sache entschieden.

Kapitel 2

Das Taxi bog von der Autobahn in einen außergewöhnlich breiten Boulevard ein. Er sah wie eine typische Schnellstraße in der Stadt aus: zu beiden Seiten von Bäumen gesäumt, mit einer grünen Insel, die den Gegenverkehr abtrennte, aber er war mindestens zehn Fahrspuren breit. Ich war zum ersten Mal in Südamerika und bemerkte überrascht, wie wenig sich Buenos Aires von einer europäischen Großstadt unterschied. Ein riesiger Obelisk, der dem Washington Monument ähnelte, teilte die Szenerie vor mir, doch die Gebäude an der Straße erinnerten mich ein wenig an Paris.

Julian hatte für mich einen Nachtflug am Freitagabend gebucht. Ich war überraschenderweise während des Fluges eingeschlafen und wachte erst auf, als das Flugzeug zur Landung ansetzte. Jetzt war es Morgen, und ich befand mich in einer anderen Hemisphäre als in der, in der ich eingeschlafen war.

Die Bauten im Stil der Belle Époque, die Balkongeländer aus schwarzem Eisen und die Blumenkästen setzten sich während unserer Fahrt fort, aber schließlich kamen wir in eine Gegend, die etwas älter aussah, ein bisschen schäbiger und heruntergekommener. An den Wänden prangten Graffitis, von den Mauern bröckelte Putz ab, und die Farben der Markisen waren verblichen. Obwohl es ein kühler Herbsttag war, standen viele Fenster offen, und ich sah Vorhänge, die im Wind flatterten. An einer Straßenecke spielten Musiker vor einer kleinen Gruppe von Zuschauern.

Das Taxi wurde langsamer und hielt schließlich vor einer Hausfront. Auf dem Schild im Fenster wurden Tango-Stunden angeboten. Aus der halboffenen Haustür drang Musik. Ich überprüfte noch einmal die Adresse, die mir Julian gegeben hatte. Anscheinend waren wir bei diesem Tanzstudio richtig. Ich zeigte dem Taxifahrer das Stück Papier, um mich zu vergewissern, dass wir im richtigen Teil der Stadt und nicht irgendwo anders gelandet waren. Er nickte und zuckte die Schultern. Ich zahlte und stieg aus.

Na toll, dachte ich und spähte durch die halboffene Tür. *Es war kein Scherz, als Mutter sagte, Julian habe sein Leben verändert.*

Der Raum war breit, aber nicht tief. Die Wände erstrahlten in kräftigem Rot, und Lüster aus Glas hingen von der Decke herab. Männer und Frauen, die sich eng umfasst hielten, aber dennoch eine gewisse Förmlichkeit wahrten, bewegten sich im Takt der pulsierenden Musik.

Während ich die Gruppe betrachtete, löste sich ein großer, modisch gekleideter Mann von seiner Tanzpartnerin und suchte sich einen Weg durch die Tänzer. Er lächelte, als er näher kam.

»Jonathan«, sagte er. »Ich freue mich, dass du gekommen bist.« Er streckte mir die Hand entgegen, und wir begrüßten uns.

Ich brauchte eine Weile, bis ich den Mann, der hier vor mir stand, mit dem Bild in Einklang bringen konnte, das ich während meiner Anreise im Kopf gehabt hatte. Julian sah wesentlich jünger aus als damals vor zwanzig Jahren bei unserer letzten Begegnung. Seine schlanke, muskulöse Figur hatte nichts mehr gemein mit jener dicklichen, aufgedunsenen Gestalt, die hinter dem Steuer des Ferraris gesessen war. Sein Gesicht wies keine Falten auf und blickte entspannt. Seine klaren blauen Augen schienen mich zu durchbohren.

»Entschuldige bitte«, sagte Julian und deutete mit der Hand in den Raum. »Ich war mir nicht sicher, wann dein Flugzeug ankommen würde, deshalb habe ich meinen Samstagskurs nicht ausfallen lassen. Aber jetzt wo du hier bist, lass uns gleich nach oben gehen.«

Julian führte mich zu einer Tür, die ich vom Eingang aus nicht gesehen hatte. Er öffnete sie und bedeutete mir, ihm die Treppe hinauf zu folgen. Oben angekommen, ging er an mir vorbei und öffnete eine weitere Tür. »Komm rein, komm rein«, sagte er, während er den Raum betrat.

Die Wohnung war hell und geräumig, sah aber ganz anders aus, als ich mir Julians Heim vorgestellt hatte. Das Mobiliar war eine eigenartige Mischung aus Alt und Neu. Plakate von Musikern und Tänzern schmückten die Wände, und auf dem Boden stapelten sich Bücher. Es ähnelte ein wenig einer Studentenbude.

»Ich möchte mich entschuldigen, dass du so kurzfristig diese weite Reise unternehmen musstest, aber ich lebe seit ein paar Monaten in dieser wunderbaren Stadt. Ein Freund suchte einen Untermieter für seine

Wohnung, und da ich schon immer Tango lernen wollte, erschien mir das als die perfekte Gelegenheit. Ich will mich kurz umziehen, dann mache ich uns Kaffee.«

Julian verschwand über einen langen, schmalen Gang. Ich setzte mich in einen Sessel, auf dem eine Baumwolldecke lag; darin waren die Worte »Sei außergewöhnlich« eingestickt. Ich hörte die Tangomusik, die von unten heraufdrang, und spürte ein Vibrieren unter den Holzdielen.

Während ich auf Julian wartete, begannen meine Gedanken zu rasen. *Was tat ich hier eigentlich? Was wusste ich über diesen Mann?* Ich fühlte mich unbehaglich. Irgendwie spürte ich, dass sich mein Leben für immer verändern würde, sobald Julian ins Zimmer zurückkehrte. Ich spürte, dass das, was vor mir lag, schwierig und anstrengend sein würde. *Ich muss das nicht machen,* dachte ich. Ich warf einen Blick über die Schulter zur Tür und überlegte, wie lange ich brauchen würde, um ein Taxi zu finden. In diesem Augenblick kam Julian zurück.

Er trug ein langes purpurrotes Gewand. Die Kapuze umhüllte seinen Kopf.

»Tee oder Kaffee?«, fragte er, während er zu einer kleinen Küche am hinteren Ende des Wohnzimmers ging.

»Kaffee, bitte«, sagte ich.

Ich fühlte mich etwas unbehaglich allein in diesem Wohnzimmer. Also stand ich auf und folgte Julian in die Küche. Während er an der Kaffeemaschine hantierte, schaute ich aus dem Fenster, hinunter auf die schmale gepflasterte Straße. Die Tanzgruppe hatte sich anscheinend gerade aufgelöst, denn mehrere Paare strömten hinaus auf den Gehsteig. Verschiedene Stimmen und lautes Gelächter lösten die Musik ab.

Schließlich wandte ich mich an Julian. »Was …« Ich zögerte und versuchte, nicht allzu taktlos zu sein. Ich nahm einen neuen Anlauf. »Wozu brauchst du mich? Warum wolltest du mich sehen?«

»Jonathan«, erwiderte er und lehnte sich an die Anrichte. »Kennst du meine Geschichte?«

Ich wusste nicht recht, worauf Julian hinauswollte. Ich sagte, ich wisse von ihm, dass er Rechtsanwalt gewesen sei, einen Haufen Geld verdient und in Saus und Braus gelebt habe. Ich sagte, ich hätte gehört, dass er einen Sinneswandel durchgemacht und seine Kanzlei aufgegeben habe. Näheres allerdings wüsste ich nicht.

»Das ist richtig«, erwiderte Julian. »Irgendwann hatte ich mehr Erfolg, als ich mir jemals hätte träumen lassen – soweit es Geld und Ruhm betraf. Doch zugleich zerstörte ich mein Leben. Wenn ich nicht von der Arbeit in Beschlag genommen wurde, rauchte ich Zigarren, trank teuren Cognac und führte ein wildes Leben mit jungen Mädchen und neuen Freunden. Ich ruinierte meine Ehe, und mein Lebenswandel forderte seinen Tribut auf Kosten meiner Karriere. Ich befand mich in einer Abwärtsspirale, aber ich wusste nicht, wie ich sie hätte aufhalten sollen. Eines Tages, als ich in einem wichtigen Fall ein Plädoyer hielt, brach ich im Gerichtssaal zusammen. Ein Herzanfall.«

Plötzlich klingelte etwas bei mir. Wahrscheinlich hatte mir Mutter davon erzählt, aber ich hatte dieser Mitteilung keine große Aufmerksamkeit geschenkt.

Julian schlug die Kapuze zurück, griff ins Regal und holte zwei Tassen hervor.

»Ich brauchte Monate, bis ich wieder gesund wurde. In dieser Zeit traf ich eine Entscheidung.«

Ich seufzte. Das war wohl die Situation, in der der geliebte Ferrari abgestoßen wurde.

»Ich verkaufte meine Villa, mein Auto, meinen gesamten Besitz. Und ich ging nach Indien und hoffte, so viel wie möglich über die Weisheitslehren der Welt zu lernen. Statt mein Vermögen weiter zu mehren, interessierte ich mich mehr dafür, meinen Selbstwert zu entdecken. Und die Jagd nach schönen Frauen wurde durch die Suche nach dauerhaftem Glück ersetzt.«

Ich unterdrückte ein Stöhnen. Das klang nach dem Anfang einer langen Geschichte. Ich wollte endlich erfahren, was das alles mit mir zu tun hatte.

»Auf meinen Reisen tief in den Himalaja hatte ich das Glück, einen außergewöhnlichen Mann zu treffen. Er war ein Mönch, einer der Weisen von Sivana. Er nahm mich mit hinauf in die Berge, in ein Dorf, wo die Weisen lebten, studierten und arbeiteten. Sie vermittelten mir viele bemerkenswerte Dinge, die ich gerne an dich weitergeben möchte.«

Julian schwieg einen Augenblick und blickte auf meine Füße. Ich erkannte verlegen, dass ich mit dem Fuß gewippt hatte wie ein ungeduldiger Kunde im Kaufhaus.

Julian lächelte. »Doch ich merke, jetzt ist dafür nicht der richtige Zeitpunkt.«

»Entschuldige«, sagte ich. »Es ist nur so, ich möchte möglichst schnell wieder nach Hause.«

»Keine Sorge«, erwiderte Julian leise. »Eine Geschichte soll man nur erzählen, wenn sie ein Zuhörer wirklich hören will.«

»Du willst wissen, warum ich dich hierhergebeten habe?«, fügte Julian hinzu.

Ich nickte.

Der Kaffee war fertig. Julian füllte zwei Tassen. »Milch? Zucker?«

Ich schüttelte den Kopf. Julian reichte mir eine der Tassen und ging zurück ins Wohnzimmer. Nachdem wir uns gesetzt hatten, fuhr er mit seiner Geschichte fort.

»Zu den Dingen, die mich die Mönche gelehrt haben, gehört die Macht der Talismane.«

»Talismane?«, fragte ich.

»Kleine Statuen oder Amulette. Es gibt neun davon. Jeder Talisman repräsentiert eine grundlegende Weisheit bezüglich des Glücks oder eines gelingenden Lebens. Jeweils für sich sind sie lediglich symbolische Zeichen, aber zusammen besitzen sie außerordentliche umgestaltende Kräfte. Sie können tatsächlich lebensrettend sein.«

»Du musst ein Leben retten?«, fragte ich. Das alles klang ein wenig melodramatisch. Oder auch etwas verrückt.

»Ja. Jemand, den ich kenne, steckt in ernsthaften Schwierigkeiten. Andere Leute haben ihm bereits zu helfen versucht, doch ohne Erfolg. Das ist unsere letzte Möglichkeit.«

»Hat es irgendetwas mit meiner Mutter zu tun?«, wollte ich wissen. Sie hatte am Telefon sehr aufgeregt geklungen.

»Ja«, antwortete Julian. »Aber Genaueres darf ich nicht sagen.«

»Wenn meine Mutter krank ist oder sonst etwas mit ihr ist, habe ich das Recht, es zu erfahren.« Ich spürte ein beklemmendes Gefühl in der Brust, und mein Atem wurde flacher.

»Deine Mutter ist nicht in Gefahr«, erwiderte Julian. »So viel kann ich sagen.«

Ich wollte mehr aus ihm herausbekommen, ihm weitere Fragen stellen, doch Julian presste die Lippen zusammen und stellte seine Kaffeetasse auf den Tisch. Anscheinend wollte er das Gespräch beenden. Ich seufzte und schaute für eine Weile auf den Boden.

»Also gut«, sagte ich dann, »aber was hat das alles mit mir zu tun? Wofür brauchst du mich?«

Julian war aufgestanden und ging zum Fenster. Er blickte auf die Straße hinunter, doch seine Augen schienen in die Ferne gerichtet zu sein.

»Als ich das Dorf verließ«, begann Julian, »haben mir die Mönche die Talismane in einem Lederbeutel ausgehändigt und mich gebeten, ihr neuer Hüter zu werden. Nachdem ich den Himalaja verlassen hatte, reiste ich eine Zeitlang umher. Eines Nachts brach in dem kleinen Hotel, in dem ich abgestiegen war, ein Feuer aus. Ich war gerade nicht da, und mein Zimmer wurde vollständig zerstört. Ich trug die Talismane bei mir, daher verlor ich nur ein Paar Sandalen. In einer anderen Herberge erzählte mir ein Mitreisender, dass er in einer Seitenstraße in Rom ausgeraubt worden sei. Ich hatte den Eindruck, dass die Talismane, solange sie sich bei den Mönchen im Dorf befunden hatten, in Sicherheit gewesen seien. Ich war der einzige Besucher, der seit sehr langer Zeit an diesem abgelegenen Ort aufgetaucht war. Aber nachdem ich nun diese Kostbarkeiten besaß, waren sie in Gefahr. Sie konnten jederzeit verlorengehen, gestohlen oder vernichtet werden.«

Julian fuhr fort, er sei zu dem Schluss gekommen, dass es sicherer sei, jeden dieser Talismane einem anderen Hüter anzuvertrauen, der ihn wieder zurückgeben würde, wenn Julian ihn brauchte. Jedem der Gegenstände habe er einen Brief mit einer Darstellung der Bedeutung des jeweiligen Talismans beigefügt. Jetzt sei es so weit, und er müsse diese Talismane zurückbekommen. Er sagte, er wolle, dass ich sie für ihn abhole.

»Was?«, platzte ich heraus. »Dafür gibt es doch Paketdienste, oder?«

Julian lächelte. »Ich glaube, du hast noch nicht begriffen, wie wichtig diese Talismane sind. Ich kann sie nicht einem Kurierdienst oder der Post anvertrauen. Sie sind über die ganze Welt verstreut, und ich brauche jemanden, den ich kenne und der sie persönlich befördert.«

»Und warum kannst du nicht selbst fahren?«, fragte ich. Mir war klar, dass ich etwas unhöflich war, doch ich hatte noch immer das Bild von Julian vor Augen, wie er unten Tango getanzt hatte.

Julian kicherte. »Ich weiß, ich vermittle nicht den Anschein, dass ich besonders viel zu tun hätte«, sagte er und wurde ernster. »Aber es ist mir wirklich nicht möglich, das selbst zu erledigen.«

Ich schwieg ein paar Sekunden. »Nichts für ungut, aber du hast gesagt, du brauchst jemanden, den du kennst, der dir diese Dinge besorgen soll. Aber mich kennst du doch eigentlich gar nicht. Ich habe dich erst einmal gesehen – da war ich zehn Jahre alt.«

»Ich kenne dich besser, als du glaubst«, entgegnete Julian. Sein freundliches Lächeln war verschwunden. Seine Augen waren dunkel, und auf seinem Gesicht lag ein feierlicher Ausdruck, der mich beunruhigte.

»Hör mir zu, Jonathan«, sagte er ruhig. »Ich kann dir nicht sagen, woher ich das weiß, aber ich weiß es: Der einzige Mensch, der die Talismane besorgen kann, bist du.«

Er schwieg einen Moment, dann fuhr er fort: »Meine Antworten für dich sind sicher nicht sehr befriedigend, aber glaube es mir, Jonathan, wenn ich dir sage, dass es bei dieser Angelegenheit um Leben oder Tod geht.«

Wir saßen längere Zeit schweigend nebeneinander. Ich dachte daran, wie meine Mutter am Telefon geschluchzt hatte. Ich dachte an den leeren Platz auf der Seite des Bettes, wo Annisha gelegen hatte. Ich dachte an den Ausdruck in Adams Augen, als ich ihm eine Enttäuschung bereitet hatte. Es kommt nicht häufig vor, dass man »der Einzige« ist – der einzige Sohn, der einzige Ehemann, der einzige Vater.

Schließlich brach ich das Schweigen.

»Wie lange werde ich dafür brauchen?«, fragte ich.

»Ich habe sämtliche Hüter angeschrieben«, antwortete Julian. »Es haben sich noch nicht alle gemeldet, aber eine erste Adresse habe ich bereits für dich – einen Freund von mir in Istanbul. Was den zeitlichen Rahmen betrifft, nun, alle Talismane zu besorgen dürfte ein paar Wochen dauern. Vielleicht einen Monat.«

Gütiger Himmel. Das bedeutete, ich musste meinen ganzen Urlaub dafür verwenden – und noch mehr. Ich holte tief Luft. Julian blickte mich an und neigte den Kopf.

»Jonathan?«, fragte er.

Ich schaute ihn an. In seinen Augen lag eine unendliche Güte. Einen Augenblick lang erinnerte er mich an meinen Vater, und mir wurde klar, wie sehr mir mein Vater fehlte. Ich erkannte auch, dass ich bereits eine Entscheidung getroffen hatte. Die Worte blieben mir im Halse stecken, daher nickte ich nur.

Julian lächelte. Dann stand er auf und strich mit einer Hand über sein rotes Gewand.

»Gut, nachdem wir jetzt das Geschäftliche erledigt haben«, sagte Julian, »werde ich dir etwas zu essen machen, und dann können wir uns hier in der Gegend ein wenig umschauen. Das Viertel heißt San Telmo. Es ist zu einem meiner liebsten Plätze auf der Welt geworden.«

Ich verbrachte einen angenehmen, wenn auch eigenartigen Nachmittag mit Julian. Er führte mich zu einem Ballsaal einige Straßen weiter, wo routinierte Tangotänzer eine kleine Show veranstalteten. Die Musik pulsierte durch meinen Körper wie ein zweiter Herzschlag, und ich bemerkte, dass Julian mit den Füßen wippte. Seine Beine bewegten sich leicht, als vollführte er im Geiste selbst die Tanzschritte. Dann spazierten wir noch eine Zeitlang durch die verschlungenen Gassen, bis es Zeit für die Rückkehr war, damit ich noch rechtzeitig zum Flughafen kam. Als wir auf dem Gehsteig vor Julians Haus standen, drang Musik aus dem Studio und erfüllte die Luft um uns herum. Julian wandte sich zu mir.

»Eines noch, Jonathan«, sagte Julian. Er zog ein kleines in Leder gebundenes Notizbuch aus einer Tasche in seinem Gewand. »Ich möchte gerne, dass du ein Journal führst, wenn du unterwegs bist.«

»Ein Tagebuch?«, fragte ich. »Wofür?«

»Kein Tagebuch, Jonathan. Ein Journal. Die Talismane verleihen jenen Macht, die sie in der Hand halten. Aber auch jene, die sie besitzen, geben diesen Zeichen Macht. Es ist für mich wichtig, etwas über deine Gedanken und Gefühle auf dieser Reise zu erfahren – und darüber, was diese Talismane für dich bedeuten, wenn du unmittelbar mit ihnen zu tun hast.«

Ich ließ meine Schultern hängen. Ich wusste nicht, was schlimmer war – mehrere Wochen meines Lebens opfern zu müssen, um durch die Welt zu reisen und für jemand anderen ein paar Dinge zu besorgen, oder darüber schreiben zu müssen. Selbstreflexion war noch nie meine Stärke gewesen.

»Ich glaube, wenn du auf dich selbst gestellt bist, wenn du diese unfassbaren Talismane in den Händen hältst, wird es dir gar nicht mehr so schwerfallen, das aufzuschreiben, was dich bewegt«, sagte Julian.

Ich wollte schon erwidern: *»Ja, gewiss«*, aber dann bremste ich mich. Was spielte es denn für eine Rolle? Wenn ich mich auf diese verrückte Sache einließ, konnte ich es auch auf die Weise tun, die Julian wünschte.

In diesem Augenblick kam das Taxi. Als ich einstieg, mischte sich ein Anflug von Angst in meine Entschlossenheit. Es war schon sehr lange her, dass ich etwas Neues angefangen, mich in eine Art Abenteuer gestürzt hatte. Ich schloss die Tür und schaute zu Julian zurück, als das Taxi losfuhr. Er winkte mir zu.

»Jonathan«, rief er. »Freue dich. Nicht jeden Tag bekommst du die Chance, ein Leben zu retten!«

Ich musste meine ganze Kraft zusammennehmen, um am Montagmorgen ins Auto zu steigen und ins Büro zu fahren. Ich hatte drei Wochen Urlaub vor mir, und ich musste diesen Urlaub so schnell wie möglich antreten. Wenn allerdings die Reise länger dauern sollte, würde ich in echte Schwierigkeiten kommen. Ich konnte bestenfalls um eine unbezahlte Urlaubsverlängerung bitten. Wenn dies abgelehnt würde, dann war ich meinen Job wahrscheinlich los.

Doch was spielt das eigentlich für eine Rolle?, sagte ich zu mir, als ich meinen widerstrebenden Körper aus dem Wagen hievte und mich zwang, zum Eingang zu gehen. Schließlich hatte ich in der Vergangenheit auch schon Entscheidungen getroffen, die mir seinerzeit als groß und bedeutend erschienen waren. Und wie weit war ich damit gekommen? Mein Job bereitete mir ständig Stress und war zu einer Quelle stetig wiederkehrenden Ärgers geworden. Meine wunderbare Frau hatte mich verlassen. Meine Ersparnisse, die ich mir durch harte Arbeit erworben hatte, würde die Scheidung dezimieren. Und auch die Freude, die ich beim Zusammensein mit Adam empfand, wurde mir durch die ständigen Schuldgefühle vergällt – weil ich ihn nur an den Wochenenden sehen konnte und weil ich selbst dann ein so miserabler Vater war. Konnte eine solch verrückte Sache wie diese Reise mir wirklich noch mehr Schmerzen zufügen, als all meine »vernünftigen« Entscheidungen mir eingebracht hatten?

Ich saß eine Stunde untätig auf meinem Schreibtischstuhl, drehte mich hin und her und suhlte mich in meiner Enttäuschung und meinem Pessimismus. Als ich schließlich das Zimmer meines Chefs betrat, hatte ich mich in fatalistischer Resignation mit meiner misslichen Lage abgefunden. Ich hatte sogar vergessen, wie schwierig dieses Gespräch werden würde. Doch schon beim ersten Satz, den ich sprach, wurde ich daran erinnert.

Ich nahm auf einem der absichtlich niedrigen Bürostühle Platz, die vor Davids riesigem Schreibtisch standen. Er hatte kaum von seinem Computer aufgeblickt, als ich hereinkam. Doch als ich erklärte, dass ich sofort meinen Urlaub nehmen müsse und vielleicht sogar noch mehr Zeit benötigen würde, um mich um eine dringende familiäre Angelegenheit im Ausland zu kümmern, hob er den Kopf. Seinen Gesichtsausdruck kann man nur mit »verblüfft« kennzeichnen. Ich wollte gerade meine angesammelten Überstunden anführen, da unterbrach er mich.

»Damit ich das richtig verstehe«, sagte David. »Sie wollen 21 Tage Urlaub am Stück, kurzfristig, ohne vorherige Ankündigung?«

Ich konnte mich nicht zurückhalten. »Nun ja, darin sind auch Samstage und Sonntage enthalten, das sogenannte ›Wochenende‹. Es sind also nicht 21 Tage am Stück.«

»Jonathan, Sie wissen verdammt genau, dass hier niemand mehr als zwei Wochen Urlaub am Stück nehmen kann«, gab er zurück.

Es wurde noch schlimmer, als ich sagte, dass ich nicht genau wisse, wann ich zurückkehren würde.

»Von allen Leuten in dieser Firma«, sagte David, »sind Sie der Letzte, von dem ich angenommen hätte, dass er solch etwas Verrücktes tun würde.«

»Ich weiß«, erwiderte ich. Er hatte recht.

»Wissen Sie, Jonathan, Sie gelten hier als der aufgehende Stern. Und wenn mich bis heute jemand gefragt hätte, wer aus diesem Verkauf oder dieser Fusion oder worauf immer es hinausläuft, als der Goldjunge hervorgehen wird, dann hätte ich Sie genannt. Aber wenn Sie sich auf diese Weise verdrücken, gerade jetzt ...«

Er wandte sich um, schaute aus dem Fenster und drehte einen Stift zwischen den Fingern. Sein Gesicht wirkte angespannt.

Das hatte mir noch gefehlt.

»Sehen Sie«, sagte ich. »Ich habe am Wochenende mit Nawang gesprochen. Sie hat sich bereit erklärt, meine Projekte während meiner Abwesenheit zu betreuen. Sie kennt meine Arbeit. Und sie kann mich jederzeit telefonisch erreichen, falls es nötig ist. Also – kann ich jetzt meinen Urlaub nehmen oder muss ich kündigen?«

»Nehmen Sie Ihren Urlaub. Aber eines möchte ich Ihnen sagen: Wenn wir einen Monat ohne Sie auskommen können, dann können wir wahrscheinlich auch dauerhaft ohne Sie auskommen.«

Ich stand auf und ging zur Tür. Bevor ich über die Schwelle trat, blieb ich stehen und drehte mich um.

»David, hätten Sie das auch gesagt, wenn ich meinen Wunsch damit begründet hätte, dass mit meiner Frau oder meinem Sohn etwas nicht in Ordnung ist?«

David starrte weiter aus dem Fenster. Sein Gesicht war ausdruckslos.

Der Rückweg zu meinem Arbeitsplatz kam mir sehr lang vor. Es erschreckte mich, dass David nicht bereit war, mir zu helfen, selbst dann nicht, wenn mein Kind krank sein oder in Schwierigkeiten stecken sollte. Hatte ich tatsächlich etwas anderes erwartet? Hier ging man eben so mit den Leuten um. Das hatte ich bei Juan erlebt.

Juan. Es verging kein Tag, an dem ich nicht an meinen früheren Vorgesetzten dachte, meinen alten Freund.

Mit der Zeit fiel es mir zunehmend schwerer, mich nicht durch seine Abwesenheit ablenken zu lassen. Ich wachte häufig in der Nacht auf, konnte nicht mehr einschlafen, grübelte unablässig über die Ereignisse nach und durchlebte meinen Anteil an der Katastrophe immer wieder neu. Doch wie oft ich es auch nachspielte, ich konnte es weder vergessen noch verarbeiten. Räumlich davon Abstand zu gewinnen war vielleicht noch das Beste, was ich tun konnte.

Die nächsten Tage verliefen hektisch. Ich bemühte mich, die Dinge in meiner Arbeit zu regeln. Ich entfesselte einen Tsunami an Mails und Telefonaten, hetzte durch die Stadt, erledigte Bankgeschäfte, holte Wäsche aus der Reinigung und versuchte, meinen Sohn wenigstens kurz zu besuchen. Sogar das Packen war chaotisch – was sollte ich mitnehmen, wenn ich gar nicht wusste, wohin ich reisen würde?

Und dann befand ich mich abermals auf einem Nachtflug. In die Türkei. Auf dem Weg zu einem Treffen mit einem von Julians Freunden. Mein Mobiltelefon war abgeschaltet; in meinem Handgepäck lagen keine Arbeitsunterlagen. Ich hatte viele ruhige Stunden für mich allein, in denen nichts zu tun war, in denen ich nichts tun *konnte.* Ich hoffte, Ruhe zu finden, aber meine Gedanken rasten. Schließlich zog ich ein Stück Papier aus meiner Jackentasche. Julian hatte mir zusammen mit dem Flugschein einen kurzen Brief geschickt.

»Danke dafür«, schrieb er, »dass du dir die Zeit genommen und dich von deiner Familie und deiner Arbeit getrennt hast, um diese Reise zu unternehmen. Ich weiß, es gab für dich genügend Gründe, nicht zu fahren, doch zu den schönsten Geschenken, die wir uns selbst machen können, gehört es, uns von unseren Entschuldigungen zu befreien. Rudyard Kipling hat einmal geschrieben: ›Wir haben vierzig Millionen Gründe für das Scheitern, aber keine einzige Entschuldigung.‹ Und das Gefährliche an Entschuldigungen ist, dass wir sie selbst glauben, wenn wir sie nur oft genug vorgebracht haben. Die Aufgabe, die du für mich übernommen hast, erfordert, sehr viel zu reisen, aber ich hoffe, dass du dich auf die Chancen konzentrieren kannst, die sich dir dabei eröffnen werden, anstatt auf die Unannehmlichkeiten, die damit auch verbunden sein mögen. Das Leben selbst ist eine Reise, und am Ende zählt nicht das, was du erhältst, sondern das, was du wirst.«

Julian hatte mir auch einen kleinen Lederbeutel mit einer langen Schnur geschickt. Diesen sollte ich um den Hals tragen und darin die Talismane sammeln, wenn ich sie abgeholt hatte. Jetzt lag er noch in meiner

Jackentasche. Ich betastete gedankenverloren das weiche Leder.

Alle übrigen Fluggäste waren eingeschlafen. Die Motoren erzeugten ein leises Brummen; das dezente Scheppern des Getränkewagens verschwand im Hintergrund. Ich schloss die Augen, dachte an Annisha und Adam. Irgendwie wusste ich, wenn ich so weit weg war, würden sie mir noch mehr fehlen. Dann dachte ich an die anderen Menschen aus meinem Leben, die ich vermisste. Die Abwesenheit meines Vaters war ein dumpfer Schmerz in meiner Brust. Doch es war ein erträglicher Schmerz, da er von so vielen angenehmen Erinnerungen begleitet wurde. Dann gab es noch Juan. Julians Worte kamen mir wieder ins Gedächtnis. »Nicht jeden Tag bekommst du die Chance, ein Leben zu retten.«

Stimmte das nicht wirklich?

Kapitel 3

Julian hatte mir nichts weiter ausgehändigt, weder eine Liste der Orte, die ich aufsuchen, noch eine der Talismanhüter, die ich treffen sollte. »Unterschiedliche Orte« war alles, was er mir in Buenos Aires mitteilte. »In Europa, Asien, Nordamerika. Ich konnte noch nicht alle Betroffenen erreichen«, hatte er gesagt. Anfangen sollte ich in Istanbul, wo ich seinen alten Freund Ahmed Demir treffen würde.

»Ahmed wird dich am Flughafen abholen. Ich weiß, er wird dir gern etwas von seiner wunderbaren Stadt zeigen wollen, aber du wirst leider nicht viel Zeit haben, um Tourist zu spielen. Du musst schon am folgenden Tag weiter nach Paris fliegen.«

Tourist spielen! Fast hätte ich laut gelacht. Ich wollte diese Talismane so schnell wie möglich herbeischaffen und dann wieder zu meiner Arbeit zurückkehren. Als ich am Flughafen Atatürk aus dem Flugzeug stieg, griff ich nach meinem Mobiltelefon und schaute, ob Nachrichten von Nawang gekommen waren. Was wohl während meiner Abwesenheit im Büro passieren würde? Mehrere Leute erkundigten sich, wie lange ich wegbleiben würde. Eine Nachricht von meiner Mutter klang fröhlich, aber sie wich meiner Frage aus. Ich wollte von ihr wissen, wem Julian mit diesen Talismanen zu helfen versuchte, aber sie behauptete, sie könne nichts Näheres dazu sagen. Ich hatte ihr nicht geglaubt, denn ihre emotionale Anspannung war ihrer Stimme deutlich anzumerken.

Die Nachrichten auf meinem Telefon lenkten mich ab, während ich in den langen Schlangen vor der Passkontrolle und der Gepäckausgabe wartete. Als ich dann schließlich mit meinem Koffer in der Hand am Ausgang der Ankunftshalle stand, fragte ich mich zum ersten Mal, wie mich dieser Ahmed eigentlich erkennen sollte – wie wir uns in der Menschenmenge gegenseitig finden sollten.

Ich ließ den Blick über die Familienangehörigen, die Fahrer und die übrigen Wartenden in der Ankunftshalle schweifen und entdeckte schließlich einen großgewachsenen Mann, der ein Schild mit meinem Namen hochhielt. Er hatte silbergraue Haare und einen kurz geschnittenen grauen Bart. Ein warmes Lächeln umspielte sein Gesicht. Ich winkte ihm kurz und ging zu ihm hinüber.

Als ich näher kam, ließ Ahmed das Schild sinken, ergriff meine ausgestreckte Hand und drückte sie kräftig. *»Hoş geldiniz, hoş geldiniz«*, sagte er. »Es ist mir ein Vergnügen, ein Mitglied von Julians Familie zu treffen. Ich fühle mich geehrt.«

Ich murmelte etwas Unpassendes, überwältigt von Ahmeds Enthusiasmus.

»Sie haben alles?«, fragte Ahmed. »Sind Sie bereit, können wir gehen?« Ich nickte. Ahmed nahm sein Schild, legte mir eine Hand sachte auf den Ellbogen und geleitete mich aus dem Terminal.

Er führte mich auf den überfüllten Parkplatz und blieb vor einem glänzenden silbernen Renault stehen. »Da sind wir«, verkündete er, nahm mir das Gepäck ab und verstaute es im Kofferraum. Ich öffnete die Beifahrertür und hatte es mir gerade auf dem Sitz bequem gemacht, als mein Telefon zu piepsen begann. »Entschuldigen Sie«, sagte ich zu Ahmed. Ich legte den Sicherheitsgurt an und begann, die Nachricht zu lesen.

Nawang berichtete, sie habe einen Anruf von einem meiner Kunden erhalten. Die Händler dieses Kunden hätten eine beunruhigend hohe Zahl von Beschwerden über ein neues Bauteil erhalten, das wir für sein populäres Limousinen-Modell entwickelt hatten. Ich verspürte ein flaues Gefühl im Magen. Das war eine jener Komplikationen, die zu einem Rückruf führen oder vielleicht sogar finanzielle Forderungen gegen uns nach sich ziehen konnten. Nawang musste die Abteilung für Qualitätssicherung dazu veranlassen, Tests durchzuführen, um dem Problem auf den Grund zu gehen.

»Es tut mir leid«, sagte ich zu Ahmed, als er vom Parkplatz fuhr. »Ich muss einige Mails verschicken. Ein Notfall in der Arbeit.« Ahmed nickte freundlich. »Tun Sie, was Sie tun müssen«, sagte er. »Wir haben noch genug Zeit, um einander kennenzulernen.«

Das Auto glitt dahin, doch ich bekam nichts mit von der Welt um mich herum. Meine Augen waren auf das Display meines Mobiltelefons gerichtet. Ich bemerkte nur am Rande, dass sich der Verkehr zunächst staute, dann wieder flüssig wurde und dass wir eine Brücke über einen Fluss überquerten. Doch als ich schließlich aufblickte, bewegten wir uns in einer schmalen Straße eine längere Steigung hinauf.

Ahmed bemerkte, dass ich wieder da war.

»Ich dachte mir, dass Sie sich nach dem langen Flug erst einmal etwas frisch machen möchten, bevor wir wieder rausgehen. Ich bringe Sie zu meiner Wohnung in Beyoğlu.«

Wir fuhren jetzt langsam, vorbei an Cafés und Läden, an Gehsteigen voller Fußgänger, an niedrigen Gebäuden aus graugelben Steinen und Ziegeln. Vor uns erblickte ich einen Turm auf einem Hügel; seine blaugraue Spitze, die in den Himmel aufragte, war unten mit zwei Reihen Fenstern ausgestattet. Auf einem Laufgang vor der oberen Fensterreihe bewegten sich Menschen.

»Der Galata-Turm«, sagte Ahmed. »Von dort oben hat man einen überwältigenden Blick auf die Stadt.«

Ahmed verlangsamte den Wagen und stellte ihn in einer kleinen Parklücke am Straßenrand ab.

»Da sind wir«, sagte er und deutete zu einem dreistöckigen Gebäude in der Nähe. Ahmed öffnete die schwere Holztür des Hauses und winkte mich hinein. Vor uns tauchte eine Marmortreppe auf.

»Kommen Sie, gehen wir hinauf«, sagte Ahmed.

»Gern.«

Ahmeds Wohnung war geschmackvoll eingerichtet. Auf dem Fußboden lagen schön gemusterte Teppiche, auf dem Brokatsofa bunte Kissen, an den Wänden hingen gerahmte Bilder von Seevögeln und Schiffen, Pflanzen und Tieren. Doch alles wirkte auf eigenartige Weise unpersönlich. Julian hatte mir erzählt, dass Ahmed Kapitän einer Fähre war. Ich hatte mir seine Wohnung etwas rustikaler vorgestellt.

»Wie Sie vielleicht schon erraten haben, verbringe ich nicht allzu viel Zeit hier«, sagte Ahmed. »Ich habe diese Wohnung vor mehreren Jahren als Anlage gekauft. Gewöhnlich wird sie an Ausländer vermietet, die in einer Botschaft oder Firma in diesem Stadtviertel arbeiten. Doch vor ein paar Jahren ist meine Frau gestorben, und ich habe vor kurzem unser Haus in Beşiktaş verkauft. Daher nutze ich jetzt diese Wohnung, wenn ich die Fähre steuere oder Besuchern die Altstadt zeige. Meine restliche Zeit verbringe ich in dem Dorf, in dem ich aufgewachsen bin, ein Stück weit oberhalb des Bosporus.«

»Kommen Sie«, fuhr Ahmed fort und ging zum Fenster. »Ich möchte Ihnen etwas zeigen.«

Ich hatte noch gar nicht erfasst, wie hoch wir mit dem Auto gefahren waren oder wo Ahmeds Haus genau lag, doch als ich aus dem Wohnzimmerfenster schaute, wurde mir schlagartig bewusst, wie wundervoll dieses Investment war. Vor mir tat sich eine großartige Aussicht auf, die schönste, die ich jemals gesehen habe.

»Da«, sagte Ahmed und deutete auf den Fluss unter uns. »Dieser Fluss, das ist das Goldene Horn. Dort die Atatürk-Brücke und die Galata-Brücke. Mein kleines Boot liegt in dem Hafen da draußen. Und diese große Wasserfläche zu Ihrer Linken, das ist die Meerenge des Bosporus. Auf der anderen Seite geht meine Stadt Istanbul weiter. Hier stehen Sie noch in Europa, dort drüben sind Sie bereits in Asien.«

Ich blickte über den asiatischen Teil, dann richtete

ich meine Augen wieder auf die Skyline, die sich direkt vor mir erstreckte.

»Ach ja«, sagte Ahmed. »Das ist schon toll, nicht wahr? Die Altstadt. Der Basar. Der Seraglio Point.«

Ich konnte in der Ferne zwei riesige Gebäudekomplexe mit gewölbten Dächern und Minaretten, Gärten und Mauern erkennen.

»Ist das die Hagia Sophia?«, fragte ich. Das war das Einzige, was ich von Istanbul kannte. Die große Kuppelkirche, die Kaiser Justinian hatte erbauen lassen, als die Stadt noch Konstantinopel hieß und Hauptstadt des oströmischen Reiches war, die Wahlheimat des Christentums. Später wurde sie in eine Moschee umgewandelt, man fügte die Minarette hinzu und baute das Innere um, doch die ursprünglichen Mosaiken blieben erhalten. Die Hagia Sophia war noch immer atemberaubend schön, wie man mir erzählt hatte.

»Das linke Gebäude«, sagte Ahmed und zeigte in die Richtung. »Hinter ihr steht die Blaue Moschee. Und dann das Hippodrom, der Topkapi-Palast, die Zisterne, Museen – hier gibt es so viel zu sehen.« Ahmed fuhr mit der Hand hin und her. »Aber heute Nachmittag werde ich Sie in den Gewürzbasar und in den Großen Basar führen, bevor wir uns zum Boot begeben.«

»Zum Boot?«

»Ja«, antwortete Ahmed und trat vom Fenster zurück. »Es tut mir leid. Ich habe den Talisman nicht hier. Er befindet sich in meinem Heimatdorf, in Anadolu Kavaği.«

Ich hatte fast den Grund meines Besuchs vergessen.

»Wir könnten auch mit dem Auto hinfahren, aber

was bringt's?«, fuhr Ahmed fort. »Mit dem Schiff gelangt man am besten dorthin. Mein Sohn ist seit heute Morgen mit dem Boot auf einer Privattour unterwegs, also werden wir am Abend losfahren und morgen früh wieder zurückkommen.« Ahmed bedeutete mir, ich solle ihm folgen. »Jetzt zeige ich Ihnen, wo Sie sich frisch machen können. Dann trinken wir Tee und essen etwas, bevor wir in den Basar gehen.«

Das Erste, was mir auffiel, als wir in den Gewürzbasar kamen, war der Duft. Es war, als würden wir durch eine Art Aromagarten gehen: Die Düfte veränderten sich mit jedem Schritt, den wir taten, vermischten sich und überlagerten sich gegenseitig.

Ein Stand reihte sich an den anderen. Es gab Stapel von Datteln und anderen Trockenfrüchten, Nüsse aller Art, große Pyramiden von matt schimmerndem Halva. Nougat und Torrone waren zylinderförmig aufgehäuft, und überall wurde eine juwelenfarbene türkische Spezialität angeboten, die man Lokum nannte, wie mir Ahmed erklärte.

Auf den Ladentischen standen Kartons mit Tee. Kleine Häufchen gemahlener Gewürze waren vor den Ständen aufgeschüttet – Kurkuma, Kümmel, Kardamom, Paprika, Muskat und Zimt.

Ahmed kaufte ein paar getrocknete Aprikosen, Datteln und Feigen, bevor wir uns zu dem gewaltigen Steingebäude aufmachten, in dem die Tausende von Läden des Großen Basars untergebracht waren.

Der Gewürzbasar hatte meine Sinne verwirrt, mit seinen exotischen Aromen geradezu betäubt. Ich war vollkommen von meiner Umgebung eingenommen worden und dachte überhaupt nicht mehr an mich und mein Leben. Doch im Großen Basar kehrten meine Gedanken wieder zu jenen Menschen zurück, die ich vermisste. Als ich durch die breiten, schier endlosen gewölbten Gänge schritt, sah ich viele Dinge, die Annisha gefallen hätten – Mosaiklampen, feine Seidenschals, aufwendig verzierte Keramik –, und überall eine Fülle von Farben. Das war eines der Dinge, die mir gleich aufgefallen waren, als ich Annisha kennengelernt hatte. Egal, was sie trug, irgendwo gab es an ihr immer einen grellen Farbtupfer – hellgrüne Ohrringe, ein violetter Schal im Winter, eine herausstechende orangefarbene Baskenmütze –, eine eklektische Mischung unterschiedlicher Dinge, ein Gemisch von Mustern und Farbschattierungen, chaotisch, aber dennoch harmonisch. Da ich in den folgenden Wochen auf Reisen sein würde, konnte ich natürlich nichts Sperriges kaufen; außerdem wurde ich von der riesigen Auswahl überwältigt. Schließlich erstand ich für sie ein *Nazar*-Amulett – diese blauen Glasperlen sollen im Volksglauben den »bösen Blick« bannen und Unglück abwenden –, und für Adam kaufte ich eine kleine bestickte Weste, die ihm, so hoffte ich zumindest, gefallen würde.

Die Teppichverkäufer lenkten mich am meisten ab. Jeder, an dem ich vorbeikam, rief mir etwas zu, und jedes Mal ertappte ich mich dabei, wie ich die farbenprächtigen Teppiche musterte.

Ahmed bemerkte, dass ich mich für die Teppiche interessierte. »Ach ja«, sagte er, »Sie müssen eines Tages wiederkommen, wenn Sie mehr Zeit haben, wenn Sie wirklich einkaufen und günstige Angebote einholen möchten. Einen guten Teppich zu finden ist nicht leicht – Sie müssen etwas von der Handwerkskunst, vom Weben und Knüpfen, vom Stoff und von den Farben verstehen. Und Sie müssen außerdem lernen, ihren Wert einzuschätzen – und wie man um den Preis feilscht. Das würde ich Ihnen gerne zeigen.«

Ahmeds Eifer, mir etwas beizubringen, erinnerte mich an meine Eltern. Sie waren ein dynamisches Duo, das viel von lebenslangem Lernen hielt. Mutter war eine eifrige Buchleserin, und als meine Schwester und ich die Grundschule besuchten, nahm sie eine Stelle in einer Buchhandlung an. Sie brachte so viele Bücher mit nach Hause, dass ich überzeugt war, der Laden würde sie schon deshalb weiter beschäftigen, damit er nicht eine seiner besten Kundinnen verlor. Sie kaufte Romane für sich selbst, Sachbücher für meinen Vater und Bilderbücher sowie Bücher für angehende Leser für Kira und mich.

Vater freute sich über diese Entwicklung und verschlang den Lesestoff mit Entzücken. Doch seine Begeisterung endete damit noch lange nicht, denn nichts bereitete Nick Landry mehr Vergnügen, als sein Wissen mit anderen zu teilen. Er war Grundschullehrer, doch Unterrichten war für ihn mehr als ein Beruf – es war seine Leidenschaft. Überall, wo wir hinkamen, schufen meine Eltern eine Schulzimmeratmosphäre – was bei ihren Kindern nicht gerade Jubelstürme auslöste.

Jedes Jahr unternahm unsere Familie eine gemeinsame Reise in den Sommerferien. Es waren nie exotische Orte, aber Mutter und Vater informierten sich stets gründlich über das Reiseziel, bevor wir dort ankamen.

Wenn wir in Wäldern unterwegs waren, zog Mutter ein Buch aus ihrem Rucksack und erklärte uns, dass Banks-Kiefern die große Hitze der Waldbrände benötigten, damit sich ihre Zapfen aussäen konnten. Dann erläuterte uns Vater, wie ein Biber seinen Damm baut, oder teilte uns mit, dass die Hügel, die wir erklommen, ursprünglich die Ufer alter Seen gewesen seien. An jeder historischen Stätte, die wir besuchten, wussten Mutter und Vater mehr über die Begebenheiten, die hier stattgefunden hatten, als die Führer. Selbst ein Themenpark konnte dazu dienen, uns die Zentrifugalkraft zu erklären oder Hinweise zur Populärkultur zu geben.

Mutter und Vater schienen geradezu besessen zu sein von Informationen und Ideen, und unsere Reisen wurden stets durch begeisterte Ausrufe begleitet. »Ist das nicht schön?«, sagte Mutter immer, wenn wir etwas entdeckten. Und Vater mochte es, wenn meine Schwester und ich Interesse zeigten. »Eine sehr gute Frage!«, rief er freudig und stolz, wenn wir überhaupt etwas äußerten. Man hätte meinen können, wir hätten gerade ein Heilmittel gegen Krebs entdeckt.

Heute erscheint mir diese Begeisterung als eine liebenswerte Marotte, doch damals ging sie mir oft auf die Nerven. Und als ich ein Teenager wurde, waren unsere kleinen Exkursionen, die ständigen Unterweisungen, die endlosen Nebensächlichkeiten für mich wie Nägel an einer Wandtafel. Wenn wir an einem heißen Sommertag auf dem Rücksitz eines aufgeheizten Autos kauerten und Vater uns hingebungsvoll die Schlacht auf dem Eriesee schilderte, verdrehten Kira und ich die Augen, hoben unsere Zeigefinger an die Schläfen und feuerten imaginäre Schüsse ab.

Dieser Ort, diese Stadt, dachte ich betrübt, all das hätte meine Eltern fasziniert. Es war jene Art von Reise, von der sie immer geträumt hatten, jene Art von Stadt, die sie schon immer besuchen wollten. Das war ihr großer Plan für das Alter gewesen: Reisen. Als Vater in den Ruhestand ging, hatten ihm seine Kollegen ein Kofferset geschenkt. In den Monaten nach dem Abschied meiner Eltern aus dem Berufsleben waren in der Wohnung überall Reisebücher aufgetaucht, so wie Pilze aus einem feuchten Boden schießen. Stapel von Büchern bildeten sich neben Vaters Lieblingssessel im Wohnzimmer, Bücher lagen unter seinem Nachttischchen, Broschüren und Landkarten lugten aus dem Zeitschriftenregal im Badezimmer – Irland, Toskana, Thailand, Neuseeland. Vater druckte sich Reiserouten aus und hängte sie sich über seinen Computer. Er und Mutter beabsichtigten, fast ein halbes Jahr auf Achse zu sein.

Doch dann hörte Mutter eines Tages, mehrere Monate vor ihrer geplanten Abreise, ein dumpfes Geräusch aus der Garage. Vater räumte gerade die Terrassenmöbel für den Winter weg, als er eine Embolie der Aorta erlitt. Er war tot, bevor er auf dem Boden aufschlug.

Monatelang nach seiner Beerdigung lebte Mutter wie in einem Dämmerzustand. Allmählich verschwanden die Reisebeschreibungen von der Pinnwand, die Reisebücher wanderten in ein Regal im Keller, und Mutter nahm ihren Teilzeitjob in der Buchhandlung wieder auf. Kira glaubte, Mutter würde sich irgendwann wieder mit dem Reisen beschäftigen, aber bis jetzt konnte sie sich das ohne Vater nicht vorstellen.

Ein letzter Ruf eines Teppichhändlers riss mich aus meinen Gedanken über meine Eltern. Ahmed strebte dem Ausgang des Basars zu. Draußen empfing uns spätnachmittäglicher Sonnenschein.

»Zeit zum Essen«, sagte Ahmed, während er mich am Gebäude entlangführte. Wir bogen in eine Gasse ab, dann in eine weitere und wanden uns durch die engen Straßen der Altstadt. Schließlich blieb Ahmed vor einem hellroten Vordach stehen, das von einem niedrigen Steingebäude in die Straße hinausragte.

»Da sind wir«, sagte er. Ich folgte ihm in das Halbdunkel. Im Café war es dämmerig und kühl, aber die Farben waren überwältigend. Rote und goldene Läufer hingen an der Wand, und unter ihnen reihten sich niedrige Bänke aneinander, auf denen große blaue und orangefarbene Kissen drapiert waren. Kleine, quadratische Tische, bedeckt mit hellen, rotgestreiften Tüchern, standen vor den Bänken. Eine kleine Messinglampe zierte jedes Tischchen.

Bei Peperoni, gefüllt mit Reis und Pinienkernen, Lamm mit pürierten Auberginen und Sesambrot sprachen Ahmed und ich über unsere Arbeit und unser Leben. Mehr als einmal entstanden lange Gesprächspausen am Tisch. Das Schweigen wurde gelegentlich unterbrochen, wenn Ahmed sagte: »Das müssen Sie probieren«, oder wenn ich erklärte: »Das war gut«, doch lange Augenblicke überließen wir dem fernen Stimmengewirr von der Straße den Vorrang. Ich hatte das Gefühl, weit weg zu sein von allem, was ich kannte.

Die Sonne ging schon unter, als wir am Kai anlangten. Der Geruch von Salz würzte die Luft. Der Hafen war voll mit großen und kleinen Booten, und riesige

Fährschiffe beherrschten die Szene. Ahmed, so erfuhr ich, war nicht nur Fährenkapitän. Ihm selbst hatte eine dieser großen Fährgesellschaften gehört, er hatte sie aber vor einigen Jahren verkauft. Jetzt befand er sich teilweise im Ruhestand. Von seiner Flotte hatte er nur ein einziges Schiff behalten – ein Fahrzeug, das ursprünglich ein Fischerboot gewesen war und in der Anfangszeit des Unternehmens als erste Fähre eingesetzt worden war. »Ich konnte mich von diesem Schiff nicht trennen«, erklärte er mir. »Jetzt unternehme ich damit noch hin und wieder private Touren auf dem Bosporus. Ich hatte gerade eine solche Fahrt für heute organisiert, als Julian anrief. Daher hat sie mein Sohn übernommen.«

Wir gingen am Hafenbecken entlang, wo die großen Personenfähren warteten, vorbei an den Ausflugsbooten für die Touristen. An einem der Kais lag ein langes, niedriges Schiff mit kunstvollen Verzierungen am Bug und am Heck, einem aufwendigen Verdeck und vergoldeten Seitendecks. »Ein Nachbau einer antiken Kajik«, erklärte Ahmed. »Für Touristen.«

Schließlich kamen wir in einen Bereich, in dem kleinere Schiffe ankerten. Ahmed ging auf ein schlichtes weißes Boot mit einer blauen Zierleiste zu. »Da ist es«, sagte er und lachte. »Mein ganzer Stolz.« Es war ein robustes Schiff, das wie ein Schleppboot aussah. In der Nähe des Bugs befand sich ein kleines offenes Ruderhaus, und hinter einer niedrigen, aus Holz und Glas bestehenden Trennwand waren das Steuerpult und das Ruder. Hinter dem Ruder stand ein abgenutzter Ledersessel. Hölzerne Bänke nahmen das Heck ein, und ein paar Sitze reichten bis hinter das Ruderhaus. Der weiße und blaue Anstrich an den Seiten und auf dem Boden war etwas abgeblättert. Trotzdem machte das alte Boot einen gepflegten Eindruck.

»Anscheinend haben wir Jussuf verpasst. Nun gut. Vielleicht kann ich Sie bei Ihrem nächsten Besuch mit meiner Familie bekannt machen«, sagte Ahmed, als er das Boot aus der Vertäuung freimachte.

Es dauerte nicht lange, dann glitten wir aus dem Hafen in die Meerenge hinaus. Wir fuhren langsam, und zu dieser späten Stunde hatte es den Anschein, als würde alles mit gedrosseltem Tempo vonstattengehen. Eine große Fähre mit blinkenden Lichtern strebte auf das asiatische Ufer zu, in der Ferne waren kleinere Schiffe unterwegs. Das Wasser wirkte unnatürlich ruhig. Im Dämmerlicht konnte ich sehen, dass sich Istanbul an beiden Ufern erstreckte – eine eindrucksvolle Ansammlung von Moscheen, Palästen und anderen eleganten Gebäuden, zwischen die rote Ziegeldächer, Wohnblöcke, Palmen, Läden und Cafés eingestreut waren. Wir fuhren unter der Bosporus-Brücke hindurch und wandten uns nach Norden. Ich entdeckte adrette Holzhäuser, sogenannte *yalis* – Sommerresidenzen der Reichen, wie mir Ahmed erklärte –, die über das Ufer hingen, als trieben sie im Wasser. Mit jeder Minute wurde der Himmel dunkler, bis der Vollmond schließlich wie eine riesige Perle aussah, die über einem tiefschwarzen Teich hängt. Sein Licht fiel auf das Wasser, und Ahmed verlangsamte das Tempo weiter. Ich spürte, wie das Schiff im sanften Rhythmus der Wellen wogte.

»Das ist schon was Besonderes hier, nicht?«, sagte Ahmed. Ich nickte.

»Das alles kommt mir ein bisschen unwirklich vor«, bemerkte ich.

»Aber was wirklich ist und was nicht, kann man ohnehin nur schwer feststellen, meinen Sie nicht?«, sagte Ahmed.

»Vermutlich«, erwiderte ich. Über solche Fragen dachte ich gewöhnlich nicht lange nach.

Ich ging zum Heck des Bootes und blickte zur Stadt zurück, die allmählich verschwand.

»Wussten Sie«, sagte Ahmed, »dass eine Meeresstraße ganz anders als ein Fluss ist? Das Wasser fließt nicht nur in eine Richtung.«

Ich drehte mich um und schüttelte den Kopf.

»Ja, sie unterscheidet sich deutlich von einem Fluss. Das Wasser wird durch die Gezeiten des Meeres hereingedrückt und hinausgezogen. So wie sich an dieser Stelle Europa und Asien begegnen, so kommen hier auch die Fluten der beiden Meere zusammen, des Marmarameers und des Schwarzen Meers, und vermischen sich. Auch wenn es anders aussieht.«

»Was meinen Sie damit?«, fragte ich.

»Vor einigen Jahren haben Meeresforscher aus England, Kanada und der Türkei diese Meerenge untersucht«, erläuterte Ahmed. »Und wissen Sie, was sie entdeckt haben?« Ahmed hatte geradeaus geblickt, während er das Schiff steuerte, aber jetzt warf er über die Schulter einen Blick zurück zu mir. Ich zuckte die Schultern und schüttelte den Kopf.

»Am Grund dieser Meerenge fließt ein unterirdischer Fluss. Wasser, Schlamm und Ablagerungen, die schwerer sind als das Salzwasser oben, treiben vom Marmarameer ins Schwarze Meer.«

»Ein unterirdischer Fluss?«, entgegnete ich. »Unglaublich.«

»Daran können Sie erkennen, wie kompliziert die Dinge sind«, sagte Ahmed. »Selten sind die Dinge so einfach, wie sie erscheinen.«

Ich war zu Ahmed gegangen und hatte mich auf einen Stuhl neben dem Steuerrad gesetzt. Wir schwiegen beide ein paar Minuten. Dann lehnte sich Ahmed auf seinem Sitz zurück.

»Wir haben jetzt einen großen Teil des Tages zusammen verbracht«, sagte er nachdenklich. »Aber in Wirklichkeit wissen wir nicht viel voneinander. Von dem Verwandten meines lieben Freundes Julian weiß ich nur so viel: Sie sind Elektroingenieur, Sie sind verheiratet, Sie haben einen sechs Jahre alten Sohn. Aber wer sind Sie wirklich?«

Darauf wusste ich keine Antwort.

Ahmed bemerkte mein verwundertes Gesicht und lächelte.

»Und bei mir ist es nicht anders«, fuhr er fort. »Ich habe Ihnen beim Essen erzählt, dass ich sechzig Jahre alt bin und ein Geschäft betreibe, dass ich Witwer bin und vier erwachsene Söhne habe. Aber kennen Sie mich wirklich?«

»Hier wäre eine Gelegenheit, damit anzufangen«, erwiderte ich. »Ich meine, ich könnte Sie weiter über Ihre Firma und Ihre Söhne ausfragen.«

»Aber dabei würden wir lange brauchen, bis wir uns wirklich kennenlernen, glaube ich.«

»Ja, das denke ich auch.«

»So läuft es üblicherweise. Aber stellen Sie sich vor, dass wir unsere Unterhaltung mit anderen Themen begonnen hätten. Was wäre gewesen, wenn ich Ihnen erzählt hätte, dass für mich das Leben auf dem Wasser liegt. Schon als kleines Kind hatte ich den Wunsch, auf dem Wasser oder nahe am Wasser zu leben und zu arbeiten. Meine Mutter erzählte mir später, dass ich als Kleinkind nur dann wirklich zufrieden war, wenn sie mich badete. Wasser, Fischen, Schwimmen. Schiffe, Schiffe, Schiffe. Ich war mir völlig sicher, was ich tun wollte. Wenn ich nicht auf einem meiner Schiffe oder Boote bin, empfinde ich immer eine eigenartige Ruhelosigkeit. Manchmal haben sich meine Frau und meine Söhne schwergetan, damit zurechtzukommen. Unsere schönsten Zeiten haben wir immer zusammen am Strand oder auf einem Schiff erlebt. Es war, als könnten wir nur dort wir selbst sein. Ich musste immer auf dem Wasser sein – um zu denken, um die Welt und mein Leben wirklich zu begreifen. Auf eben diesem kleinen Schiff habe ich erkannt, dass Kaniz die Frau ist, die ich heiraten wollte. Hier habe ich alle meine Pläne geschmiedet und meine wichtigsten Entscheidungen getroffen.« Ahmed drehte das Steuerruder ein klein wenig. »Ich glaube, wenn ich Ihnen das gleich am Anfang erzählt hätte, dann könnten Sie wirklich anfangen, mich zu verstehen.«

»Ich glaube, das meiste, was wir von anderen Menschen wissen, sind nur oberflächliche Dinge«, bemerkte ich.

»Ja«, entgegnete Ahmed und nickte. »Und das ist traurig.« Ahmed schwieg einen Moment.

»Aber es gibt noch Traurigeres«, fuhr er dann nachdenklich fort. »Das Traurigste ist nämlich, dass wir häufig über uns selbst auch nur derartige Dinge wissen; dass wir oft das Leben unseres Nachbarn leben anstatt unser eigenes.«

Ich kann nicht genau sagen, wie lange wir uns auf dem Bosporus befanden. Das phosphoreszierende Wasser, der leuchtende Mond und das beruhigende Brummen des Motors ließen unsere Fahrt wie einen Traum erscheinen, wie einen der Zeit entrückten Augenblick. Plötzlich drehte Ahmed das Steuer und deutete auf die fernen Lichter am asiatischen Ufer.

»Anadolu Kavaği«, sagte er und zeigte geradeaus. »Man kann sie nicht sehen, aber hier, auf dem Hügel, liegen die Ruinen der Genueser Festung aus dem 14. Jahrhundert. Mein kleines Haus liegt auf der anderen Seite, am südlichen Ende des Dorfes, direkt am Ufer.«

Das Boot war schnell vertäut, dann fuhren wir mit dem Auto, das Ahmed am Hafen geparkt hatte, zu seinem Haus. Das kleine Steinhaus unterschied sich deutlich von Ahmeds Wohnung in der Stadt. Terrakottafliesen waren auf dem Boden ausgelegt, der Putz an den Wänden war uneben, und die dunklen, rohen Holzbalken an der Decke kündeten von einer fernen Vergangenheit. Auf offenen Regalen in der Küche standen schweres Geschirr und Kochtöpfe aus Messing. Hier und da fingen kleine Mosaiken und hell gefärbtes Glas den Blick ein. Die gewebten Vorhänge und die verblichenen Decken auf den Möbeln zeigten die gedämpften Spuren der Zeit. Ahmed trug mein Gepäck in einen winzigen Raum. Er deutete zu dem kleinen Doppelbett, dessen handbehauenes Gestell sich an die Wand drückte.

»Das Bett, in dem ich mit meinen zwei Brüdern geschlafen habe.« Ahmed lachte. Er stellte meinen Rucksack an das Fußende des Bettes und führte mich dann in das Wohnzimmer. »Sollen wir uns draußen eine Weile hinsetzen?«, fragte er.

Wir zogen Pullover an und gingen hinaus auf die kleine Steinterrasse, von der aus man den mondbeschienenen Bosporus sehen konnte. Ahmed erzählte mir noch mehr über seinen Lieblingsplatz, das Wasser.

»Das Schwarze Meer war angeblich früher ein Süßwassersee. Vor Jahrtausenden gab es eine gewaltige Flut, und dabei strömte das Mittelmeer durch den Bosporus und verwandelte das Schwarze Meer in einen Salzwasserozean.«

»Und der unterirdische Fluss – glauben Sie, dass der ein Überbleibsel aus dieser Zeit ist?«, fragte ich ihn.

»Das könnte man vermuten, nicht wahr?«, antwortete Ahmed. »Manche Leute meinen, bei dieser Flut habe es sich um die Sintflut gehandelt, von der die Bibel spricht.«

»Im Ernst?«, fragte ich.

»Und der Bosporus taucht auch in der griechischen Mythologie auf. Kennen Sie die Sage von Jason und dem Goldenen Vlies?«

Ich schüttelte den Kopf.

»Nun, in der griechischen Mythologie war der Bosporus die Heimat der Symplegaden – zweier schwimmender Felseninseln, die zusammenschlugen und Schiffen zum Verhängnis wurden, die sich nachts in die Meerenge wagten. Als Jason durch den Bosporus fuhr, schickte er eine Taube aus, die zwischen den Felsen hindurchflog. Die Felsen trieben aufeinander zu, aber die Taube wurde nur an den Schwanzfedern verletzt. Darauf folgten ihr Jason und die Argonauten rasch. Sie verloren ihr Steuerruder, doch das Schiff ging nicht unter. Nachdem Jason die Meerenge passiert hatte, hörten die Felsen auf, sich zu bewegen, und die Griechen hatten nun endlich einen Zugang zum Schwarzen Meer.«

Ich lächelte und nickte. Meine Mutter hätte Ahmed geliebt wegen seiner Geschichten.

»Nun, mein Lieber«, sagte Ahmed. »Jetzt hätte ich fast vergessen, warum Sie hier sind. Julians Talisman. Ich hole ihn.« Ahmed stand auf und ging ins Haus. Ein paar Minuten später kehrte er mit einem quadratisch zusammengefalteten Stück Pergament und einem kleinen Päckchen aus roter Seide zurück. Er reichte mir beides.

»Damit haben Sie, weswegen Sie gekommen sind«, sagte er. »Gehen wir nun schlafen. Morgen müssen wir früh aufstehen und nach Istanbul zurückkehren. Ich kann Sie noch zur Ayasofya bringen – zur Hagia Sophia –, bevor wir zum Flughafen fahren. Aber Sie müssen mir versprechen, dass Sie eines Tages wiederkommen, damit ich Ihnen mehr von meiner Heimat zeigen kann.«

Ich versprach es gern und erhob mich widerwillig von meinem Stuhl.

Als ich in den Raum zurückkam, legte ich das Päckchen auf den kleinen Rundtisch, der neben dem Bett stand. Ich setzte mich kurz auf die Bettkante, dann nahm ich es abermals in die Hand. Langsam faltete ich den Seidenstoff auseinander. Darin lag eine kleine Messingmünze. Nun, streng genommen war es keine

Münze. Es war eine Scheibe, ungefähr so groß wie ein Fünf-Cent-Stück. Auf der einen Seite war eine Sonne aufgeprägt, deren Strahlen von einem erhabenen Kreis ausgingen. Auf der anderen Seite befand sich ein Sichelmond. Ich legte die Münze auf den Tisch und griff nach dem zusammengefalteten Stück Pergament. Ich öffnete es, legte es auf meine Knie und las:

Die Macht der Authentizität

Das größte Geschenk, das wir uns selbst machen können, besteht darin, uns die Selbstverpflichtung aufzuerlegen, ein authentisches Leben zu führen. Doch ehrlich zu uns selbst zu sein ist nicht leicht. Wir müssen uns von den Verlockungen der Gesellschaft befreien und unser Leben nach unseren eigenen Vorstellungen leben, nach unseren eigenen Werten und im Einklang mit unseren Träumen. Wir müssen Zugang finden zu unserem verborgenen Selbst; wir müssen die tiefsitzenden, unsichtbaren Hoffnungen erkunden, die Sehnsüchte, die Stärken und die Schwächen, die uns zu dem machen, was wir sind. Wir müssen verstehen, woher wir kommen und wohin wir gehen. Jede Entscheidung, die wir treffen, jeder Schritt, den wir tun, alles muss von unserer Selbstverpflichtung geleitet werden, ein Leben zu führen, das wahrhaftig und ehrlich und authentisch für uns selbst ist – und nur für uns selbst. Wenn wir auf diesem Weg voranschreiten, wird uns Glück in einem Ausmaß widerfahren, das unsere kühnsten Träume übersteigt.

Ich ging zu meinem Rucksack zurück und holte das Journal heraus, das mir Julian gegeben hatte. Vorsichtig legte ich das Stück Pergament zwischen seine Deckel und verstaute das Journal wieder im Rucksack. Ich nahm den Talisman abermals in die Hand. Dann holte ich einen kleinen Lederbeutel aus meiner Tasche und steckte die Scheibe hinein, bevor ich die Bettdecke aufschlug und mich hinlegte.

Als ich am nächsten Morgen aufwachte, wurde mir klar, dass ich mich die ganze Nacht überhaupt nicht bewegt hatte. Ich hatte so tief geschlafen wie sonst nur im Urlaub. Als ich in die Küche ging, stieg mir das wunderbare, starke und dunkle Aroma von türkischem Kaffee in die Nase. Ahmed servierte Joghurt und Obst mit Kaffee, dann geleitete er mich zur Tür und führte mich über die gepflasterten Dorfstraßen hinab zum Wasser.

Nachdem wir das Boot bestiegen hatten, warf Ahmed den Motor an und fuhr langsam vom Kai weg. Erst auf dem offenen Wasser beschleunigte er. Wir fuhren jetzt schneller als am Abend zuvor, doch das war nicht das Einzige, was sich völlig verändert hatte.

Trotz der frühen Stunde stand die Sonne schon hoch am Himmel. Die Dörfer, die grünen Hügel, das Wasser – alles erschien hell und klar, scharf und lebendig. Es war verblüffend, aber die Mythen und Geheimnisse der vergangenen Nacht waren verschwunden. »Es sieht alles so anders aus«, sagte ich zu Ahmed. »Wunderschön, aber anders.«

»Ja«, erwiderte Ahmed nachdenklich. »Das empfinde ich häufig auch so. Die Nacht verbirgt vieles, doch sie enthüllt auch anderes.«

»Das gilt auch für Städte«, sagte ich. »Manche wirken in der Nacht magisch, aber bei Tag langweilig.«

»Und doch sind beide Varianten real.« Ahmed schwieg einen Moment, dann fuhr er fort: »Ich glaube, das ist der Grund, warum es niemals eine gute Idee ist, vorschnell über Dinge zu urteilen. Man braucht lange, bis man Orte, Menschen und sich selbst wirklich kennt.«

Das Boot glitt über das Wasser, während Vögel über uns kreisten. Vor uns sah ich, wie zwei Männer aus einem winzigen Fischerboot ein Netz ins Wasser warfen. Ein kleiner Junge löste sich aus einer Gruppe von Menschen, die sich am Kai versammelt hatten, und winkte uns heftig zu. Einen Augenblick hatte ich das Gefühl, ich wäre schon einmal an dieser Küste gewesen, aber ich nahm sie nun das erste Mal bewusst wahr.

»Ja«, sagte ich zu meinem neuen Freund Ahmed. »Ja, ich erkenne allmählich, welche Wahrheit darin steckt.«

Kapitel 4

Als ich in Istanbul unterwegs war, glaubte ich manchmal, eine Figur in einem Film zu sein. Es kam mir vor, als sähe ich die Welt durch eine Kamera, als sei jedes Wort, das aus meinem Mund kam, von jemand anderem geschrieben worden. Das war verwirrend, aber zugleich erfrischend, so als berge die Welt für mich Chancen zuhauf. Die Nacht, in der ich über den Bosporus gefahren war, über mir der Mond und unter mir das Wasser – ich glaube, ich habe ein solch wunderbares Gefühl seit meiner Kindheit nicht erlebt. Julian hatte gesagt, im Leben gehe es darum, zu »werden«. Ich spürte allmählich, was das bedeutete.

Doch jetzt saß ich hier am Flughafen Atatürk, und *dieses* Istanbul glitt schnell an mir vorbei. Ich hatte am vorhergehenden Nachmittag mein Mobiltelefon abgeschaltet und vergessen, es wieder einzuschalten. Als es jetzt wieder zum Leben erwachte, präsentierte es mir einen Posteingang, der vollgestopft war mit halb hysterischen Betreffzeilen: »Dringende Versandanfrage«, »Frage zur Qualitätskontrolle«, »Fehler bei XD95«, »Monatsberichte fällig!«, »Wo zum Teufel steckst du?«. Ich bemerkte, dass von Nawang mehrere Mitteilungen gekommen waren, und las diese zuerst. Anscheinend liefen die ersten Qualitätstests ganz gut. Dann wandte ich mich den Nachrichten von David zu. Nur Fragen nach Berichten, die ich ihm bereits geliefert hatte, nach Informationen, die er schon erhalten hatte. Wie viel Zeit vergeudete ich damit, Mitteilungen ein zweites Mal zu verschicken, mich selbst zu wiederholen, Dokumente und Nachrichten zu übermitteln, die zu lesen sich niemand die Mühe machte (die aber nichtsdestotrotz pünktlich geliefert werden mussten, jeden Monat, jede Woche)? Vierzig Minuten vergingen, bis ich zu den Nachrichten von Annisha und Adam kam. Annisha wollte wissen, ob ich wohlbehalten in Istanbul angekommen sei. Verdammt. Ich hätte sie gleich nach meiner Ankunft verständigen müssen. Adam wollte mir von seiner Theateraufführung an der Schule berichten. Ich tippte rasch Antworten, rief dann im Büro an und hoffte, Nawang zu erreichen.

Als ich meinen Platz im Flugzeug einnahm, war ich wieder zurück in meiner Welt. Ich konnte meine Arbeit, mein Leben nicht völlig hintanstellen, wenn ich an einen neuen Ort kam. Und wenn mein Posteingang nicht voll war jedes Mal, wenn ich mein Telefon einschaltete, was sollte ich davon halten? Das konnte nichts Gutes bedeuten. Ich holte ein paar Dinge aus meinem Handgepäck und verstaute die Tasche über dem Sitz. Der Passagier hinter mir schnaufte und keuchte. Im vorderen Teil der Kabine schrie ein Baby. Ich presste die Zähne zusammen und seufzte. Als ich mich in den Sitz zwängte, einen dieser kinderstuhlähnlichen Sitze, mit denen heutzutage die Flugzeuge ausgestattet sind, spürte ich, wie sich meine Halsmuskeln verspannten. Der Lederbeutel, den mir Julian für die Talismane gegeben hatte, hing an einer langen ledernen Schnur. Ich hatte ihn mir um den Hals gehängt, weil ich glaubte, dass ich dadurch am wenigsten Gefahr lief, ihn zu verlieren. Aber jetzt spürte ich, wie mir die Lederschnur in die Haut schnitt. Der Beutel fühlte sich unnatürlich schwer an. Zu schwer für das winzige Amulett, das er enthielt. Ich legte den Sicherheitsgurt an, dann holte ich den Beutel unter meinem Hemd hervor. Ich zog die kleine Münze heraus und drehte sie hin und her. Sonne und Mond. Yin und Yang. Herz und Kopf. Himmel und Erde. Verborgenes und Bekanntes. Ich verstaute das Metallstück wieder im Beutel und schob ihn zurück unter mein Hemd.

Dann holte ich das Journal aus meiner Jackentasche. Darin befand sich Julians Brief über Authentizität. Ich hatte nicht mehr daran gedacht, seit ich den Text das erste Mal gelesen hatte. In Istanbul verspürte ich mitunter das Gefühl, dass ich gar nicht mehr mein Leben lebte. Vielleicht war es auch eher eine Ahnung, dass ich außerhalb meines Lebens stand und es wie ein Fremder betrachtete. Jetzt fragte ich mich, was ich wirklich sah. Was war mein »authentisches« Selbst? Wer war ich eigentlich? Ich erinnerte mich an mein Gespräch mit Ahmed auf dem Boot. Ich hatte ihm erzählt, dass ich Elektroingenieur war. Ehemann. Vater. All dies stimmte, aber es galt auch für Tausende anderer Männer. Wie konnte ich mich selbst beschreiben, wenn ich mich nicht auf diese drei Bezeichnungen stützen konnte?

Ich klappte das Serviertischchen herab und legte das

Notizbuch darauf. Wie ich schon sagte, bin ich nie ein Mensch gewesen, der viel Zeit damit verbringt, über sich selbst nachzudenken. Ich konnte keinen großen Sinn darin erkennen.

Ich holte einen Stift aus meiner Tasche und schrieb oben auf die erste Seite: »Wer bin ich?« Dabei kam ich mir dumm vor.

Ich starrte auf die Seite, bis die Flugbegleiterin mich aus meiner Trance riss, als sie mir ein Getränk anbot. Sie servierte es mit fröhlichem Lächeln, dann ging sie weiter den Gang entlang. Ich nahm einen Schluck Kaffee und wollte gerade das Notizbuch zuklappen, hielt aber plötzlich inne. Das war lächerlich. Ich musste doch imstande sein, eine Frage zu beantworten, die ich mir selbst gestellt hatte.

Als ich meinen Kaffee ausgetrunken hatte, starrte ich noch immer auf das Blatt. Der Flug dauerte fast vier Stunden. Ich hatte mir vorgenommen, bis zur Landung etwas niederzuschreiben. Wenn ich mich vielleicht nicht als »authentisch« bezeichnen konnte, so hatte es doch Zeiten in meinem Leben gegeben, in denen ich das Gefühl hatte, wirklich zu wissen, wer ich war, in denen ich bewusst lebte und mir auch meine Umgebung den Eindruck vermittelte, dass ich lebte.

Als Erstes schrieb ich »Vorlesezeit« auf das Papier. Es erschien mir eigenartig, dies hervorzuheben, denn es bezog sich weder auf einen einzelnen Moment noch auf eine bestimmte Phase. Und es war schon so lange her. Während meiner gesamten Kindheit hatte es ein festes Familienritual gegeben. Wenn wir zu Abend gegessen und das Bad hinter uns gebracht hatten, führte Mutter mich und meine Schwester in eines unserer

Schlafzimmer. Wir legten uns zu dritt ins Bett, und Mutter begann, aus einem Buch vorzulesen. Als ich noch ganz klein war, handelte es sich um Bilderbücher. Später waren es kurze Romane und schließlich lange Werke wie »Entführt. Die Abenteuer des David Balfour« oder »Gullivers Reisen«. Wir behielten diese Gewohnheit sehr lange Zeit bei, und ich hätte es nie gegenüber meinen Kumpeln zugegeben. Irgendetwas aus dieser Kinderzeit wurde für mich zu einer Art Maßstab. Egal, was im Laufe eines Tages alles geschehen war, mit welchen Schwierigkeiten ich zu kämpfen hatte, welche Auseinandersetzungen Kira und ich hatten, welche schulischen Katastrophen sich ereigneten – in dieser Stunde abends im Bett, mit der warmen Stimme meiner Mutter im Raum, mit den Geräuschen, die Vater unten in der Küche beim Aufräumen machte, und mit dem zufriedenen Atmen meiner Schwester neben mir, da kam alles wieder ins Lot. Ich wusste, wer ich war und wohin ich gehörte.

Als Nächstes notierte ich mir eine speziellere Erinnerung. »Mit Annisha zu Fuß unterwegs in den Rocky Mountains«, schrieb ich. Das war kurz vor unserer Heirat gewesen. Wir befanden uns auf der Route am Grassi-See bei Canmore, einer Stadt im Westen Kanadas, und überquerten einen kleinen Bach. Annisha folgte mir; ich streckte ihr eine Hand entgegen, um ihr auf das andere Ufer zu helfen. Als wir den höchsten Punkt des Weges erreichten, betrachteten wir die umgebende Landschaft und die Berge, die uns umringten. Dann schaute ich zu Annisha. Ich erinnere mich noch sehr deutlich, dass ich überwältigt wurde von dem Gefühl, dass dieser unwahrscheinliche Ort genau das war, wo ich sein wollte, genau das, wo ich in diesem Moment sein *musste.*

Natürlich konnte ich mir damals noch nicht vorstellen, welche Empfindungen mich bei der Geburt von Adam überkommen würden. Das war mein dritter Punkt, den ich notierte. Als ich Adam in den Armen hielt, während Annisha döste, dachte ich, dass mein Platz im Universum für immer von diesem kleinen Baby definiert werden würde. Ich war jetzt Vater. Und ich würde immer Vater sein. Das beinhaltete eine Gewissheit, die ernüchternd, aber zugleich tröstlich war.

Und schließlich schrieb ich »Probelauf für Kraftstoffeinspritzung«. Nach Adams Geburt erschien das wie ein schnödes, technisches Ereignis, aber es war mehr. Das erste unabhängige Projekt, das ich in meiner Arbeit fertiggestellt hatte. Juan hatte mich gebeten, mich um unser neues Kraftstoffeinspritzsystem zu kümmern. »Aber bastele nicht einfach an den alten Modellen herum«, hatte er gesagt. »Du hast mir erzählt, dass du einiges anders machen willst. Also tue es. Fang ganz von vorn an. Durchdenke es völlig neu.«

Ich arbeitete monatelang an dem Entwurf. Doch ich empfand es anders. Ich setzte mich am Morgen an meinen Schreibtisch und verließ ihn bis sechs Uhr abends kaum. Ich stieg am Abend aus meinem Auto, stand in der Zufahrt und überlegte, wie ich hierhergelangt war. Ich war so stark mit Ideen beschäftigt, völlig von Energie durchdrungen. Wenn ich morgens aufstand, konnte ich es kaum erwarten, ins Büro zu kommen.

Als ich schließlich Juan meine Zeichnungen und

meine Schemata vorlegte, betrachtete er sie nachdenklich. »Nun«, sagte er dann, »es gibt nur einen Weg, um herauszufinden, ob das funktioniert. Wir müssen es bauen.«

Das taten wir auch. Dann starteten wir einen Probelauf. Schließlich bauten wir das System in ein Auto ein. Und wir fuhren mit diesem Auto. Ich konnte die Nacht vorher kein Auge zutun. Als ich das Auto beobachtete, wie es über das Testgelände fuhr, hörte ich mein Herz so laut pochen wie ein Schlagwerk.

Vier Punkte. Das war genug für einen Tag. Ich klappte das Notizbuch zu und schob es zurück in meine Tasche. Ich lehnte mich auf dem Sitz zurück, so weit es ging, schloss die Augen und schlief ein.

Als ich die Ankunftshalle am Flughafen Charles de Gaulle betrat, begann mein Puls zu rasen. Die Schlange vor dem Zoll erschien mir endlos lang, und das Warten auf mein Gepäck kam mir wie eine Ewigkeit vor. Endlich trat ich durch die Glastür vor dem Taxistand ins Freie und eilte zum nächstbesten Taxi wie ein Kind, das dem Eisverkäufer entgegenläuft. Ich liebe Paris, und ich konnte es kaum erwarten, durch die Straßen zu flanieren.

Doch die Taxifahrt in die Stadt dauerte, wir kamen nur langsam voran. Gegen sechs Uhr abends herrschte dichter Verkehr. Anders als bei meinem Aufenthalt in Istanbul erschien mir dies hier alles seltsam bekannt. Um mich herum waren lauter Pendler: Die Fahrer achteten nur halbherzig auf die Straße und waren mit ihren Gedanken noch immer bei den Ereignissen des Tages – was sie geleistet hatten und was sie morgen erwarten würde. Das hätte auch ich sein können, nur auf der anderen Seite des Globus. Stattdessen war ich hier ein Fahrgast, der durch eine Stadtlandschaft chauffiert wurde, die vertraut, aber dennoch fremd war; die Mauern der grauen Vorstadthochhäuser, welche die Straßen säumten, erinnerten mich daran, dass ich in dieser Millionenstadt niemanden kannte.

Julian hatte mir vorgeschlagen, in einem Hotel auf den Champs-Élysées zu übernachten. Doch ich wollte am liebsten gar nicht aussteigen, als das Taxi an diesem Hotel ankam. Beinahe hätte ich dem Fahrer gesagt, er solle weiterfahren. Nichts verlockte mich in diesem Augenblick mehr als der Gedanke, durch die Straßen von Paris zu fahren, bis die Sonne unterging – mit den Lichtern des Eiffelturms, die im Hintergrund blinkten, wohin wir auch fuhren. Doch Julian hatte mir mitgeteilt, dass ich mich mit einem Mann namens Antoine Gaucher treffen solle, aber er konnte mir keinen genauen Zeitpunkt nennen. Antoine, schrieb er, würde für mich einen Brief am Empfang hinterlegen und mir mitteilen, wo ich ihn treffen solle. Schließlich hatte Julian noch bemerkt: »Antoine ist ein interessanter Mensch. Es könnte eine etwas ungewöhnliche Begegnung werden.«

Als das Taxi wegfuhr, die Champs-Élysées hinunter, öffnete ich die Tür des Hotels. Die Eingangshalle war überfüllt. Dutzende Menschen in Geschäftskleidung mit Namensschildern um den Hals verteilten sich in Gruppen über die gesamte Halle. In der Nähe der Rezeption saß ein kleines Mädchen schluchzend auf einem Koffer. Eine abgespannt wirkende Frau stand neben ihm und kramte in ihrer Handtasche nach irgendetwas. Die Halle war erfüllt von Rufen, Lachen, Geplauder und Tränen.

Ich vermute, der Flug, die Taxifahrt vom Flughafen zum Hotel und der Lärm hatten mich ein wenig erschöpft, denn als ich schließlich an der Rezeption stand, dachte ich nicht mehr an die Lichter von Paris, sondern an einen Stuhl in einem Café und einen kräftigen Drink. Als die Hotelangestellte mir den Schlüssel aushändigte und »Zimmer 1132« sagte, wurde es mir zu viel.

»Nein, wirklich nicht«, sagte ich. Ich versuchte gar nicht, französisch zu sprechen. »Nicht höher als im vierten Stock.« Die Frau schaute mich fragend an. »Ich kann nicht …«, sagte ich, aber dann verstummte ich. Ich wollte mich hier nicht näher erklären.

Mein authentisches Ich? Nun, hier ist ein Stück von meinem authentischen Ich. Ich leide unter Klaustrophobie, habe Angst vor engen, überfüllten Räumen. Dadurch werden Aufzüge für mich zu einer Herausforderung. Nicht sehr viele Menschen wissen das von mir – ich tue so, als würde das Treppensteigen für mich zu einer gesunden Lebensweise gehören.

Juan begann mich »Treppenmeister« zu nennen, nachdem ich bei einer Automobilausstellung alle Treppen zu einer im 18. Stock gelegenen Besucherunterkunft hinaufgestiegen war. Doch in Wirklichkeit wollte ich vor meinen Kollegen lieber verschwitzt und erschöpft erscheinen als von Panik gebeutelt.

Es dauerte ein paar Minuten, bis die Hotelangestellte für mich ein Zimmer im vierten Stock fand. Bevor ich die Rezeption verließ, schob sie zusammen mit meinem Zimmerschlüssel einen kleinen Briefumschlag über die Theke. Das musste die Nachricht von Antoine sein, dachte ich und steckte den Umschlag in meine Jackentasche. Ich ließ mein Gepäck vom Hotelpagen hinaufbringen und ging zur Treppe.

Im Zimmer angekommen, zog ich zuallererst meine Schuhe aus und ließ mich aufs Bett fallen. Ich legte mich zurück und zog den Umschlag heraus. Er enthielt ein einzelnes Blatt Papier mit einer kurzen Nachricht: »Antoine Gaucher, Archivar« stand darauf. »Catacombes de Paris, 1, avenue du Colonel Henri Rol-Tanguy. Besuchen Sie mich an meinem Arbeitsplatz, *s'il vous plaît.* Mittwoch, 17.30 Uhr, nachdem das Museum geschlossen hat.«

Antoine war zweifellos kein sehr gesprächiger Mensch.

Mittwoch – das war morgen. Ich würde einen ganzen Tag in Paris für mich selbst haben. Meine erste Reaktion war Freude. Einen Tag lang in einer der aufregendsten Städte der Welt umherstreifen. Wohin sollte ich gehen? Zu Notre-Dame? Le Marais? Nach Montmartre? In den Louvre? Doch ein weiterer Gedanke verdrängte diese Orte aus meinem Kopf. *Ein ganzer Tag.* Ich zog mein Mobiltelefon aus der Tasche. Ich war jetzt seit zwei Tagen weg und hatte noch acht weitere Talismane einzusammeln. Wie lange würde ich brauchen, wenn es in diesem Tempo weiterging? Drei Wochen erschienen möglich, aber sehr ambitioniert – und was war, wenn irgendetwas schiefging? Ich versuchte, langsamer zu atmen und meinen verkrampften Kiefer zu lockern. Ich konnte nichts tun, um die zeitliche Dauer zu beeinflussen. Warum soll ich mir darüber Sorgen machen, sagte ich mir. Entspanne dich.

Genieße die Gelegenheit, die dir hier geboten wird. Ich holte tief Luft und ging ins Badezimmer, um mich frisch zu machen.

Als ich bei Sonnenuntergang die Champs-Élysées entlangspazierte, empfand ich eine gewisse Wehmut. Paris war wirklich eine Stadt, in der man einen Reisegefährten brauchte. Ich beobachtete Paare, die händchenhaltend umherschlenderten, Männer und Frauen, die an den kleinen Tischchen der Straßencafés saßen und sich eng zueinanderneigten. Wenn Annisha hier wäre ... Wenn Annisha hier wäre, würden wir über unsere Beziehung reden müssen. Darüber, was schiefgelaufen war, was sie als frustrierend empfand und was Adam enttäuschte. Verdammt. Der Zauber von Paris verschwand. Ich musste die Richtung ändern. Wie würde es sein, hier mit Tessa zu verweilen? Das war schon besser. Die Romantik des Unbekannten.

Ich ging ein Stück weit in den Park, dann drehte ich um und kehrte wieder auf die breite Avenue zurück. In der Ferne erblickte ich die imposanten Umrisse des Arc de Triomphe. An einem der kleinen Bistros blieb ich stehen, um etwas zu essen. Ich hatte einen Riesenhunger und bestellte mir Salat und eine Karaffe Rotwein. Darauf sollte eine Ente folgen, ehe eine Auswahl von Käse das Mahl beschloss. So speiste man hier.

Das Bistro war ziemlich voll. Ich versuchte, den Gesprächen um mich herum zu folgen. Eine Mutter und eine Tochter, die hier zweifellos Urlaub machten. Was wollten sie morgen unternehmen? Einkaufen gehen oder mit dem Zug nach Versailles fahren? Ein paar Geschäftsmänner unterhielten sich über eine Präsentation, die Ende der Woche anstand. Ein Paar schimpfte über den schlecht erzogenen Nachbarhund.

Ich saß lange vor dem Käseteller, dann zahlte ich und ging wieder hinaus in die Nacht. Mittlerweile war die Sonne untergegangen, und die Stadt der Lichter war … beleuchtet. Ich ging die Straße hinab zum Triumphbogen und stieg die ungefähr 300 Stufen zum Dach hinauf. Auf den Eiffelturm wollte ich nicht – der Aufzug schreckte mich ab –, daher war dies der nächstbeste Ort, um einen Ausblick über die Stadt zu erhalten. Oben angekommen, spazierte ich auf der Aussichtsplattform umher. Im Westen schimmerte der Eiffelturm. Autos und Taxis fuhren auf den Straßen, die sternförmig vom Place de l'Étoile wegführten. Winzige Figuren bewegten sich auf den Gehsteigen und in den Hauseingängen. So viele Menschen, so viele Leben; alle verschieden, alle veränderten und entwickelten sich. Lebten alle diese Seelen ein »authentisches« Leben? Und wenn nicht, wussten sie das?

Ich selbst wusste noch immer nicht recht, was eigentlich mein authentisches Leben war, aber ich hegte die Vermutung, dass ich es noch nicht lebte. Wenn ich es täte, würde es dann so vieles geben, über das ich nicht nachdenken wollte? Über Annisha? Meinen Vater? Juan? Wenn ich es täte, würde ich mich dann die meiste Zeit nicht wesentlich glücklicher fühlen? Ich wandte mich wieder zur Treppe. Eine Stufe nach der anderen, die steinernen Mauern waren kalt und stumm. Mit jeder Wendung der Treppe spürte ich, dass mich meine Energie verließ. Es war ein langer Tag gewesen. Einer von vielen, die noch folgen würden. Seit ich Julian getroffen hatte, schien es mir, als habe mich ein Wirbelwind erfasst. Mein Zuhause, meine Arbeit schienen jetzt weit weg. Und die kommenden Wochen lagen vor mir wie ein riesiges Fragezeichen. Es war Zeit, zum Hotel zurückzukehren und schlafen zu gehen; Zeit, sich der Vergesslichkeit des Schlafes anzuvertrauen.

Am nächsten Morgen fuhr ich mit der Metro in das Viertel Marais und suchte dort ein kleines Café auf, das ich von einem früheren Besuch kannte. Ich bestellte einen *café au lait* und ein *pain au chocolat,* setzte mich an einen kleinen Tisch und zog mein Mobiltelefon hervor. Ich beantwortete ein paar Mails, dann ging ich ins Internet und tippte »Katakomben von Paris« ein.

Ich hatte schon von den Katakomben gehört, sie aber noch nie gesehen. Jetzt einige Informationen darüber einzuholen erschien mir eine sehr kluge Entscheidung.

Wie die Menschen in anderen christlichen Ländern beerdigten auch die Pariser ihre Verstorbenen auf geweihten Friedhöfen neben den Kirchen. Das Problem bestand jedoch darin, dass diese Friedhöfe im Laufe der Jahrhunderte allmählich zu klein wurden. Zudem wuchs die Bevölkerung, die im Umkreis der Friedhöfe lebte. Ende des 18. Jahrhunderts waren die Böden der Friedhöfe überfüllt mit den Opfern von Seuchen, Epidemien, Hungersnöten und Kriegen. Jahrzehntelang wurden die Toten übereinandergestapelt, und im Laufe der Zeit wurden in den Begräbnisstätten Gebeine und verwesendes Fleisch durch den Schlamm nach oben gedrückt. Um die Friedhöfe herum stank es, und der verseuchte Boden vergiftete das Trinkwasser und die Nahrungsmittel. Kranke Ratten drangen in die Häuser ein und breiteten sich an öffentlichen Plätzen aus. Einmal brachen sogar die Mauern im Keller eines Restaurants unter dem Druck des verrottenden Inhalts des Friedhofs der Unschuldigen zusammen, der auf der anderen Seite lag. Leichen und Gebeine strömten in den Restaurantkeller. Ich las, dass ein Maurer, der den Ort des Geschehens untersuchte, an Wundbrand erkrankte, nachdem er mit der Hand die Überreste der Kellermauern berührt hatte.

Es dürfte in dieser Zeit öffentliche Proteste gegeben haben, doch offenkundig veranlasste erst der Einsturz der Mauer neben dem Friedhof der Unschuldigen die Behörden, den Friedhof zu schließen. Das brachte den Polizeileutnant Alexandre Lenoir auf eine Idee. Fünf Jahre nach der Katastrophe griffen die Behörden Lenoirs Gedanken auf, der vorgeschlagen hatte, die verbliebenen Gebeine aus diesem und anderen Friedhöfen in unterirdische Steinbrüche umzubetten. Dafür wurden die Gänge ausgewählt, die südlich der Stadttore lagen; die Überreste der Toten wurden exhumiert und in feierlichen Prozessionen in das neue geweihte Beinhaus überführt. Da man die Skelette nicht unversehrt ausgraben konnte, wurden die Gebeine nach Knochentypen sortiert und entlang der Gangwände aufgestapelt, zusammen mit Grabmarkierungen aus den ursprünglichen Friedhöfen. In den Katakomben, so erfuhr ich, wurden die Überreste von sechs Millionen Menschen bestattet.

Beim Lesen betrachtete ich einige Bilder und war erleichtert, dass Antoine mich erst nach der Schließung der Katakomben treffen wollte. Ich hätte auf keinen Fall eine Führung mitgemacht. Es war schon schlimm genug, dass ich mich neben einem Haufen Knochen würde aufhalten müssen, aber dann auch noch enge, dunkle Gänge ... Mir wurde schwindlig bei dem Gedanken.

Nach dem Frühstück wanderte ich durch die Straßen. Am späten Vormittag brannte die Sonne schon ziemlich kräftig von einem klaren Frühlingshimmel herab. Das strahlende Sonnenlicht und die Wärme erinnerten mich an meinen »Authentizitäts«-Talisman – die Münze mit der kleinen Sonne und dem Mond. Ihm wurde eine Art stärkender Kraft zugeschrieben. Wie funktionierte das genau? Half es einem, das eigene wahre Selbst zu finden? Und wenn ja, wie vollzog sich diese Heilung? Während ich weiterging, betrachtete ich die Gesichter um mich herum. Ich begann ein kleines Spielchen zu spielen und überlegte bei jeder Person, die mir entgegenkam, ob sie ihr authentisches Selbst lebte – oder nicht. Der großgewachsene junge Mann, der sein Gesicht tief in einen Stadtführer über Paris vergraben hatte – er lebte nicht authentisch. Das Kind, das einen kleinen Stoffhund umklammerte – es war authentisch. Der Kellner in mittleren Jahren, der im Eingang eines kleinen Bistros stand, eine Zigarette rauchte und finster dreinblickte – er war es nicht. Die Frau, die in einem Schaufenster bunte Schals arrangierte – sie schon. Ich setzte dieses Spiel eine Weile fort, bis ich mir schließlich die Frage stellte, was mich eigentlich zu diesen Schlussfolgerungen brachte. Ich vermutete, es läge an einem gewissen Ausdruck von Zufriedenheit auf den Gesichtern der Leute, der mir das Gefühl vermittelte, dass diese Menschen ihr »wahres« Leben lebten und sich nicht irgendein künstliches Leben konstruierten, das die Gesellschaft ihnen aufgezwungen hatte. Ein Gesichtsausdruck, der zeigte, dass sie sich ihrer selbst sicher waren, dass sie wussten, was für sie wichtig war und welchen Sinn ihre Tätigkeit hatte. Wer hatte noch einen solchen Gesichtsausdruck? Ich glaube, meine Mutter und mein Vater. Vielleicht war das nur die Vermutung eines Kindes, aber sogar wenn sie über unser viel zu enges Haus oder unsere alte Klapperkiste schimpften, wirkten sie nicht verbittert, sondern stets vollkommen zufrieden. Es machte mich verrückt. Ich dachte an ein paar neue Freunde, dann kam mir Juans Gesicht in den Sinn. Nicht der Juan der letzten Jahre, sondern jener Juan, den ich kennengelernt hatte, als ich das erste Mal in die Firma gekommen war.

Juan dürfte Anfang vierzig gewesen sein, als wir uns zum ersten Mal begegneten, aber er hatte den klugen Gesichtsausdruck und die intellektuelle Begeisterung eines alten Gelehrten. Während unseres Gesprächs hatte Juan geistesabwesend gewirkt, sogar gleichgültig, und daher war ich überrascht, als er anrief und mir den Job anbot. Ich erkannte, dass Juan in dem Bewerbungsgespräch schlicht in Gedanken versunken gewesen war. Anscheinend hatten ihn meine Eignungstests, meine bisherige Arbeitserfahrung und meine Eingangsbemerkungen so beeindruckt, dass er bereits darüber nachdachte, welche Projekte er mir übertragen könnte. An meinem ersten Arbeitstag empfing mich dann aber ein Juan, der völlig bei der Sache war.

»Da ist er«, verkündete er, als ich in der Tür stand. »Kommt alle her«, rief er seinen Mitarbeitern zu, die sich im Labor verteilten. »Ich möchte euch das neue Mitglied unseres Teams vorstellen – den jungen, aber imponierenden Jonathan Landry.«

Ich wurde den anderen vorgestellt, dann gab es eine Führung durch das Labor, und daran schloss sich ein gemeinsames Essen in einem nahe gelegenen kleinen Speiselokal an. Anschließend ging es gleich zur Sache. Juan beauftragte mich mit der Überarbeitung eines Entwurfs. Ich saß den ganzen Nachmittag konzentriert vor einem Monitor, und mit jeder Sekunde, die verstrich, wurde meine Entschlossenheit stärker, mich hier durchzubeißen. Gegen fünf Uhr spürte ich, wie mir jemand die Hand auf die Schulter legte. Ich blickte auf und sah Juan, der mich anlächelte. »Ich würde sagen, das war ein anstrengender erster Arbeitstag, nicht wahr?«, meinte er. »Ich muss noch etwas Papierkram erledigen, aber Sie sollten jetzt nach Hause gehen. Gute Arbeit.« Ich hatte nicht das Gefühl, schon etwas geleistet zu haben, doch das Vertrauen, das Juan mir entgegenbrachte, bestärkte mich. Ich holte tief Luft, speicherte meine Arbeit und fuhr den Computer herunter.

Die übrigen Tage der Woche verliefen ganz ähnlich. Ich saß vor dem Bildschirm, konzentrierte mich auf die Arbeit, und immer wenn sich meine Schultern zu verkrampfen begannen oder sich Schmerzen in meinen Schläfen bemerkbar machten, erschien Juan neben mir. Er fragte, wie es mir ging, hatte eine Anregung parat und schlug mir gelegentlich auch vor, ich solle eine kurze Pause machen. Doch trotz seiner Unterstützung unterlief mir ein grober Patzer, bevor mein erster Monat in der Firma vorbei war – eine leichtfertige Fehlberechnung, die dazu führte, dass einige Musterpläne verworfen wurden. Juans Vorgesetzter stürmte in das Labor und warf einen Stapel Blätter auf einen der Tische. »Wessen Arbeit ist das?«, wollte er wissen. Juan eilte sofort herbei, nahm die Papiere und überflog sie.

»Ich bitte vielmals um Entschuldigung, Karl«, erwiderte er. »Ich sehe, dass wir hier einen Fehler gemacht haben. Ich bin sicher, dass wir Ihnen bis heute Abend korrigierte Pläne liefern können.« Karl zögerte einen Moment, dann warf er einen argwöhnischen Blick in meine Richtung. »Es war mein Fehler«, sagte Juan und ging zur Tür; offenkundig wollte er, dass Karl das Labor verließ. »Aber wir werden das schnell beheben. Wir kümmern uns sofort darum.«

Nachdem Karl über den Gang verschwunden war, kam Juan zu meinem Arbeitsplatz. »Das zeigt nur, dass wir bei unserer Arbeit gar nicht sorgfältig genug sein können«, sagte er, als er mir die Blätter auf den Tisch legte. »Aber Sie sollten niemals Angst haben, Fehler zu machen«, fuhr er fort. »Nur dadurch lernt man.«

Das war Juan, kurz zusammengefasst. Er machte mir keine Vorwürfe, und auch nicht dem Kollegen, der meine Arbeit überprüft hatte, bevor sie weitergeleitet wurde. Er war ruhig und besonnen. Unerschütterlich positiv. Er stand jedem zur Seite, der für ihn arbeitete. Er holte das Beste aus uns heraus. Davon bin ich wirklich überzeugt.

Damals konnte ich noch nicht ahnen, dass Juan acht

Jahre später nicht mehr da sein würde. Und bevor Juan endgültig verschwand, war er nur noch ein gehetzter, erschöpfter Schatten seiner selbst gewesen. Seine Schultern fielen ein, sein Gesicht war verkniffen, seine Haare ergrauten überraschend schnell. Ich arbeitete nicht mehr für ihn und, was noch schlimmer war, ich redete auch nicht mehr mit ihm.

Als die Seine vor mir auftauchte, wurde ich aus meinen Gedanken gerissen. Ich war am Pont Notre-Dame angekommen. Ich überquerte die Brücke und ging weiter, bis ich zur Kathedrale gelangte. Dort verharrte ich eine Weile vor den prunkvollen Türen, den Steinmauern, die bevölkert waren mit Heiligen und Wasserspeiern, und betrachtete das Glas des Rosenfensters, das im Sonnenlicht blitzte. Was für ein atemberaubendes Werk, was für eine überwältigende Leistung! Ich zog mein Smartphone heraus und machte ein paar Fotos, die ich Adam zeigen wollte, wenn ich wieder zu Hause war. Dann betrat ich die Kirche.

Den Rest des Tages verbrachte ich mit Spazierengehen und fuhr mit der Metro umher, suchte einige Plätze auf, die bei Touristen sehr beliebt waren, erkundete die Straßen im Quartier Latin und setzte mich am späten Nachmittag schließlich in ein Bistro namens Les Deux Magots in der Nähe des Boulevard Saint-Germain. Der Himmel hatte sich mittlerweile bewölkt, aber dennoch wählte ich einen Tisch im Freien. Ich bestellte eine *citron pressé* und lehnte mich auf meinem Rohrsessel zurück. Mit einer Hand fühlte ich nach dem kleinen Beutel, der unter meinem Hemd lag, aber dann wurde mir ein wenig mulmig. Jetzt war ich auf mich allein gestellt – und ich hatte keine Ahnung, wie lange. Ich wünschte, ich wäre zu Hause. Adam würde für das Wochenende kommen. Ich würde die Woche über unter meinen Kollegen im Büro sein. Vielleicht würde ich mich sogar dazu aufraffen können, Tessa zu fragen, ob sie mit mir zu Mittag essen möchte. Oder zu Abend. Das wäre eine gute Möglichkeit, für eine Weile meiner leeren Wohnung zu entfliehen. Beim Gedanken an ihre dunklen lockigen Haare huschte ein Lächeln über mein Gesicht.

Ich hätte bis Sonnenuntergang hier sitzen können, aber dann läutete mein Telefon und erinnerte mich daran, dass ich bald in den Katakomben sein musste. Ich zahlte und ging langsam zur Metro.

Nach einer kurzen Fahrt stieg ich an der Haltestelle Denfert-Rochereau aus und stapfte die Treppe hinauf. Auf der Place Denfert-Rochereau blieb ich stehen, hielt Ausschau nach Schildern und schlug dann den Weg zu einem Steingebäude ein, das, wie ich gelesen hatte, Teil des früheren Stadttors Barrière d'Enfer gewesen war. Daran war ein niedriges, dunkles Häuschen gebaut, das der Kartenschalter für die Katakomben zu sein schien. Doch die kleine Tür war verschlossen, und es war auch kein Mensch zu sehen. Ich klopfte und wartete, aber es kam keine Antwort. Ich klopfte abermals und hämmerte diesmal heftig gegen das dunkle Holz. Ich glaubte auf der anderen Seite etwas zu hören, dann ging die Tür langsam nach innen auf. Ein pickeliger junger Mann von ungefähr achtzehn Jahren stand vor mir.

»Antoine?«, fragte ich unsicher.

»Non«, antwortete der Bursche und rollte mit den

Augen. *»Il travaille. Suivez-moi.«* Er drehte sich um und ging zurück in das Gebäude, worauf mir nichts anderes übrigblieb, als ihm zu folgen. Er ging so schnell, dass ich mich beeilen musste, um mit ihm Schritt zu halten.

»Où est …«, begann ich in meinem schlechten Französisch. Mein Führer winkte unwirsch mit der Hand und wiederholte: *»Suivez-moi.«* Nach ein paar Schritten verschwand er durch eine steinerne Tür. Als ich an der Schwelle ankam, sah ich mit Entsetzen, dass dahinter eine steile Treppe lag – die nach unten führte. Die Katakomben. Wir waren unterwegs in die unterirdischen Gänge. Mein Herz pochte laut, mein Hemdkragen fühlte sich plötzlich viel zu eng an, und meine Lungen schienen keine Luft mehr zu bekommen. Doch trotz meiner wachsenden Angst schritten meine Füße die schmalen Steinstufen hinab; das Geräusch der Schuhe auf der Treppe war kaum lauter als das Hämmern meines Herzens. Wir stiegen nach unten, immer weiter nach unten. Mir schwindelte; durch die ständigen Wendungen der Wendeltreppe wurde mir schlecht. Ich hatte keine Ahnung, wie weit unten wir inzwischen waren, als die Treppe endete. Es kam mir vor, als befänden wir uns mehrere Stockwerke tief im Untergrund.

Mein Führer ging stumm vor mir her, als behage es auch ihm nicht, hier unten zu sein. Im Tunnel war es feucht, und er war nur schwach beleuchtet. Die Gebeine von sechs Millionen Parisern ruhten hier in der Erde. Aber bis jetzt hatte ich noch keine Skelette gesehen, und es waren nicht die Toten, die mir zusetzten. Es war der Tunnel, die niedrigen Decken, die Enge hier unten. Während ich meinem Führer folgte, spürte ich, wie mein Atem immer flacher und schneller wurde. Schweißperlen bildeten sich über meinen Augenbrauen, obwohl mich fröstelte. Kurze Anfälle von Benommenheit überkamen mich, und es kostete mich Kraft, einen Fuß vor den anderen zu setzen. Ich wusste nicht, ob ich weitergehen konnte, doch der Gedanke, den jungen Mann aus dem Blick zu verlieren, trieb mich voran. Ich wusste, ich musste mich ablenken.

Dann passierten wir einen kleinen Vorsprung, der mit Plexiglas abgetrennt war. Hinter der Scheibe standen ein Holzstuhl und ein kleiner Tisch mit einer Kerze darauf. Auf einer Wandtafel stand irgendetwas über den Zweiten Weltkrieg. Da fiel mir noch etwas anderes ein, was ich über die Katakomben gelesen hatte. Während des Krieges hatten sich Widerstandskämpfer in diesem Gewirr von Gängen versteckt. Sie hatten hier unten sogar mehrere Jahre verbracht.

Wie mochte es gewesen sein, gegen den Würgegriff der Nazis anzukämpfen? Lebten die französischen Widerstandskämpfer ständig in einem Zustand der Furcht und der bösen Vorahnungen? Oder verlieh ihnen das Engagement für ihre Sache, für Gerechtigkeit und Freiheit Kraft und Stärke? Wahrscheinlich war es beides, dachte ich mir. Echte Tapferkeit kann sich nur im Angesicht der Gefahr entwickeln – wenn man keine Angst hat, wie kann das eigene Tun dann tapfer sein?

Welch eine Ironie! Betrachteten die Kämpfer, die in diesen kleinen, engen Räumen lebten, umgeben von den Überresten von Toten und Zeugnissen der unausweichlichen Sterblichkeit, jemals diese Gebeine, und dachten sie daran, dass alle, die sie durch ihre Bemühungen zu retten versuchten, schließlich doch hier ihr Ende finden würden? Spielte es eine Rolle, wenn sie das Leiden der Menschen verlangsamten und sinnlose Tode verhinderten? Zweifelte jemals einer von ihnen an ihrem Kampf und fragte sich, ob er das alles wert war? Die Gebeine in diesen Gängen gehörten Menschen, deren Leben vergangen war – einige waren groß und bedeutend gewesen, andere nicht. Tat es etwas zur Sache, wie sie gelebt hatten? Wie die Menschen überhaupt lebten?

Mein Führer eilte weiter vor mir her. Ich beschleunigte meine Schritte, bog um eine Ecke und stand dann vor dem ersten Knochenhaufen.

Unwillkürlich ging ich langsamer. Meine Angst hatte sich gelegt. Die langen, schrägen Wände waren gesäumt von Knochen – ordentlich aufgeschichteten Stapeln von Oberschenkelknochen, sorgfältig geordneten Stößen von Schienbeinknochen. Schlüsselbeine und Rippen bildeten kunstvolle Muster. Unmittelbar vor mir ragte eine Säule aus grinsenden Schädeln auf. Ich dachte an jene, die sich in diesen Katakomben versteckt hatten. Natürlich spielte es eine Rolle, wie die Menschen lebten. Die Widerstandskämpfer wussten das. Sie betrachteten vermutlich diese Knochen und erkannten, dass die Schrecken im Untergrund nichts waren im Vergleich zu den schrecklichen Taten, die über ihnen verübt wurden, in den besetzten Straßen von Paris, von Lodz, von Berlin, von Amsterdam. Alle Widerstandskämpfer, wo immer sie auch lebten, hatten wohl begriffen, dass es besser war, dem Schrecken entgegenzutreten, anstatt ihn zu ignorieren.

Plötzlich blieb der junge Mann vor dem Eingang zu einem weiteren Tunnel stehen. Er war durch ein kleines rostiges Eisengitter von dem Tunnel abgetrennt, aus dem wir kamen. Dieser Tunnel war dunkel. Mein Führer schob das Gitter zur Seite und machte ein paar Schritte in die Dunkelheit. Dann blieb er stehen und schaute zu mir zurück, um sich zu vergewissern, dass ich ihm folgte. Ich trat unsicher aus dem matten Licht heraus, als sein Rücken vor mir verschwand. Ich ging ein paar Schritte weiter. Da stieß mein Fuß gegen irgendetwas. Ein dumpfes Scheppern erfüllte die Luft, und ich erstarrte. Zugleich wurde es hell um mich herum. Mein Führer hatte seine Taschenlampe eingeschaltet. Plötzlich wünschte ich, er hätte es nicht getan. Die schaurige Geordnetheit war verschwunden. Überall lagen Knochen – sie waren über den Boden verstreut, lagen zwischen unseren Füßen und waren an der Mauer in ungeordneten Stapeln aufgehäuft. Das Licht der Taschenlampe verfing sich in Staubwolken und Spinnweben, die von der Decke herabhingen.

»Ça c'est pour vous«, sagte mein Führer. Er warf mir die Taschenlampe zu. Als ich sie auffing, trat er schnell hinter mich.

»Was –«, rief ich.

Bevor ich meine Frage zu Ende bringen konnte, sagte der Mann: *»Il vous rencontrera ici.«* Dann war er verschwunden und ließ mich allein hier zurück, fünfzehn Meter unter der Erde, ein einsamer, verlassener Mensch inmitten einem Meer von Toten.

Jetzt gab es nichts mehr, was mich ablenken konnte. Die Luft war unbewegt, doch die Tunnelwände schienen mich zu erdrücken. Die Decke sah aus, als würde sie zittern – ich war überzeugt, dass sie jeden Augenblick auf mich herabstürzen würde. *Das ist alles nicht wirklich,* versuchte ich mir einzureden. *Das ist eine Panikattacke.* Doch die Angst fuhr durch mich hindurch und drohte, mich zu zerreißen. Ich wollte mich an irgendetwas anlehnen, hatte aber Angst, mich zwischen den Knochen zu bewegen.

Nach einer Weile – es kam mir wie Stunden vor, waren aber vermutlich nur ein paar Sekunden – hörte ich Schritte.

Ein kleiner Mann trat aus dem Schatten heraus. *»C'est moi, Antoine«,* sagte die Gestalt. Während er dies sagte, begann ich zu schwanken.

»Mon Dieu«, rief Antoine. Er packte mich am Arm und brachte mich wieder ins Gleichgewicht. Dann ging er zu einer Lücke zwischen den Knochenhaufen an der Wand. Er holte zwei kleine Klappstühle heraus, trug sie in die Mitte des Tunnels und klappte sie auf dem unebenen Boden auf.

»Asseyez-vous«, sagte er. »Setzen Sie sich bitte.«

Antoine war anscheinend Mitte fünfzig. Lockige weiße Haare umrahmten sein bleiches, zerfurchtes Gesicht. Er trug eine runde Brille und eine Art dunklen Laborkittel. Wie Ahmed hatte er ein hübsches Gesicht, aber er hatte auch etwas Gelehrtenhaftes an sich.

»Ich möchte mich entschuldigen, dass ich Sie hier habe warten lassen«, sagte Antoine. »Ich muss diesen Abend arbeiten – es ist etwas zu restaurieren. Die Knochen zerfallen langsam, sie zerbröseln. Und es hat auch schon Fälle von Vandalismus gegeben. Wir haben ständig zu tun.«

Mein Atem beruhigte sich. Das Gute an meinen

Panikattacken war, dass sie nicht lange anhielten. Es schien, als könne mein Körper die Energie, die sie erforderten, nicht bereitstellen. Ich wischte mir über die Augen und murmelte: »Schon in Ordnung.«

Antoine nickte und lächelte freundlich. »Es überrascht mich nicht, dass Sie sich hier unten nicht wohl fühlen«, sagte er. »Den meisten Leuten geht es gut, bis es hier leer wird. Sie möchten schlicht mit ihren Gedanken hier unten nicht allein sein, so wie ich jeden Tag. Aber wissen Sie, wir verlieren unsere Angst, wenn wir das tun, was wir fürchten.« Er klopfte seine Taschen ab und zog eine kleine Dose heraus. Er hob den Deckel hoch und bot mir ein Bonbon an. Ich schüttelte den Kopf, daraufhin schob er sich ein Bonbon in den Mund und verstaute die Dose wieder in seiner Tasche. »Als ich noch sehr klein war, habe ich meinen Vater verloren«, sagte er. »Alles, was ich über ihn wusste, stammte aus der Vergangenheit – vielleicht begann ich deshalb, mich so sehr für Geschichte zu interessieren, für Archive. Doch den Anblick, wie er im Sarg lag, konnte ich jahrelang nicht vergessen. Er hat mich regelrecht verfolgt. Als mir dieser Job hier angeboten wurde, dachte ich: *Nein, ich will nicht mit Knochen arbeiten, mit Toten. Das ist das Letzte, was ich tun will.* Dann erkannte ich, dass ich gerade deshalb, weil ich mich vor Toten fürchtete, diesen Job übernehmen musste. Es war wirklich befreiend«, sagte er und wedelte mit den Händen umher.

Dann beugte er sich nach vorn und starrte mich an. »Geht es Ihnen jetzt besser?«, fragte er. Ich nickte.

»Oh«, sagte er dann, als sei ihm gerade etwas eingefallen. »Hier.« Er reichte mir ein kleines Päckchen und ein zusammengefaltetes Stück Papier, ähnlich wie das, welches mir Ahmed in der Türkei gegeben hatte. »Ich muss jetzt zurück zu meiner Arbeit«, sagte er. »Aber ich weiß, dass Sie gern gehen möchten, nicht wahr?« Ich schüttelte den Kopf und versuchte zu lächeln, etwas überrascht über die kurze Dauer unserer Begegnung, für die ich so weit gereist war. Wir standen beide auf. »Ich glaube, Sie finden allein nach oben«, sagte Antoine. Er ging zu der Gitterabtrennung und deutete zu dem schwach beleuchteten Tunnel. »Hier geht's lang. Folgen Sie einfach dem Tunnel und meiden Sie alle Abzweigungen. Ich habe Jean gebeten, die Tür offen zu lassen, damit Sie hinauskönnen.«

Ich hatte mittlerweile das Päckchen und das Papier eingesteckt. »Danke«, sagte ich, während ich an Antoine vorbeiging. »Vielen Dank.«

Als ich den Gang hinunterlief, rief Antoine mir nach: »Nur Mut, Jonathan! Das ist die einzige Möglichkeit, um das Leben zu meistern. Und denken Sie daran, Tapferkeit ist nicht etwas, das man empfindet. Sie ist etwas, das man zeigt.«

Ich bewegte mich durch den Tunnel. Die Symmetrie, die Ordentlichkeit, die ausgeklügelte Anordnung der Knochen – alles hier hob sich wohltuend ab von dem Durcheinander in Antoines Tunnel. Wenn ich nicht den dringenden Wunsch verspürt hätte, so schnell wie möglich aus dieser Enge herauszukommen, wäre ich vielleicht stehen geblieben, um die Kunstwerke zu bewundern. Stattdessen holte ich tief Luft und erinnerte mich daran, dass das Ende des Gangs gleich hinter der Biegung lag oder hinter der nächsten. Schließlich gelangte ich an den Fuß einer weiteren steinernen Wendeltreppe. Ich stieg so schnell wie möglich nach oben, wobei mir die Beine noch leicht weh taten vom gestrigen Aufstieg auf den Triumphbogen. Als ich oben ankam, trat ich erleichtert ins Freie. Die erfrischende Abendluft war wie eine Erlösung. Ich nahm mehrere tiefe Atemzüge, dann steuerte ich eine Bank neben der Straße an.

Ich ließ mich auf den Sitz fallen und nahm mir das kleine Päckchen vor, das mir Antoine gegeben hatte. Nachdem ich die zahlreichen Schichten des gelben Seidenpapiers auseinandergeschlagen hatte, stieß ich in der Mitte auf einen winzigen Schädel aus Metall. Seine Kiefer waren geöffnet, so dass er mich anzulächeln schien. Oder auszulachen. Ich musste grinsen. Ich drehte den Miniaturschädel in der Hand hin und her. Wahrscheinlich auf Antik getrimmte Bronze oder irgendeine Eisenlegierung. Ich griff nach dem Lederbeutel, der um meinen Hals hing, und schob den Talisman hinein. Dann faltete ich vorsichtig das Papier auseinander.

Stelle dich deinen Ängsten, lautete die Überschrift. Ich kicherte. Natürlich würde dieser Talisman von Angst und Furcht handeln. Ich las weiter:

> *Was uns im Leben behindert, ist die unsichtbare Architektur der Angst. Sie hält uns fest in unseren Komfortzonen, die in Wirklichkeit die unsichersten Orte sind, an denen wir leben können. Das größte Risiko des Lebens besteht darin, keine Risiken einzugehen. Doch immer, wenn wir das tun, wovor wir uns fürchten, holen wir uns jene Macht zurück, welche die Angst uns genommen hat –*

denn die Kehrseite unserer Angst ist unsere Stärke. Jedes Mal, wenn wir uns der Unbequemlichkeit des Wachens und Voranschreitens aussetzen, werden wir ein Stück freier. Je mehr Ängste wir überwinden, desto mehr Macht gewinnen wir zurück. So werden wir furchtlos und mächtig zugleich; dann sind wir in der Lage, unsere Träume zu leben.

Ich zog das Notizbuch aus meiner Jackentasche, schob das Papier zwischen die Seiten und legte den Beutel wieder um meinen Hals. Dann machte ich mich auf zur Metro.

Es war kurz vor halb sieben. Mein Martyrium in den Katakomben hatte eine knappe Stunde gedauert. Am Nachmittag hatte ich eine Nachricht von Julian erhalten: Morgen sei am Flughafen für mich ein Flugticket hinterlegt. Damit lag also noch der ganze Abend vor mir. Ich entschloss mich, ins Hotel zurückzukehren und mich ein wenig frisch zu machen. Anschließend wollte ich zur Place du Trocadéro fahren, auf der anderen Seite des Flusses gegenüber dem Eiffelturm, in einem Restaurant essen und die Lichter der Stadt betrachten, bevor ich mich schlafen legte.

Ich stieg an der Haltestelle Charles de Gaulle / Étoile aus der Metro aus und ging die Champs-Élysées hinab. Auf dem gesamten Rückweg war ich in Gedanken versunken. Meine dunklen Momente im Tunnel gingen mir nicht aus dem Sinn. Ich dachte an meine Angst und daran, dass ich es schließlich doch geschafft hatte zu überleben. In der Hotellobby angekommen, steuerte ich den Aufzug an, ging hinein und drückte auf »4«. Ich blickte durch die Türen hinaus, in die Hotelhalle, aber ich bewegte mich nicht. Die Türen schlossen sich langsam. Dann setzte sich der Aufzug nach oben in Bewegung. Es war das erste Mal seit zwanzig Jahren, dass ich wieder mit einem Aufzug fuhr. Ich hatte Angst, aber ich fühlte mich gut.

Kapitel 5

Ich versuchte mehrmals, Julian von Paris aus zu erreichen, aber er ging nie ans Telefon. Ich wusste nicht, wohin ich als Nächstes reisen oder wen ich treffen sollte oder wie lange die nächste Reise dauern würde. Ich knirschte mit den Zähnen. Ich wollte Einzelheiten, Informationen. Ich rief ihn ein weiteres Mal an, aber wieder meldete er sich nicht.

So stand ich am nächsten Morgen wie ein Idiot vor der verblüfften Mitarbeiterin am Schalter der Air France, riss die Augen auf, und meine Stimme stieg plötzlich in die Tonlage einer Sopransängerin empor. »Osaka?«, kreischte ich. »Japan? Ist das Ihr Ernst?«

Ich weiß nicht, warum dieses Reiseziel mich so stark irritierte. Ich vermute, es war die Aussicht darauf, meinem Körper, der ohnehin schon vom Jetlag mitgenommen war, einen weiteren Zwölfstundenflug zumuten zu müssen. Ich bekam Kopfschmerzen, wenn ich nur daran dachte, dass ich schon wieder in eine Stadt fliegen sollte, in der ich noch nie vorher gewesen war, und in ein Land, in dem ich niemanden kannte und von dessen Sprache ich nicht ein einziges Wort verstand.

Als ich im Flugzeug den Gang entlangschritt, erkannte ich mit Entsetzen, dass ich einen Mittelsitz hatte – einen Mittelsitz in der mittleren Sitzreihe. Links von mir saß ein großer Mann, der sofort die Armlehne in Beschlag nahm. Auf der anderen Seite hatte eine schlanke Frau Platz genommen, die schnell ihre Handtasche herauszog und auf das Ausziehtischchen stellte: das internationale Zeichen für »Bitte sprechen Sie mich nicht an«. Das kam mir sehr gelegen. Ich war ohnehin nicht in der Stimmung, mich mit jemandem zu unterhalten.

Ich überlegte, ob ich etwas lesen oder mir einen Film anschauen sollte, aber meine Gedanken waren zu unruhig, und ich dachte an all die Dinge, die sich in den vergangenen paar Tagen ereignet hatten. Und es sah nicht danach aus, als würde es hier für mich sonderlich komfortabel werden. Das lag nicht nur an meinem Nachbarn, der für sich so viel Platz beanspruchte, oder an dem kalten Luftstrom, der an meinem rechten Ohr vorbeizog, oder an den Bemühungen meiner Nachbarin auf der anderen Seite, das Überkopfgebläse einzustellen. Meine Kleidung fühlte sich eng und kratzig an, mein Mund war trocken, und der Lederbeutel mit den Talismanen schien seine Schnur in meinen Hals zu graben. Mit einigen Schwierigkeiten gelang es mir, das Ding unter meinem Hemd hervorzuholen. Ich schob den Beutel in meine Hosentasche, aber ich konnte ihn anscheinend nicht so weit zurechtrücken, dass er mir nicht gegen die Hüfte drückte. Mein Handgepäck war fest in der Gepäckschiene über unseren Köpfen verstaut, und ich wollte den Beutel nicht in die Sitztasche vor mir stecken. Zu groß erschien mir das Risiko, ihn hier zu vergessen, wenn ich ausstieg. Als ich in meinen Taschen wühlte und auf meinem Sitz umherrutschte, seufzte die Frau neben mir hörbar. Das ärgerte mich, aber sie hatte recht. Ich störte die anderen. So legte ich mir die Schnur wieder um den Hals und stopfte den Beutel unter mein Hemd.

Nachdem wir sechs Stunden geflogen waren, überlegte ich, was mich wohl in Japan erwartete. Ich würde am frühen Vormittag in Osaka ankommen, während es nach Pariser Zeit spätnachts war. Ich würde also eine ganze Nacht Schlaf versäumen. Zudem lagen noch weitere sechs Stunden Flug vor mir, noch sechs Stunden in dieser Enge. Die einzige Lösung, dachte ich, wäre es, ein Nickerchen zu machen – ein paar Stunden zu schlafen ließe die Reise schneller vergehen und würde auch meinen ersten Tag in Japan erträglicher machen. Auch andere Passagiere hatten diese Idee. Der Mann neben mir war bereits eingenickt; die Frau auf der anderen Seite hatte ihr dickes Buch weggelegt, lehnte sich in ihren Sitz zurück und schloss die Augen. Es schien, als seien alle Leute um mich herum still geworden, bis auf zwei junge Frauen direkt hinter mir.

Sie sprachen Englisch. In den ersten Stunden unseres Fluges hatte ich gehört, wie eine der beiden erwähnte, sie fliege nach Osaka, um dort Englisch zu unterrichten. Die andere junge Frau hatte auf Englisch, aber mit französischem Akzent erklärt, sie habe Verwandte in Osaka. Sie wolle deren Wohnung als Ausgangspunkt für eine dreimonatige Rundreise durch Asien nutzen. Die beiden hatten allerlei Informationen ausgetauscht, und im Laufe der Stunden waren sie sich anscheinend auch persönlich nähergеkommen. Die Unterhaltung gewann an Lebhaftigkeit – und an Lautstärke –, die vielleicht in einer lärmenden Kneipe angebracht gewesen wäre, aber nicht in einem voll besetzten Flugzeug. Ich versuchte, nicht auf ihr Gespräch zu achten, aber das war nicht möglich. Ich griff nach den Radio-Kopfhörern und setzte sie auf. Ich ließ die Stationen durchlaufen und suchte nach einem Sender, der beruhigende Musik spielte, doch nichts konnte das Stakkato der Stimmen hinter mir überdecken. Mir war es ein Rätsel, wie der Mann neben mir seelenruhig schnarchen konnte.

Die Stunden zogen sich hin. Ich hörte etwas über untreue Partner und Schönwetterfreunde, über wahnsinnig tolle Yoga-Kurse und geschmackvolle Tattoos, über Haarverlängerungen und Dickdarmreinigung. Als die Frauen anfingen, über ihre Zukunftspläne zu sprechen, hätte ich sie am liebsten umgebracht. Verzweifelt tröstete ich mich mit einigen Komödien auf dem Videokanal, doch die müden Witzchen konnten meine Stimmung auch nicht bessern.

Als ich schließlich aus dem Flugzeug stolperte, einen halben Tag nachdem ich eingestiegen war, nach zwölf Stunden mit wiederaufbereiteter Luft und Beinkrämpfen, fühlte ich mich wie in einem Nebel und konnte nicht mehr klar denken. Da ich nicht wusste, was ich sonst hätte tun sollen, folgte ich der Menge, bis ich in einer Menschentraube eingekeilt war, die vor dem Gepäckförderband wartete.

Mir war vollkommen bewusst, dass es nicht notwendig war, an das Förderband zu drängeln. Manchmal kommt das Fluggepäck so spät, dass man meinen könnte, es werde von der *Queen Mary* angeliefert und nicht aus demselben Flugzeug, in dem man vorher gesessen ist.

Ich ging zu einer Wand und ließ mich in die Hocke hinab. Dann zog ich mein Smartphone aus der Jackentasche und schaltete es ein.

Sogleich sprang mir eine Nachricht von Julian ins Auge.

Lieber Jonathan,
es tut mir leid, dass ich nicht da war, als du angerufen hast, und ich bitte um Entschuldigung, dass ich dir noch keine weiteren Details mitgeteilt habe. Ich habe eine Nachricht mit dem Namen des nächsten Talismanhüters und Anweisungen hinterlassen, aber anscheinend ist dieser Anruf irgendwo im Hotel untergegangen. Wie auch immer, du wirst bei einer bezaubernden jungen Frau namens Sato Ayame wohnen (Ayame ist ihr Vorname), im Gasthaus ihrer Familie in Kyoto. Sie wird dich am Flughafen abholen. Ich wünsche dir eine schöne Zeit in Japan.
Amüsiere dich

Julian

Ich schickte Annisha und Adam eine Nachricht, dass ich in Osaka gelandet sei. Dann steckte ich das Telefon weg. Plötzlich drang eine vertraute Stimme an meine Ohren.

»Es war wirklich toll, dich kennenzulernen!« Die Stimme gehörte einer der beiden jungen Frauen, die nebeneinander vor dem Gepäckkarussell standen. Die Schwatztanten aus dem Flieger! Ich bekam Kopfweh.

Mit dem Gepäck ging anscheinend auch nichts voran, daher stand ich auf und verließ die Halle, um eine Toilette aufzusuchen. Als ich zurückkehrte, glitten bereits Gepäckstücke über die Rutsche auf das Förderband. Die dunkelhaarige junge Frau beugte sich über das Gepäck und zog eine pinkfarbene Reisetasche vom Band. Ich ging näher an das Karussell heran. Nachdem ich eine Umdrehung verfolgt hatte, sah ich, dass mein Koffer noch nicht dabei war. Ich richtete meinen Blick auf die Rutsche. Zwanzig Minuten später stand ich noch immer da und wartete auf mein Gepäck. Doch mir war klar, dass nichts mehr kommen würde. Ich wandte meine Aufmerksamkeit erneut den wenigen Gepäckstücken zu, die sich noch auf dem Förderband befanden, aber sosehr ich es auch wünschte, mein Koffer war nicht dabei.

Ich hatte eine Zahnbürste und saubere Unterwäsche in meinem Handgepäck, aber alle meine sonstigen Toilettensachen und der Großteil meiner Habseligkeiten befanden sich in dem fehlenden Koffer. Ich spürte, wie sich der Druck in meinen Schläfen verstärkte. Mein Kopf pochte, ich verkrampfte mich. *Warum passiert das mir?*, dachte ich. Tausende Kilometer von zu Hause entfernt, und meine Sachen waren weg. Jetzt standen mir Riesenscherereien bevor.

Die meisten Passagiere meines Fluges hatten die Halle schon verlassen. Ich blickte mich um. Der Flughafen Kansai war neu, hell und gepflegt, hatte aber wie viele moderne Flughäfen etwas von einem Labyrinth – eine verwirrende Geräumigkeit, die ihn überfüllt und beängstigend leer zugleich erscheinen ließ. Die Hinweistafeln waren auf Japanisch und Englisch beschriftet, doch die englischen Bezeichnungen waren anscheinend abgekürzt. Ich fürchtete schon, ich würde nicht herausfinden können, wohin ich gehen oder was ich tun sollte. Außerdem musste ich noch den Zoll und die Einreisebehörde hinter mich bringen, bevor ich das Gelände verlassen und nach Ayame Ausschau halten konnte.

Der lange Flug, die nervigen Passagiere, meine bleierne Müdigkeit – es war, als wäre irgendein kleiner Schalter umgelegt worden. Von einem Augenblick zum anderen war ich nicht mehr ängstlich, sondern wütend. Mein Herz klopfte heftig, und meine Gliedmaßen zuckten nervös, als würde Strom durch meine Adern fließen. Ein Stück entfernt bemerkte ich einen Mann in einer Uniform, die vermuten ließ, dass er ein Flughafenbeschäftigter war. Ich stürzte förmlich auf ihn zu.

Rückblickend wird mir klar, welch großes Glück ich hatte. Heutzutage ist es keine gute Idee, in einem Flughafen die Fassung zu verlieren. Es war ein Wunder, dass ich nicht sofort in irgendeinen Verhörraum gezerrt oder verhaftet wurde. Stattdessen wurde ich durch den Zoll und am Einreiseschalter vorbeigeschleust und zu einem Flughafenmitarbeiter gebracht, der mir versprach, er werde mein Gepäck suchen. Dann wurde ich in die Ankunftshalle geführt und dort höflich verabschiedet. Doch vor alldem hatte ich meiner Verärgerung Luft gemacht, auf Englisch mit ein paar Brocken Französisch, gegenüber allen, die es hören wollten. Ich überlegte, ob vielleicht die Sprachbarriere dafür gesorgt hatte, dass meine Helfer einiges von dem, was ich hervorgesprudelt hatte, nicht verstanden hatten. Ich konnte mir nur schwer vorstellen, dass schlichte Höflichkeit oder Freundlichkeit irgendjemanden davon abgehalten hätte, mir zu sagen, was ich mit mir selbst oder meinem verschollenen Gepäck anstellen solle.

Nach meinem Wutanfall fühlte ich mich leer und erschöpft. Ich wollte mich nur noch in ein bequemes Bett fallen lassen. Verzweifelt suchte ich die Ankunftshalle ab.

Mehrere Meter von mir entfernt, in der Nähe einer Telefonbox, stand eine Frau von etwa dreißig Jahren. Sie hatte glänzende, nackenlange Haare und trug eine hellgrüne Bluse und ausgewaschene Jeans. Sie hielt kein Schild hoch wie Ahmed, suchte jedoch eindeutig nach jemandem. Als sich unsere Blicke trafen, neigte sie den Kopf und ging auf mich zu. Lächelnd trat sie mir entgegen. »*Hajime-mashite, Jonathan Landry-sama?*«, fragte sie. Ich nickte, und sie verbeugte sich leicht.

Ich erinnerte mich daran, dass mich die Firma, nachdem ich in die Vertriebsabteilung eingetreten war, zu einem Seminar über Umgangsformen mit ausländischen Geschäftspartnern geschickt hatte. Das meiste hatte ich inzwischen wieder vergessen, aber hier, am Flughafen Kansai, erkannte ich schlagartig, dass ich gegen nahezu alle japanischen Höflichkeitsregeln verstoßen hatte. Es war wirklich ein Wunder, dass man mir so viel Geduld entgegengebracht hatte. Ich verbeugte mich ebenfalls, und zwar etwas tiefer, als Ayame es getan hatte.

»Willkommen in Japan«, sagte Ayame. »Es ist mir eine große Ehre, Sie kennenzulernen.«

»Gott sei Dank! Sie sprechen Englisch«, rutschte es mir heraus.

Ayame verbeugte sich und lächelte.

»Ja«, erwiderte sie. »Ich unterrichte Englische Literatur an der Universität Kyoto, und das ist dafür gewissermaßen eine Voraussetzung.«

Ich versuchte, Boden gutzumachen, indem ich mich für meine Bemerkung über ihr Englisch entschuldigte und ihr erklärte, wie erleichtert ich war. »Ich habe gerade mein Gepäck verloren«, erläuterte ich Ayame. »Ich muss zurück zum Schalter der Fluggesellschaft und dort eine Adresse hinterlassen, wohin sie das Gepäck schicken können, wenn sie es finden.«

Ayame begleitete mich zum Schalter. Sie erbot sich, das Gespräch zu führen – was ich dankbar annahm. Meine Nerven waren noch immer gereizt, und ich wollte es nicht riskieren, ein weiteres Mal ausfallend zu werden.

Ayame sprach mit der Angestellten auf Japanisch. Als sie sich vom Schalter abwandte, erklärte sie mir, dass mein Gepäck gefunden worden sei und sich auf einem späteren Flug nach Osaka befinde. Es werde per Kurier zu dem Gasthaus in Kyoto geliefert werden, sobald es angekommen sei. Dann steuerte sie den langen verglasten Korridor an. Ich erwartete, dass sie mich auf den Parkplatz führen würde, doch Ayame sagte, wir würden mit dem Zug vom Flughafen nach Kyoto fahren und uns dann mit dem Taxi zum Ryokan ihrer Eltern im Osten von Kyoto bringen lassen.

»Ein Ryokan«, erläuterte sie, »ist ein traditionelles japanisches Gästehaus. Ich hoffe, Sie fühlen sich dort wohl. Viele Reisende mögen das; es ist anders als die üblichen westlichen Hotels.«

Der Zug war voll besetzt, aber Ayame und ich fanden noch zwei Plätze nebeneinander. Als wir uns gesetzt hatten, erklärte sie mir, dass die Fahrt ungefähr eineinhalb Stunden dauern würde. Ich konnte ein tiefes Seufzen nicht unterdrücken. Ayame schaute mich an und runzelte die Stirn.

»Es tut mir leid. Ich wollte Sie nicht absichtlich kränken. Ich bin nur sehr müde von der Reise. Ich weiß nicht einmal, wie spät es jetzt ist – oder welchen Wochentag wir haben! Ich verstehe nur nicht, warum ihr ›Hüter‹ oder wie immer Julian euch nennt, ihm die Talismane nicht zurückschicken könnt.«

»Ich weiß, dass Julian gute Gründe haben muss, wenn er möchte, dass wir es auf diese Art und Weise erledigen«, erwiderte Ayame. »Vielleicht sollten Sie dieses Abenteuer mehr unter philosophischem Aspekt betrachten? Schließlich ist das ganze Leben eine Reise«, fügte sie hinzu.

»Ja, ja.« Ich konnte mich jetzt nicht mehr beherrschen. »Aber das hier ist keine Reise. Es ist eine Art missglückter Vorstellung in einem Gruselkabinett. Ich bin in kurzer Zeit schon in der ganzen Welt umhergeflogen … Buenos Aires, Istanbul, Paris … und nur Gott weiß, wo ich morgen oder nächste Woche sein werde.«

»Mhm, ja. Das ist schwierig«, bemerkte Ayame mitfühlend. »Aber kennen Sie das Sprichwort: Es kommt nicht darauf an, wohin du gehst, sondern darauf, was du wirst?«

Ich war nicht in der Stimmung für eine Moralpredigt. »Was ist denn mit euch los?«, fragte ich. »Ihr klingt alle gleich. Ihr klingt alle wie Julian.«

Ayame wirkte amüsiert und keineswegs verärgert.

»Überrascht Sie das? Wir alle sind gute Freunde von Julian. Wir haben so viel von ihm gelernt. Und wir haben alle seinetwegen unser Leben verändert«, sagte sie.

»Nun, mein Leben verändert sich auch«, entgegnete ich, »aber ich bin mir nicht sicher, ob es eine Veränderung zum Besseren ist. In meiner Arbeit bricht alles zusammen. Und meine Frau ...«

Ich bremste mich. Ich wollte nicht darüber sprechen. Ich wollte nicht an all das denken, war mir in meinem Leben fehlte. Meine Frau. Mein Sohn. Mein Gepäck.

Nach einem Augenblick des Schweigens ergriff Ayame wieder das Wort.

»Auch Sie machen sich wahrscheinlich Sorgen um Julian«, sagte sie.

»Was?«, fragte ich.

»Dass er Sie gebeten hat, die Talismane zu holen. Dass er sie braucht. Fragen Sie sich nicht, warum er sie gerade jetzt benötigt? Und welchem Menschen er helfen möchte?«

Darüber hatte ich in letzter Zeit häufig nachgedacht. Wenn nun Julian mir doch nicht die Wahrheit über meine Mutter gesagt hatte? Wenn meine Mutter krank war? Meine Mutter gehört zu jenen Menschen, die das Leben immer vollkommen mühelos erscheinen lassen. Ich glaube, ich war ungefähr zwölf Jahre alt, als ich begriff, dass sie wie jeder andere auch krank werden konnte.

Wenn es nicht um meine Mutter ging, dann vielleicht um meine Schwester Kira. Sie war zwar zwei Jahre jünger als ich, aber ich hatte sie immer als die Verantwortungsbewusstere von uns beiden betrachtet. Sie war diejenige, die sich nach dem Tode unseres Vaters um Mutter kümmerte, die mich an Mutters Geburtstag erinnerte oder mich mahnte, Mutter wieder einmal anzurufen oder zu besuchen. Sie war diejenige, die mit mir Kontakt hielt und dafür sorgte, dass unsere Beziehung aufrechterhalten wurde. Würde sie es mir sagen, wenn sie krank war oder sich in Schwierigkeiten befand? Und außerdem gab es noch meine Tanten, Onkel und Cousins.

Selbst wenn die Person, die Julians Hilfe brauchte, gar kein Angehöriger war, hieß das etwa, ich sollte nicht darüber nachdenken, wie wichtig diese Aufgabe war? Ich war in den vergangenen fünf Tagen vollkommen mit mir selbst beschäftigt gewesen.

»Ja«, sagte ich, obwohl es nicht ganz ehrlich war, »das hat mich auch schon stark beschäftigt.«

Es vergingen einige Minuten, bevor Ayame wieder etwas sagte.

»Es ist übrigens fast acht Uhr morgens«, bemerkte sie und fuhr fort: »Vielleicht möchten Sie diese Gelegenheit nutzen, um ein wenig zu schlafen.«

Im Zug war es ruhig, eine angenehme Abwechslung zum Flugzeug. Man hörte nur leises Gemurmel aus größerer Entfernung. Ich schloss die Augen und entspannte mich, genoss den sanften Rhythmus des Zuges. Im Nu war ich eingeschlafen.

Ich glaube, ich schaute Ayame nicht ein einziges Mal an, als wir im Taxi durch die Straßen von Kyoto fuhren. Die Ankunft am Bahnhof war mir wie das Eintreten in das moderne, urbane Japan erschienen – so wie ich mir Tokio vorstellte. Hohe gewölbte Decken, beeindruckende Bögen aus Glas und Metall, alles glitzernd und makellos, hell und schlicht. Und die Stadtlandschaft von Kyoto sah fast genauso aus wie alle anderen modernen Städte – sanft geschwungene Hügel im Hintergrund, Wolkenkratzer mit Glasfassaden, dazwischen unscheinbare Gebäude und Türme unterschiedlicher Höhe. Es gab sogar einen dieser Türme mit scheibenförmigem Turmkorb – wie der Space Needle in Seattle. Aber jetzt, da wir zu Fuß durch die Straßen gingen, sah alles anders aus. Eingezwängt zwischen modernen Steingebäuden standen kleine Holzhäuser, einige mit gewellten Ziegeldächern, viele mit hölzernen Giebeln und kunstvollen Verzierungen. Die Eingänge schmückten wuchtige Pflanzgefäße mit Weinreben und Bonsaibäumchen. Ich sah mehrere Frauen, die in Kimonos die Straße entlanggingen.

»Die Stadt hat eine lange Geschichte, es gibt viel zu sehen in Kyoto«, sagte Ayame. »Früher war es einmal die Hauptstadt von Japan. Und es blieb von den Bombardierungen und den Zerstörungen des Zweiten Weltkriegs verschont. Sehr viele Tempel gibt es hier.«

»Tatsächlich?«, erwiderte ich, während ich weiter aus dem Fenster schaute.

»Vielleicht können wir morgen zusammen einen besuchen.«

»Ja, das wäre schön, wenn dafür Zeit bleibt.«

»Und heute Abend«, sagte Ayame, »würden Sie

meine Eltern gern zu uns zum Essen einladen. Es gibt ein traditionelles *kaiseki*-Mahl.«

Ich zögerte ein wenig, bevor ich antwortete.

»Sehr gern«, sagte ich dann, »aber ich muss Sie vorwarnen. Ich weiß, dass man hier einiges anders macht als da, wo ich herkomme, dass die Benimmregeln ein bisschen kompliziert sind.« Es fiel mir schwer, zu sagen, was ich meinte. Ich dachte an die Szene am Flughafen. »Ich fürchte, ich könnte Menschen vor den Kopf stoßen.«

»Machen Sie sich keine Sorgen«, erwiderte Ayame. »Ich verstehe das, und auch meine Eltern verstehen es. Und ich kann Ihnen unterwegs einige Dinge erklären, wenn Sie möchten.«

Ich nickte. In diesem Augenblick hielt das Taxi am Straßenrand.

»Wir müssen hier aussteigen«, sagte Ayame. »Das Gästehaus ist weiter unten an der Straße.« Sie zeigte nach vorn, in die Richtung einer schmalen Gasse. »Das ist eine sehr alte Straße. Zu schmal für Autos.«

Wir stiegen aus und gingen die Straße hinab. Das Steinpflaster war ein wenig glitschig, die Luft war warm und feucht – als habe es vor kurzem geregnet. An der Straße reihten sich kleine Läden und schmale Hauseingänge aneinander. Nach einer kurzen Strecke gelangten wir zu einem kleinen Holzhaus, das sich zwischen die Nachbargebäude zwängte. Sein gewelltes Dach war mit dunkelbraunen zylindrischen Ziegeln belegt, seine Fenster zierten dunkle Holzläden. Niedrige Steinmauern wölbten sich zu beiden Seiten einer mit Schnitzereien versehenen hölzernen Flügeltür; Laubwerk rankte sich an den Mauern empor.

»Das ist eines der ältesten Ryokans in der Stadt«, erklärte Ayame. »Es wird seit vielen Generationen von meiner Familie betrieben und ist recht klein, nur elf Räume und die Wohnung meiner Eltern.«

Sie zog eine der Türen auf und geleitete mich hinein.

Wir traten in einen schlichten, mit Schiefer gefliesten Gang. An der Wand standen mehrere Paar Schuhe. Am Ende des Gangs führte eine niedrige Stufe in die Vorhalle. Hier waren cremefarbene Hausschuhe in unterschiedlichen Größen aufgereiht.

»Bitte«, sagte Ayame. »Ziehen Sie hier Ihre Schuhe aus und suchen Sie sich ein Paar Hausschuhe, das Ihnen passt.«

Wir zogen beide unsere Schuhe aus, schlüpften in die Pantoffeln und betraten die Vorhalle. Gleichzeitig kamen ein Mann und eine Frau um eine Ecke. »Meine Eltern«, erklärte Ayame.

Die Begrüßung ging mit ausgiebigem Verbeugen und Lächeln einher, und Ayame übersetzte, als wir versuchten, uns miteinander bekannt zu machen. Schließlich wandte sich Ayames Vater an sie und sagte in feierlichem Ton etwas zu ihr.

»O ja«, sagte Ayame. »Mein Vater erinnert mich daran, dass Sie eine sehr lange Reise hatten und am Morgen einige Probleme bewältigen mussten und sich daher jetzt bestimmt ausruhen wollen. Ich bringe Sie zu Ihrem Zimmer.«

Als ich mich auf dem niedrigen Futon ausstreckte, konnte ich es kaum glauben, wie viel entspannter ich mich jetzt fühlte als noch vor einer Stunde. Ayame hatte mich zu meinem Zimmer und anschließend zu einem *ofuro* geführt, einem Bad für Männer unten in der Halle.

»Drinnen liegt ein Bademantel für Sie bereit, und auf einem kleinen Regal neben der Tür finden Sie Handtücher und Toilettenartikel«, sagte sie. »Duschen Sie zuerst und bleiben Sie dann in der Wanne sitzen, solange Sie möchten. Ich werde einen Zettel an die Tür hängen, dass der Raum besetzt ist.«

Es war ein kleiner Raum – weißer Fliesenboden und Holzwände, an denen drei abnehmbare Duschköpfe hingen. Vor jeder Dusche standen ein kleiner Holzschemel und ein Eimer. In der hintersten Ecke befand sich ein viereckiger Holzzuber mit ungefähr dreißig Zentimeter hohen Wänden; allerdings war der Boden der Wanne tief in den Grund eingelassen. Der warme, feuchte Raum war erfüllt von einem angenehmen zitronenähnlichen Duft, der, wie ich später erfuhr, von der Pflanze *hinoki* stammte, der japanischen Zypresse. Das Öl aus dem Holz dieser Pflanze gilt als sehr heilsam.

Ein paar Minuten später stieg ich in das Bad. Das Wasser reichte mir bis zum Kinn. Ich lehnte mich an die Holzwand und atmete tief ein. Wohlriechender Dampf entströmte dem heißen Wasser. Die Hitze brannte leicht auf meiner Haut, aber ich spürte, wie sie die Verspannungen in meiner Schulter und im Rücken auflöste.

Das war zweifellos eine eigenartige Reise, verwirrend und ermüdend, aber sie forderte mich auch in anderer, weniger offensichtlicher Weise. Die Briefe, die den Talismanen beigefügt waren – ich wusste, sie waren nicht speziell für mich geschrieben, sondern Julian hatte sie für seine eigenen Zwecke verfasst. Aber er hatte mir empfohlen, sie zu lesen, und mir ein Journal gegeben, in dem ich meine Gedanken festhalten konnte. Wahrscheinlich hatte er damit gerechnet, dass die Talismane mich in irgendeiner Weise bewegen würden.

Der erste Talisman: Authentizität. Sei ehrlich zu dir selbst. Diese Idee hatte mich gepackt, und ich begann darüber nachzudenken, weshalb. Irgendetwas stimmte nicht in meinem Leben. Es bezog sich nicht nur darauf, dass ich Annisha und Adam enttäuscht hatte. Um dieses Problem aus der Welt zu schaffen, bedurfte es mehr, als mich bei Annisha zu entschuldigen, häufiger zu Hause das Abendessen zuzubereiten und öfter mit Adam ein Fußballspiel zu besuchen. Ich erkannte allmählich, dass meine Unzulänglichkeiten als Vater und als Ehemann von einer tiefsitzenden Unzufriedenheit untermauert waren. Es war jedoch keine Unzufriedenheit mit Annisha oder Adam. Es war eine Unzufriedenheit mit der Beschaffenheit meines Lebens. Es schien, als hätte ich all meinen Ehrgeiz und meine Energie zusammengenommen, um mich auf ein Rennen zu konzentrieren, das ich eigentlich gar nicht gewinnen wollte. Ich kam voran, aber ich gelangte nicht dorthin, wohin ich wollte. Ich liebe die Ingenieursarbeit. Ich liebe Schaltkreise. Ich liebe mathematische Herausforderungen. Ich liebe technische Entwicklungsarbeit. Und ich beherrsche alle diese Dinge sehr gut. Wenn ich im Entwicklungslabor arbeitete, hatte ich das Gefühl, dass mein Schaffen einen Zweck und mein Leben einen Sinn hatte. Gegen die Arbeit im Vertrieb war nichts einzuwenden, aber dafür konnte ich einfach nicht dieselbe Begeisterung aufbringen.

Als ich nun hier in dem ruhigen Zimmer des Ryokans lag, wurde mir bewusst, dass ich mich allmählich dem annäherte, was gewissermaßen mein authentisches Leben darstellte. Ich erkannte, dass ich einige Dinge ernsthaft ändern musste. Es war ein beunruhigender Gedanke, aber ich fand mich überraschenderweise damit ab – als liege all dies in einer fernen Zukunft.

Ayame hatte am Fußende des Futons einige Kleidungsstücke abgelegt, während ich im Bad war. Auf der beigefügten Notiz stand: »Die Sachen habe ich bei einem Freund ausgeliehen. Ich hoffe, sie passen Ihnen.«

Ich ging vom Bett weg und zog meinen Bademantel aus. Dann streifte ich das weiche Baumwollhemd über und schlüpfte in eine weite Khaki-Hose. In dem Packen befand sich auch ein Paar weißer Sportsocken. Ich zog auch diese an, schlüpfte in die Hausschuhe, nahm mein Journal und einen Schreibstift vom Nachtkästchen und ging auf die andere Seite des Raums.

Das Gästezimmer war klein, aber luftig. Tatami-Matten bedeckten den Boden. Die weißen Wände wurden durch einen dunklen Holzrahmen betont, der sie ein wenig wie die Papierschirme aussehen ließ, die den Eingangsbereich schmückten. Am Fuß des Bettes stand ein kleiner, niedriger Tisch mit Zaisus, traditionellen Stühlen ohne Beine mit Sitz- und Rückenkissen, die direkt auf dem Boden lagen. Dahinter befanden sich längs unterteilte Fenster, die vom Boden bis zur Decke reichten, sowie eine Schiebetür, die in einen grünen Bereich hinausführte. Ich öffnete die Tür und trat auf die kleine Holzveranda. Obwohl ich das Grün eines Gartens durch das Fenster sehen konnte, während ich auf dem Futon lag, war ich nicht darauf vorbereitet, was mich draußen erwartete.

Die Veranda umschloss drei Seiten eines üppigen Gartens. Offenkundig lagen alle Räume um diesen ruhigen Innenhof herum. In der Mitte des Gartens stand ein großes Steinmodell einer Pagode mit mehreren Stockwerken. Kleinere Statuen waren über das Grün verteilt – mehrere Kraniche, ein Buddha, eine etwas bedrohlich wirkende Kröte. Und am hinteren Ende des Gartens entdeckte ich einen kleinen Wasserfall, der sich über eine steinerne Kante ergoss. Das plätschernde Geräusch ließ vermuten, dass sich darunter ein Pool befand, meinem Blick durch Blätter und Zweige entzogen. Sie versperrten die Sicht auf die meisten Teile des Gartens. Am Fuß eines jeden Baums wuchsen hellgrüne Farne; sich biegende Zweige mit winzigen Blumen schmückten die sorgfältig in Form geschnittenen Büsche.

Nicht weit von mir entfernt stand ein Klappstuhl aus Holz. Ich setzte mich darauf, legte mir das Journal auf den Schoß und starrte hinaus auf das Grün, während die Minuten verstrichen.

Die Kröten-Skulptur lächelte verschlagen, wie es mir schien. Sie erinnerte mich an den kleinen grinsenden Schädel, den ich von Antoine erhalten hatte. *Stelle dich deinen Ängsten,* hatte es in der beiliegenden Notiz geheißen. Nun, ich hatte bereits einiges getan, wovor ich mich fürchtete – ich hatte beispielsweise meine

Familie und meinen Job für diese Schnitzeljagd verlassen. Ich war in gewisser Weise von der Kante einer Klippe gesprungen, aber ich hatte die ganze Zeit gejammert und mich beklagt. Ich glaube, mit »sich den Ängsten stellen« meinte Julian, dass ein Mensch auf eine positive Weise mit ihnen umgehen, sich aus seinem sicheren Hafen herausbewegen sollte; dass ein Mensch sich für das Unbekannte begeistern und nicht hysterisch werden sollte. Vor nicht allzu langer Zeit war ich zum ersten Mal seit zwanzig Jahren wieder mit einem Aufzug gefahren. Aber was sollte ich sonst noch tun?

Nun, meine größten Ängste – meine Freunde zu verlieren, Annisha zu verlieren, Adam zu verlieren – gehörten nicht zu jenen Dingen, denen ich mich stellen wollte. Und ich glaube auch nicht, dass Julians Brief so gemeint war.

Aber ich erkannte auch die Ironie. Die Dinge, die ich am meisten fürchtete, ereigneten sich in meinem Leben, obwohl ich stets sehr vorsichtig war. Und sie geschahen genau deshalb, weil ich mich passiv verhalten hatte. Wenn ich einiges geändert hätte, wozu Annisha mich gedrängt hatte – wenn ich eine oder zwei Beförderungen abgelehnt oder die Arbeitsstelle gewechselt oder ab und zu »Nein« gesagt hätte, ebenfalls Dinge, vor denen ich mich fürchtete –, dann würde ich mich vielleicht jetzt nicht in dieser Krise befinden. Worauf würde ich stoßen, wenn ich richtig tief grub? Was wollte ich wirklich tun, vor dem ich Angst hatte? Ich begriff allmählich, dass das Leben langfristig weniger beängstigend ist, wenn man genau das tut, vor dem man sich fürchtet.

Als ich diese Gedanken in meinem Journal notiert hatte, hörte ich ein leises Klopfen aus meinem Zimmer. Ayame wollte mir mitteilen, dass mein Gepäck eingetroffen sei.

»Übrigens«, fügte sie hinzu, »haben Sie Ihre Mails schon durchgesehen? Julian hat mir gerade die Kopie einer Mitteilung an Sie geschickt, mit Angaben zu Ihrem Reiseplan für die nächsten Tage. Ihre höchst ungewöhnliche Reise geht weiter. Sie Glückspilz!«

Das Essen erwies sich als ein feierliches Ereignis von entsprechend langer Dauer. Ich wurde in den privaten Empfangsraum der Familie Sato geführt, wo Ayames Eltern mich erwarteten. Nachdem wir einander mit Lächeln und Verbeugungen begrüßt hatten, bedeuteten sie mir, ich solle am Tisch Platz nehmen. Er war niedrig, wie der Tisch in meinem Zimmer, und auf jeder der vier Seiten lag ein großes weißes Baumwollkissen. Ich bemerkte eine kleine Nische auf der gegenüberliegenden Seite des Raums, in der eine wunderschöne Tuschezeichnung hing. Sie zeigte Kraniche und Schilfrohre und sah wie eine Schriftrolle aus. Kleine Skulpturen und ein schlichtes Blumengesteck waren vor dem Bild drapiert. Ich wollte zu dem Kissen gegenüber der Nische gehen – ich dachte, von dort würde ich den besten Blick haben –, doch Ayame schüttelte leicht den Kopf und führte mich zur gegenüberliegenden Seite des Tisches.

»Es schickt sich nicht, dass Gäste gegenüber der *tokonoma* sitzen. Das wäre wie Prahlerei – als würde man sagen: ›Schauen Sie, was wir für schöne Sachen haben.‹«

»Ich verstehe«, sagte ich. Ich klang wahrscheinlich enttäuscht, denn Ayame fuhr fort: »Ich würde Sie ja an diesem Platz sitzen lassen, aber das wäre meinen Eltern peinlich. Ich hoffe, Sie haben Verständnis.«

Nachdem wir uns gesetzt hatten, trug eine junge Frau ein Tablett mit heißen, dampfenden Handtüchern herein.

»Oshibori«, erklärte Ayame. »Damit Sie sich die Hände sauber machen können. Aber benutzen Sie das Tuch nicht wie eine westliche Serviette. Man soll sich damit nicht den Mund oder das Gesicht abwischen.«

Als der erste Gang aufgetragen und serviert wurde, sagten Ayame und ihre Eltern gleichzeitig: *»Itadakimasu.«*

»Das heißt ›Ich nehme es demütig entgegen‹«, erläuterte Ayame. »Wir beginnen und beenden ein Mahl mit *gochisosama-deshita,* das bedeutet ›Danke für das gute Essen‹.«

Das Essen zog sich lange in den Abend hin. Es gab Suppe und Sushi und Sashimi; Tempura und gedämpften Fisch; außerdem gegrilltes Fleisch und eingelegtes Gemüse. Der letzte Gang war eine weitere leichte, klare Suppe.

Während des Essens erläuterte mir Ayame noch andere japanische Tischregeln. Sie zeigte mir, wie man Essstäbchen hält, und erklärte mir, dass ich sie nicht in den Reis stecken solle, so dass sie aufrecht herausstanden. »Das erinnert die Menschen an Weihrauch, der bei einer Bestattung in den Sand gesteckt wird.« Sie erklärte mir auch, dass es als Zeichen für sehr schlechten Geschmack gilt, einzelne Häppchen vom eigenen Essstäbchen zu dem einer anderen Person weiterzureichen; so würde man mit den Gebeinen von Verstorbenen nach der Einäscherung umgehen. Und es gab noch weitere Regeln: möglichst nie etwas mit dem dickeren Ende des Stäbchens aufspießen; die Stäbchen nie so auf den Tisch legen, dass sie auf einen der übrigen Anwesenden zeigen; und niemals das Essen völlig mit dem Stäbchen durchstechen. Die letzte Regel traf mich besonders, denn bisher hatte ich nur auf diese Weise sicherstellen können, dass mit den Essstäbchen irgendetwas vom Teller in meinen Mund wanderte.

Ich erfuhr auch, dass meine Angewohnheit, Stücke von *nigiri*-Sushi mit der Reis-Seite in die Schale mit Sojasauce zu tunken, als Zeichen für schlechte Manieren angesehen wurde. Ayame erklärte mir, dass der Reis auf diese Weise zu viel Soße aufnehme – dadurch erschien man als ein etwas gieriger Mensch – und dass zudem einzelne Reiskörnchen in die Soße fallen könnten.

Am meisten faszinierte mich die Regel, die sich auf das Einschenken von Getränken bezog. Als die Flasche Saki auf den Tisch gestellt wurde, goss Ayame zuerst mir etwas ein, dann ihren Eltern. Ihr eigenes Glas füllte sie nicht, daher nahm ich an, dass sie nichts trinken wolle. Dann griff jedoch ihr Vater nach der kleinen Flasche und goss etwas in ein winziges Keramikglas, das vor seiner Tochter stand. Etwas später schenkte Ayames Mutter allen anderen nach, sich selbst aber nicht. Dieses Mal nahm Ayame die Flasche und gab ihrer Mutter noch etwas Saki. Als sich diese Nachschenk-Prozedur zum dritten Mal wiederholte, schaute ich stirnrunzelnd zu Ayame.

»Ah, Sie haben es bemerkt«, sagte sie. »Für die Japaner gehört es zur Gastfreundschaft, dass die Gläser der Gäste stets voll sind, aber es gilt als unhöflich, sich das eigene Glas zu füllen. Man muss warten, bis einer der anderen bemerkt, dass das Glas leer ist, und einem nachschenkt.« Ich dachte an Annisha und Adam und an unsere gemeinsamen Mahlzeiten. Annisha würde verdursten, wenn sie warten müsste, bis ich ihr leeres Glas bemerkte.

Nach dem Essen schlug Ayame vor, einen kleinen Spaziergang durch das Stadtviertel zu unternehmen. Die Straßen waren trocken, doch eine feuchte Schwüle hing in der Luft.

»Danke, dass Sie mir erklärt haben, wie man sich bei Tisch verhält«, sagte ich, als wir über die gepflasterte Straße gingen. »Wenn ich hier mehr Zeit verbringen könnte, würde ich auch noch den Bogen rauskriegen.« Gemäß Julians Reiseplan sollte ich übermorgen nach Mexiko fliegen. Ich hatte zunächst überlegt, ob ich mich um einen früheren Flug bemühen sollte, aber angesichts Ayames freundlicher Zuwendung wäre mir das als unhöflich erschienen.

»Ich würde Sie gerne unterstützen. Diese ausgeklügelten Verhaltensregeln finde ich faszinierend. Julian hat Ihnen vermutlich mitgeteilt, dass ich schon viel gereist bin, und überall, wohin ich komme, achte ich sorgfältig auf die unausgesprochenen Gewohnheiten, das allgemeine Einverständnis darüber, wie man bestimmte Dinge macht.«

»Sie sind eine bessere Beobachterin als ich«, sagte ich. »Das Einzige, was ich in Istanbul bemerkt habe, war, dass Ahmed niemals etwas mit der linken Hand berührt hat.«

»In vielen Ländern wird eine bestimmte Hand nur für schmutzige Tätigkeiten verwendet. Man berührt also Nahrungsmittel oder andere Menschen nicht mit dieser Hand.«

Das hatte etwas für sich, dachte ich.

»Das Interessante ist«, sagte Ayame, »dass die Regeln, mit denen wir erzogen wurden, uns als natürlich, als offensichtlich, sogar als logisch erscheinen. Erst wenn wir unser Verhalten durch die Augen einer anderen Kultur sehen, fangen wir an, sie in Frage zu stellen oder darüber nachzudenken.«

»Zum Beispiel habe ich gelesen«, fuhr sie fort, »dass der Brauch des Händeschüttelns daraus entstanden ist, dass man einem anderen zeigen wollte, dass man keine Waffe bei sich trug und somit nicht die Absicht hegte, der Person, die man begrüßte, irgendetwas anzutun. Warum gehe ich heute in New York in eine Konferenz und strecke dabei die Hand aus? Möchte ich damit tatsächlich zeigen, dass ich keinen Dolch bei mir habe?«

Ich musste lachen.

»Aber wie bestimmte Sitten und Bräuche entstanden sind, ist nicht so wichtig. Die Bedeutung von Benimmregeln besteht darin, dass sie es uns erleichtern, uns untereinander auszutauschen. Die Verhaltensweisen, die wir teilen, geben uns Sicherheit; sie sind eine Form, uns einander Respekt zu bezeugen. Von ihnen hängt es ab, welches Gefühl wir den anderen vermitteln. Unser alltägliches Verhalten bringt unsere innersten Überzeugungen zum Ausdruck.«

»Aber manchmal ist es schon verwirrend«, sagte ich. »Nehmen wir zum Beispiel die Sitte, einer Frau die Tür aufzuhalten. Es gab eine Zeit, da wäre kein Mann vor einer Frau durch eine Tür gegangen. Er musste für sie die Tür aufhalten und durfte erst nach ihr hindurchgehen. Aber ich weiß nicht, ob das auch heute noch von mir erwartet wird.«

»Ja, das ist eine der Regeln im Westen, die sich verändern«, erwiderte Ayame. »Sie galt ursprünglich als ein Zeichen für Respekt, nicht? Aber mit der Zeit betrachteten viele Frauen diese Sitte als gönnerhaft oder herablassend, denn sie vermittelte ihnen das Gefühl, schwach zu sein und schon bei einer so einfachen Sache wie einer Tür Hilfe zu benötigen. Und plötzlich war nicht mehr klar, ob dieser Brauch höflich oder unhöflich war.«

»Ich halte jetzt in der Regel jedem die Tür auf«, sagte ich. »Also nicht mehr nur Frauen.«

»Das wäre eine Lösung«, erwiderte Ayame. »Als ich das letzte Mal in Los Angeles war, ist mir aufgefallen, dass Männer manchmal Frauen, aber auch Frauen gelegentlich Männern oder anderen Frauen die Tür aufhalten. Anscheinend haben viele Menschen die Sitte des Türaufhaltens neu überdacht.«

Wir spazierten seit einer halben Stunde durch das Wohnviertel. Die Straßen sahen im Dunkeln sehr hübsch aus – Lichter schienen durch die Reispapier-Vorhänge an den Fenstern einiger Häuser, vor anderen hingen goldene Laternen, und auf den verglasten Dächern einiger Gebäude spiegelte sich das Mondlicht.

Wir bogen in einen schmalen Weg ein, und ich erkannte, dass wir uns am anderen Ende von Ayames Straße befanden. Ich war erschöpft, war mir aber nicht sicher, ob ich würde schlafen können. Dennoch freute ich mich, wieder in mein ruhiges Zimmer zurückzukehren.

Als wir den Eingangsbereich des Ryokans betraten, sagte Ayame: »Ich möchte Ihnen heute Abend Julians Päckchen aushändigen.« Sie führte mich zu einer Tür am hinteren Ende des Raums. Ich folgte ihr und gelangte wieder auf die Holzveranda, von der aus man den Garten überblicken konnte. Unter den Traufen hingen ein paar Laternen. Der Springbrunnen wurde von einem Scheinwerfer beleuchtet; weitere Lampen tauchten die Pagode in helles Licht. Der Garten wirkte magisch, er erschien wie aus einer anderen Welt.

»Setzen Sie sich bitte«, sagte Ayame und deutete zu einer kleinen Holzbank. »Ich bin gleich zurück.« Dann verschwand sie im Gästehaus. Eine Minute später kam sie mit einem kleinen Päckchen in den Händen zurück. Es war in etwas eingewickelt, das wie dickes, handgemachtes Papier aussah, und mit einer Seidenschnur zusammengebunden. Sie hielt es mir entgegen, und ich nahm es vorsichtig mit beiden Händen. Dann blickte sie mich an und grinste.

»Sie wissen, was in diesem Brief steht, nicht wahr?«, fragte ich.

»Natürlich«, antwortete Ayame und lachte.

Als ich wieder in meinem Zimmer war, öffnete ich das Päckchen und schlug das dicke fleckige Papier auf. Darin befanden sich ein Schreiben und ein winziger goldener Kranich. Ich stellte den Kranich auf meine Handfläche und betrachtete ihn. Den langen, sanft geschwungenen Rücken, den geneigten Kopf, den hübschen Schnabel. Ich schloss meine Hand um ihn und nahm den Lederbeutel von meinem Hals. Nachdem ich den Kranich hineingelegt hatte, faltete ich das Schreiben auseinander und las es.

Lebe achtsam

Wir sollten stets bedenken, dass nicht nur unsere Worte unsere ausgesprochenen Gedanken sind, sondern dass auch unsere Taten unsere verwirklichten Überzeugungen darstellen. Keine Handlung, wie geringfügig sie auch sein mag, ist unbedeutend – so wie wir einen bestimmten Menschen behandeln, so behandeln wir auch alle anderen, auch uns selbst. Wenn wir einander nicht achten, achten wir auch uns selbst nicht. Wenn wir anderen misstrauen, misstrauen wir auch uns selbst. Wenn wir grausam zu anderen sind, sind wir auch grausam zu uns selbst. Wenn wir die Menschen in unserer Umgebung nicht schätzen, schätzen wir auch uns selbst nicht. Gegenüber jedem Menschen, mit dem wir in Verbindung kommen, bei allem, was wir tun, müssen wir achtsamer sein, als man es von uns erwartet, großzügiger, als man es erhofft, positiver, als man es uns zutraut. Jeder Augenblick in der Begegnung mit einem anderen Menschen ist eine Gelegenheit, unsere höchsten Werte zum Ausdruck zu bringen und den anderen durch unsere Menschlichkeit zu beeinflussen. Wir können die Welt verbessern, jeder für sich.

Es bestand kein Zweifel, warum Julian gerade Ayame diesen Talisman anvertraut hatte. Ja, wirklich, dachte ich und lächelte.

Die vergangenen vierundzwanzig Stunden waren für mich sehr nervenaufreibend gewesen. Der Tag hatte in Paris schon schlecht begonnen – oder zumindest ich hatte schlecht begonnen: jammernd, schmollend und quengelnd. Und das hatte ich fortgesetzt bis zu meiner Ankunft in Osaka und der Zugfahrt nach Kyoto. Doch alles Gejammer hatte nicht dazu geführt, dass ich mich besser fühlte. Meine Frustrationen auf andere abzuladen hatte meine Belastungen nicht im Geringsten vermindert. Vielmehr hatte mir die Freundlichkeit anderer geholfen. Ihre Güte und Milde hatten mich besänftigt. Und irgendwie hatte dies dazu geführt, dass ich mit mir selber wieder ins Reine kam. Julian hatte kluge Worte zu Papier gebracht. Aber Ayame – Ayame schien sie zu leben.

Kapitel 6

Der »Reiseplan«, den mir Julian geschickt hatte, deckte nicht die gesamte Reise ab und enthielt keine Hinweise darauf, wann meine Tour enden würde. Stattdessen waren nur die beiden nächsten Ziele aufgeführt. Als ich die Daten sah, musste ich tief Luft holen. Julian wollte mich anscheinend nicht allzu schnell von einem Talismanhüter zum nächsten schicken.

»Machen Sie sich keine Sorgen«, sagte Ayame beruhigend. »Eine solche Reise zu schnell zu absolvieren wäre nicht gut für Ihre Gesundheit. Sie müssen auch Schlaf finden und an jedem Zielort etwas ausspannen können. Ich bin sicher, Julian hat bei der Reiseplanung an Ihre Bedürfnisse gedacht, nicht an seine.«

Abermals brachte mich Ayame dazu, die Dinge unter einem neuen Blickwinkel zu betrachten. Sie bewegte sich anscheinend sehr ruhig und überlegt in der Welt. Das zeigte sich daran, wie sie reagierte und welche Reaktion sie von anderen Menschen erwartete – von allem und jedem. Wahrscheinlich hatte sie recht. Julian dachte an mich, aber ich dachte nicht an ihn. Ich war ungeduldig und wollte schnell wieder nach Hause, um mich wieder meinen Angelegenheiten widmen zu können. Ich dachte nicht darüber nach, warum er diese Talismane benötigte und wie dringend er sie brauchte. Wenn Julian glaubte, dass er die Zeit aufbringen konnte, die diese Reise beanspruchte, dann konnte ich es auch.

Am nächsten Tag führte mich Ayame zum Kiyomizu-Schrein und zum Ryoanji-Tempel, und am Abend schlenderten wir durch das Viertel Gion, wo noch immer Geishas auf den Straßen unterwegs zu ihren Verabredungen sind. Als ich an diesem Abend in mein Futonbett stieg, empfand ich große Dankbarkeit gegenüber Julian für diese Reise. Morgen würde ich nach Oxkutzcab in Mexiko aufbrechen, um mich dort mit einem Mann namens Chava Ucan zu treffen. Ich war früher schon einmal in Mexiko gewesen – mit Annisha in Acapulco –, aber noch nie in Mérida, wo ich landen sollte, oder irgendwo sonst auf der Halbinsel Yucatán. Ich vermutete, dass es um diese Jahreszeit in Mexiko sehr heiß sein würde.

»Sehen Sie?«, fragte Ayame am nächsten Morgen, als sie mir am Itami-Flughafen in Osaka die Hand gab. »Kein Dolch!« Dann verbeugten wir uns voreinander. Als sich Ayame wieder aufrichtete, wirkte sie ernst.

»Jonathan«, sagte sie. »Denken Sie bitte an Julians Mitteilung. Wie Sie mit anderen umgehen, das zeigt, wie Sie mit sich selbst umgehen. Sie sind ein guter Mensch, aber ich glaube, Sie behandeln sich selbst nicht immer so.«

Sikina, die Ehefrau von Chava Ucan, hatte gesagt, sie werde mich so lange schlafen lassen, wie ich wolle. Ich war ein wenig skeptisch gewesen, aber nun lag ich hier und schlug die Augen auf, während die mexikanische Sonne kraftvoll durch das Schlafzimmerfenster schien und die Hitze sich schwer auf meine Brust legte. Schlagartig wurde mir klar, dass der Morgen schon längst vorbei war.

In den beiden Tagen, die wir zusammen verbracht hatten, konnte ich Ayame nicht viel über mein Leben erzählen, aber sie schien vieles zu spüren. Nun, da ich in Chavas Haus im Bett lag und die Hitze vom Terrakottaboden aufstieg und von den Wänden abstrahlte, dachte ich darüber nach, wie ich andere Menschen in meinem Leben behandelt hatte. Ich war nicht stolz auf meinen Wutausbruch am Flughafen Osaka. Oder darauf, dass ich hin und wieder eine Kassiererin oder eine Verkäuferin im Lebensmittelladen unbeherrscht angefahren hatte. Und dann gab es noch meine Ungeduld gegenüber Adam, meine zornigen Worte gegenüber Annisha. Das kam wesentlich häufiger vor als mangelnde Höflichkeit gegenüber Fremden. Warum behandeln wir Angehörige oft so, wie wir Freunde niemals behandeln würden – oder auch Leute, die wir gar nicht kennen? Wahrscheinlich weil wir annehmen, dass sie uns verzeihen. Doch das ist keine Entschuldigung. Ich fasste den Entschluss, mein Verhalten gegenüber den Menschen in meinem Leben zu ändern. Leider gab es einige Dinge, die ich nicht wieder würde gutmachen können. Zum Beispiel mein Verhalten gegenüber Juan.

Dass in Juans Arbeit nicht alles reibungslos lief, spürte ich zum ersten Mal bei einem Mittagessen, das ich mit

David und seinem Chef Sven kurz nach meinem Ausscheiden aus dem Labor hatte.

Sven hatte mich gefragt, was ich von meinem früheren Vorgesetzten hielte. Ich begann seine Führungsqualitäten zu loben, aber Sven bremste mich.

»Nein, nein, nicht als Chef. Ich weiß, er ist ein netter Kerl. Ich meine seine Arbeitsauffassung. Sein technisches Wissen. Ist er gut in Form? Ist er voll auf der Höhe? Sind wir in der Entwicklung so fortschrittlich, so aggressiv, wie wir sein könnten?«

Es war eine heikle Unterhaltung. Immer wenn ich irgendetwas Positives über Juan sagte, runzelten David und Sven die Stirn, als hätte ich eine falsche Antwort gegeben. Schließlich verstummte ich.

»Hören Sie«, sagte David, »ich behaupte nicht, dass Juan kein heller Kopf wäre. Und ich bin sicher, dass er auch einmal auf seinem Gebiet eine echte Führungspersönlichkeit war. Aber ich glaube, dass es heute jüngere Leute gibt, eine völlig neue Generation von Ingenieuren und Hardware-Entwicklern, die unkonventionell denken. Die auf eine neue, frische Art an die Arbeit herangehen.«

Jüngere Leute, das war richtig. Ich vermutete, dass David in Wirklichkeit »billigere« Leute meinte. David suchte stets nach Möglichkeiten, den Gewinn ein wenig zu steigern.

Als die Bedienung kam, um den Tisch abzuräumen, war mein Teller noch immer fast voll. Und ich fühlte mich unbehaglich. Ich wusste, dass Juan der brillanteste, der innovativste Ingenieur war, den ich bisher kennengelernt hatte. Zudem verstand er es meisterhaft, seine Mitarbeiter zu motivieren, die Dinge auf neuartige

Weise zu betrachten, und ihre Kreativität sowohl bei der Problemlösung als auch bei technischen Verbesserungen zu wecken. Sven und David jedoch besaßen nichts davon. Sie hatten anscheinend schon ihren Entschluss gefasst, und alles, was ich sagte, um ihnen zu widersprechen, ließ mich in ihrer Wertschätzung sinken. Mir war klar, wenn ich meine eigene Karriere retten wollte, musste ich aufhören, Juan in Schutz zu nehmen. Jetzt, Tausende Kilometer entfernt von meinem Büro, begriff ich, dass ich in einem bestimmten Moment während dieses Mittagessens eine feige Entscheidung getroffen hatte, die am Ende uns beide den höchstmöglichen Preis abverlangte.

Ich war in Mexiko aufgewacht und dachte an diese Szene im Restaurant. In Wirklichkeit war sie mir aber bereits in den Sinn gekommen, als ich Julians Ausführungen über »Achtsamkeit« gelesen hatte – und ich hatte sie auf der langen Reise von Osaka nach Mérida lediglich aus meinen Gedanken verdrängt. Die Reise hatte mehr als vierundzwanzig Stunden gedauert, mit Umsteigen in Tokio, Los Angeles und Mexico City. Während all dieser Stunden hatte ich mich bemüht, mir Ayames Friedfertigkeit und Gelassenheit zu eigen zu machen. Und ich hatte mich gezwungen, mich nicht wegen der Zeit zu sorgen. Ich nickte mehrmals ein und ergab mich dem Jetlag und der Desorientierung. Ich schaute so selten wie möglich auf mein Smartphone. Als ich in Mérida landete, dem Kalender nach am Ende desselben Tages, an dem ich in Japan abgeflogen war, wurde ich von einem eigenartigen Gefühl der Lässigkeit überwältigt. Als dann eine Frau in mittleren Jahren am Ausgang des Flughafens nach meinem Ellbogen griff, zuckte ich nicht zusammen.

Sikina Ucan entschuldigte sich, dass ihr Mann nicht selbst kommen konnte.

»Er muss morgen sehr früh aufstehen, um in die Arbeit zu fahren. Deshalb habe ich ihm angeboten, Sie abzuholen. Wir glauben beide, dass Sie morgen früh wahrscheinlich etwas länger schlafen möchten, daher wird Chava bei einem Freund mitfahren, und ich bringe Sie am Nachmittag hin, damit Sie ihn kennenlernen können.«

Auf der langen, dunklen Fahrt von Mérida nach Oxkutzcab erzählte mir Sikina, dass Chava Feldtechniker in einem Archäologenteam sei, das gerade Maya-Ruinen in der Nähe von Oxkutzcab ausgrabe.

»Er freut sich schon darauf, Ihnen die archäologischen Ausgrabungsarbeiten zu erläutern und Ihnen ein wenig über seine Arbeit zu erzählen.« Sikina berichtete mir noch mehr über Chava, über sich selbst und ihre Kinder. Sie erzählte mir, dass sie und Chava Julian vor mehreren Jahren kennengelernt hatten, als er durch Yucatán reiste, verschiedene Maya-Ruinen besuchte und sich über deren Kultur informierte.

»Was für ein wunderbarer Mann«, sagte Sikina und schob sich eine Strähne ihres dunklen Haars hinter das Ohr. »So klug – und so lustig.« Aber sie sprach nicht von den Talismanen oder vom Grund meines Besuches.

Ich erkannte allmählich, dass Julian alle Talismanhüter sehr sorgfältig ausgewählt hatte. Jeder besaß anscheinend eine bestimmte Beziehung zu dem Talisman und der Weisheit, die er verkörperte. Nach Aussage von Sikina wollte Chava mich ein wenig an seinem Leben teilhaben lassen. Ich hätte zwar sofort nach dem Talisman fragen können, aber ich entschloss mich, zunächst herauszufinden, was in dem Brief stehen könnte, welche Erkenntnis mir Chava vermitteln würde. Als wir nach Oxkutzcab kamen, war es ungefähr ein Uhr nachts. Sikina stellte das Auto vor einem kleinen rosafarbenen Stuckhaus ab. Drinnen deutete sie auf eine Tür neben dem Küchen- und Wohnbereich.

Das Schlafzimmer war winzig, aber sauber. Ich stellte mein Gepäck auf den Boden und ließ mich auf das Bett fallen. Bevor ich mich ausziehen konnte, war ich schon eingeschlafen.

Wahrscheinlich hatte die Hitze mich geweckt, doch es war ein herzhafter, würziger Duft, der mich aus dem Schlafzimmer und in die Küche zog.

»Oh, *hola*«, sagte Sikina und wischte sich die Hände an ihrer Schürze ab. »Ich hatte gehofft, dass das Mittagessen Sie aus den Federn treiben würde. Wir müssen bald losfahren.«

Sikina bedeutete mir, mich an den kleinen Tisch zu setzen, der in einer Ecke ihrer beengten Küche stand. Der Tisch war hellgelb gestrichen, und jeder der vier Stühle hatte eine andere Farbe. Das würde Annisha gefallen, dachte ich. Ich zog den türkisfarbenen Stuhl zurück und setzte mich darauf, während Sikina ein dampfendes Tablett vor mich hinstellte.

»*Codzitos*«, sagte sie. »Kleine Tacos, mit Fleisch und Tomatensoße. Und Guavensaft«, fügte sie hinzu und zeigte auf ein großes blaues Glas vor mir.

Das Essen war köstlich, und ich bereute es, dass ich

so viel vertilgt hatte, als ich eine Stunde später in Sikinas Kleinlaster stieg. Ich hatte mich frisch gemacht und meine Kleider gewechselt, aber ich litt noch immer unter einem unangenehmen Völlegefühl.

Der Wagen machte einen Ruck nach vorn, als Sikina den Gang einlegte. Sie schaute zu mir herüber und lächelte über mein aschfahles Gesicht.

»Also dann«, sagte sie. »Ich werde mit Ihnen eine kleine Rundfahrt durch unsere Stadt machen, damit sich Ihr Magen wieder beruhigen kann, bevor wir auf die Schnellstraße fahren.«

Sikina fuhr langsam durch die Straßen von Oxkutzcab. Wir kamen durch Viertel mit niedrigen, quadratischen Häusern, von denen einige weißgekalkt, andere in bunten Farben gestrichen waren und wieder andere aus schmucklosen Zementblöcken bestanden. Unter den flachen Dächern herrschten Blech oder Ziegel vor, aber es gab auch ein paar hell bemalte, ovale Häuser mit spitzen Strohdächern.

»Das ist eine traditionelle Maya-Hütte«, erklärte mir Sikina und wies auf eines dieser Häuser.

Die Wohnstraßen wirkten auf wunderbare Weise uneinheitlich. Niedrige Mauern aus Stein oder Beton säumten Vorhöfe, die manchmal nur trockene, leere Flächen waren – manchmal aber auch von Palmen, Hibiskussträuchern und Büschen aller Art überwuchert wurden, die ich nicht kannte. Schicke eiserne Geländer und Tore wechselten sich ab mit Leinen voller Wäsche, die im Wind flatterte. Im Dorfzentrum gab es mehrere Kirchen, kleine Restaurants und Hotels und Gebäude, die in hellen Terrakottatönen oder blau oder gelb gestrichen waren. Die Straßen waren staubig und relativ ruhig: Nur wenige Autos, aber mehrere Mofas und Motorräder, Fußgänger und fahrbare Imbissbuden bewegten sich langsam durch die Hitze.

Als wir die schmale Asphaltstraße entlangfuhren, wichen die Häuser und Gebäude allmählich weiteren Bäumen und Sträuchern, bis wir die Stadt schließlich hinter uns ließen. Niedrige, sanft geschwungene Hügel breiteten sich bis zum Horizont aus. »Die Puuc-Berge«, erklärte mir Sikina. »Sie sind voll mit Maya-Ruinen, kleinen und großen. Morgen möchte Chava Sie nach Uxmal mitnehmen. Das war einmal eine Stadt mit mehr als 20 000 Einwohnern. Heute aber müssen wir zu einem kleineren, fast vergessenen Ort.«

Eine halbe Stunde nachdem wir losgefahren waren, bogen wir in eine schmale, holprige Straße ein, die uns durch ein kleines Tal führte. Wir blieben eine Weile auf dieser Straße, die an beiden Seiten von dichtem Regenwald gesäumt war, passierten einen hölzernen Bogen und gelangten schließlich auf eine freie Fläche. Hier liefen zahlreiche Menschen umher, darunter auch eine Gruppe von Kindern, offenbar eine Schulklasse, die auf ein niedriges, modern aussehendes Gebäude zustrebte. Ich sah eine Reihe von strohgedeckten Maya-Hütten, doch auch sie wirkten relativ neu und schienen viel benutzt zu werden. So hatte ich mir eine archäologische Ausgrabungsstätte nicht vorgestellt.

»Oh, hier ist noch viel mehr los«, sagte Sikina, als ich sie darauf ansprach. »Das ist auch ein Naturschutzgebiet und eine Forschungseinrichtung. Das Gebiet umfasst mehr als sechzehn Quadratkilometer.«

Wir waren gerade ausgestiegen, da kam schon ein

kleiner, stämmiger Mann auf uns zu, der eine Sportkappe, kurze Hosen und schwere Stiefel trug.

»*Hola,* Jonathan!«, sagte er.

Ich lächelte und streckte ihm eine Hand entgegen. Chava drückte sie kräftig.

»*Bix a beel?* Wie geht's Ihnen?«

Man brauchte sich nur eine Minute mit Chava zu unterhalten und schon war einem klar, dass Geschichte seine große Leidenschaft war. Er erkundigte sich nach meiner Reise, nach Julian und ob Sikina mich gut verköstigt habe. Doch seine Stimme wurde erst richtig lebendig, als er über den Ort sprach, an dem er gerade arbeitete. Sikina blieb in einem der Büroräume und besuchte Freunde, die im Naturschutzgebiet arbeiteten. In der Zwischenzeit führte mich Chava über die freie Fläche und den bewaldeten Hügel und erzählte, worauf sich die Ausgrabungen an dieser Stätte im Augenblick konzentrierten. Ich fragte mich, was das mit dem Talisman zu tun hatte und ob ich hier wirklich eine Führung mitmachen musste, aber ich begriff langsam, dass meine Reise einen ganz eigenen Rhythmus bekam, an dem ich so gut wie nichts ändern konnte.

»Seit Jahrzehnten haben hier immer wieder Archäologen gearbeitet«, erklärte mir Chava, während wir durch den Laubwald spazierten, »aber erst vor ein paar Jahren haben wir erkannt, dass uns diese Stätte neue Anhaltspunkte über den Zusammenbruch des Maya-Reiches liefern kann.«

Mir kam es vor, als sei mein Vater in diesem Maya-Archäologen in mittleren Jahren wiederauferstanden. Ich musste lächeln, als Chava mit seinem Bericht fortfuhr.

Die Menschen, welche die Maya-Sprache sprachen, erläuterte er, hätten vor ungefähr 4000 Jahren die Halbinsel Yucatán in Besitz genommen. In den folgenden drei Jahrtausenden seien überall in der Maya-Welt hoch entwickelte, dicht bevölkerte Städte entstanden. Auf dem Höhepunkt des Maya-Reiches war der Großteil des Landes zwischen diesen Städten mit landwirtschaftlichen Höfen und Dörfern überzogen gewesen. Und alle großen Zentren waren durch Kalkstraßen miteinander verbunden.

Diese Stadtstaaten entwickelten nicht nur komplexe politische Systeme, sondern schufen auch architektonische Wunder. Stufenpyramiden und Tempel, mehrstöckige Wohngebäude, kunstvolle Innenhöfe und öffentliche Plätze. Die Maya, fuhr Chava fort, brachten auch atemberaubende Kunstwerke hervor und erfanden eines der frühesten Schriftsysteme der Welt. Und ihre hoch entwickelten mathematischen Fähigkeiten ermöglichten ihnen bedeutende Fortschritte in der Astronomie, die vielleicht zu ihrer größten Errungenschaft führten: dem Maya-Kalender. Chavas Gedanken sprudelten nur so aus ihm heraus wie ein gut durchdachter Vortrag, aber sie schienen auch von einem gewissen Stolz durchdrungen zu sein, als spreche er von Menschen, die er persönlich kannte und schätzte.

Aber irgendwann zwischen 900 und 1000 n. Chr., erklärte Chava, 600 Jahre vor der Ankunft der Spanier, setzte plötzlich der Niedergang der Maya-Kultur ein. Im Laufe der folgenden zwei Jahrhunderte, erzählte er mir, und in seinen Worten schwang eine gewisse Traurigkeit mit, ging die Bevölkerung um 90 Prozent zurück, die Städte wurden aufgegeben, und die einstige Größe des Maya-Reiches war nur noch Erinnerung. Es dauerte nur ein bis zwei Jahrhunderte, dann hatte der Wald die Städte zurückerobert; Pflanzen überwucherten die Monumente und Straßen, die verbliebene Bevölkerung wurde über das Land verstreut, klammerte sich an winzige Dörfer und betrieb nur noch Landwirtschaft zur Selbstversorgung. Diese Überlebenden, erklärte Chava, waren seine Vorfahren.

Während er sprach, führte mich Chava durch den Wald, über Baumwurzeln und zerbröckelnde Steine. Unterwegs sah ich einzelne Feldarbeiter, doch es war nicht gerade still oder leer an diesem Ort. Vögel zwitscherten und sangen, während sie von Baum zu Baum flogen. Um uns herum hörte ich das Rascheln von Zweigen und die Schritte von vorüberhuschenden Tieren. Ich versuchte, mich auf die Vögel zu konzentrieren und nicht an Spinnen, Skorpione oder Pumas zu denken. Hin und wieder blieb Chava stehen und deutete auf kaum erkennbare Steinformationen oder frische Ausgrabungen. Schließlich führte er mich um eine kleine Pyramide herum. Sie war abgestuft, wie die berühmten Pyramiden von Chichen Itza, die ich auf Bildern gesehen hatte, aber nur ungefähr zehn Meter hoch. Und dann gelangten wir zu den Überresten von Gebäuden, die um große, aufrecht stehende Steine herum erbaut waren. Der untere Teil der Mauern bestand aus Steinquadern, oben waren sie mit einer Art Steinsäulen-Motiv versehen. »Das ist ein halbfertiger Palast«, erklärte Chava. »Um eine Plaza herumgebaut, einen öffentlichen Platz.«

Ich umrundete das Fundament der Ruinen und betrachtete die Steinblöcke. »Sie haben doch gesagt, sie besaßen noch keine Metallwerkzeuge?«

»Das stimmt«, erwiderte Chava. »Nur Werkzeuge aus Granit, Feuerstein und Obsidian. Hier gibt es keine Materialien, aus denen man Metall herstellen kann.«

Ich strich mit der Hand über das Fundament. »Unglaublich.«

»Wollen wir uns kurz ausruhen?«, fragte Chava, ging zum Rand der steinernen Plaza und setzte sich. Er zog eine Flasche Wasser aus der Tasche, die er bei sich trug, und reichte sie mir. Dankbar nahm ich sie entgegen. Die Bäume spendeten zwar Schatten, aber die Hitze schien gleichermaßen vom Waldboden aufzusteigen und von den Baumwipfeln herunterzudrücken. Mein Hemd klebte mir am Rücken; meine Hose lag eng an meinen Beinen.

»Das gefällt mir an meiner Arbeit«, sagte Chava. »Die Geheimnisse. Wir wissen, dass einige der verlassenen Städte, die wir hier sehen, von Menschen aufgegeben wurden. Sie zogen weg. Doch die Bevölkerung zog nicht einfach nur weiter – sie verschwand. Und selbst die restliche Bevölkerung blieb nicht in den großen Städten.«

Chava erklärte weiter, dass nach Ansicht von Wissenschaftlern, die Maya-Skelette untersucht hatten, die Knochen, auch die Gebeine der Könige, Hinweise darauf lieferten, dass in den späteren Jahren der Maya-Zivilisation ein Mangel an Nahrungsmitteln geherrscht haben müsse. Dies könnte eine Folge von Überjagung gewesen sein. Eine weitere Möglichkeit sei eine Seuche oder irgendeine landwirtschaftliche Katastrophe, die vielleicht durch Abholzung hervorgerufen worden war. Der wahrscheinlichste Grund für die Nahrungsmittelknappheit sei jedoch eine längere Dürreperiode. »Auch in guten Zeiten gibt es auf Yucatán nicht viel Wasser«, sagte Chava und lachte. Und natürlich könnten auch Krankheiten, Kriege oder andere Formen von Gewalt die Bevölkerung dezimiert haben.

Er stand auf und steckte die Wasserflasche in seine Tasche zurück.

»Aber hier an dieser Stätte«, sagte er, »gibt es etwas, das wir bei Ausgrabungen nicht oft sehen. Kommen Sie.« Chava führte mich auf die eine Seite der Ruinen. In die Außenmauer fügten sich rechteckige Torbögen ein, die auf kurzen, runden Säulen ruhten. Doch Chava blickte auf den Boden vor dem Gebäude.

»Nun«, sagte Chava und deutete auf eine Gruppe von Steinen auf dem Boden. Sie waren nicht systematisch angeordnet, aber auch nicht willkürlich hingeworfen. »Was meinen Sie, was könnte das sein?«

»Ich weiß nicht«, antwortete ich und ging näher heran. Zwischen den Steinen wuchsen kleine Grasbüschel. Eine Eidechse huschte um die Ecke und verschwand neben dem Steinhaufen. »Vielleicht ist es der Anfang eines Gebäudes. Oder etwas, das eingestürzt ist?«

»Das, mein Freund«, sagte Chava, »ist eine Mauer. Keine Mauer, die zusammengefallen ist, sondern eine Mauer, die vorzeitig errichtet wurde und dann hier ruhte und darauf wartete, dass ein zweites Stockwerk angefügt werde. Es war alles bereit, aber die Arbeit wurde nicht zu Ende geführt. So etwas sieht man nicht an einem Platz, der aufgrund einer langen Dürre oder wegen Seuchen aufgegeben wurde. Diese Arbeit wurde nicht beendet – sie wurde *unterbrochen.*«

Als wir unsere kleine Tour begonnen hatten, kam mir alles ein wenig zufällig und ziellos vor – ich erhielt einen Crashkurs in Archäologie und tauchte ein in die Arbeit von jemandem, den ich eben erst kennengelernt hatte. Allmählich jedoch verstand ich, warum Chava dies alles jedem zeigen wollte, dem er begegnete, warum er seine Arbeit mit einem Fremden teilen wollte und warum der Job, den er hatte, einen Menschen fesseln konnte. Es gab so viele unbeantwortete Fragen.

»Was glauben Sie, was die Ursache war?«, fragte ich. »Wurden sie vielleicht angegriffen?«

»Krieg oder Gewalt sind hier wahrscheinlich, nicht wahr?«, entgegnete Chava. »Wir haben eine größere Zahl von Speerspitzen gefunden, aber keine niedergebrannten Gebäude oder Mauern oder Barrikaden. Und wenn es sich um einen unerwarteten Angriff handelte, nun ... Sie müssen sich noch etwas anderes anschauen.« Chava winkte mich zu sich. »Schaffen Sie es noch? Können wir noch ein bisschen weitergehen?«

Er führte mich einen gewundenen Pfad hinauf. Auf dem Weg lagen Reste von zerfallenen Stufen, über die wir hinwegstiegen. Kurz vor der Spitze des Hügels blieb Chava stehen und steuerte eine ebene Fläche mit Pfählen und Steinen an. Offensichtlich war hier gerade eine Ausgrabung im Gange. Die steinernen Fundamente von Mauern, die ausgetrocknete Tümpel umgaben, waren vom Gestrüpp befreit worden. In einer der Gruben hockte eine junge blonde Frau in einer Ecke und säuberte mit einem kleinen Besen vorsichtig einen im Boden vergrabenen Gegenstand von Schmutz. In einer anderen Ecke der Grube lagen mehrere Steinbrocken und Keramikscherben, die mit numerierten Fähnchen und Etiketten versehen waren.

»Jonathan«, sagte Chava, als die Frau aufstand. »Das ist Ellen. Ellen, das ist Jonathan.«

Ellen war ebenfalls Feldtechnikerin und gehörte zu einem amerikanischen Universitätsteam.

»Ich habe Jonathan gerade unsere jüngsten Entdeckungen erklärt. Vielleicht könntest du ihm etwas über diese Häuser auf dem Hügel erzählen«, sagte Chava. Ellen nickte und wischte sich mit einem Halstuch, das sie aus ihrer Hosentasche zog, die Stirn ab. Wie Chava musste man anscheinend auch sie nicht besonders dazu drängen, über ihre Arbeit zu sprechen.

Sie erklärte, dass es sich bei den Objekten, die wir hier betrachteten, um die Reste von Küchenutensilien handele. Der Mahlstein für das Getreide war an den Türrahmen gelehnt und nicht wieder weggenommen worden. Die ordentlich nebeneinandergestellten Töpfe ließen vermuten, dass die Menschen gerade mit der Arbeit begonnen und dann mittendrin aufgehört hatten. Alles war so hinterlassen worden, wie Menschen Dinge stehen lassen, wenn sie damit rechnen, dass sie gleich wieder zurückkommen werden. Sie verließen das Haus schnell, flüchteten aber anscheinend nicht in Panik. Alles war geordnet, und es gab keine Anzeichen von Chaos oder einem Überfall.

»Ah«, seufzte Chava. »Wir haben noch viel zu tun, bis wir alle diese Rätsel gelöst haben.«

»Da du gerade davon sprichst«, sagte Ellen. »Ich

hoffe, du entschuldigst mich, wenn ich gleich weiterarbeite. Ich habe noch viel zu erledigen, bevor ich heute Schluss machen kann.«

Chava und ich standen noch eine Weile auf dem Hügel und blickten über das Blätterdach. Ich schaute zurück zu Ellen, die auf dem Boden kauerte. Hier oben gab es weniger Schatten, und obwohl die Sonne nicht mehr so hoch am Himmel stand wie bei meiner Ankunft, war es noch immer sehr heiß.

»Da ist etwas, was ich nicht begreife«, sagte ich zu Chava.

Chava neigte den Kopf.

»Die Arbeit«, sagte ich. »Das Ausgraben. Es wirkt alles so langsam. Ich dachte schon, die Arbeit als Elektroingenieur und das technische Design wären eine mühsame Sache, aber das hier …« Ich deutete zu Ellen. »Hier kommt man ja nur zentimeterweise voran. Wie schaffen Sie das?«

»Ja, ich weiß«, entgegnete Chava und lächelte. »Man arbeitet den ganzen Tag und fragt sich dann am Abend, was man geleistet hat. Man hat ein paar Kilo Sand bewegt, nicht wahr?«

Ich zuckte mit den Schultern.

»Es ist leicht, über unsere Arbeit zu spotten. Die amerikanischen Feldarbeiter bezeichnen sich selbst manchmal als ›Shovelbums‹, als Wühlmäuse. Aber wir wissen, dass wir bei unserer Arbeit nichts überstürzen dürfen, dass wir Geduld aufbringen müssen. Und am wichtigsten ist, dass wir sorgfältig arbeiten, präzise, mit größtmöglicher Professionalität, auch wenn wir uns langweilen oder unruhig sind. Man kann schnell wertvolle Artefakte zerstören oder etwas übersehen.«

Chava ging zurück zu den zerfallenen Stufen. Er warf mir über die Schulter einen Blick zu.

»Jeder einzelne sorgfältig ausgegrabene Quadratmeter mag klein erscheinen, Jonathan, aber zusammen ergeben diese kleinen Flecken eine bedeutende historische Entdeckung, liefern einen echten Erkenntnisfortschritt. Ich glaube, wenn wir ›Shovelbums‹ unsere Arbeit richtig machen, können sich unsere bescheidenen Beiträge zu etwas Wichtigem addieren. Damit können wir tatsächlich große Geheimnisse lüften.«

Auf der Heimfahrt bestand Sikina darauf, dass ich mich ans Fenster setzte, während sie sich zwischen Chava und mich zwängte. Ich hielt das Fenster während der gesamten Fahrt heruntergekurbelt und steckte ab und zu den Kopf hinaus wie ein übermütiger Golden Retriever. Eine wunderbar trockene Luft strich vorüber. Als wir durch die von Häusern gesäumten Straßen von Oxkutzcab fuhren, gab es für mich noch einen weiteren Grund, den Kopf aus dem Fenster zu stecken – die verführerischen Küchendüfte. Ich war richtig ausgehungert, aber mir schwante auch, dass uns, nachdem wir den ganzen Tag unterwegs gewesen waren, zu Hause wohl kaum ein Abendessen auf dem Herd erwarten würde.

»Ich habe mir gerade überlegt«, sagte ich zu Chava und Sikina, »dass ich euch beide heute Abend zum Essen einladen könnte. Ihr habt mir so viel Zeit geopfert, um mich zu unterhalten.«

»O nein«, erwiderte Sikina. »Das können wir nicht machen. Zama erwartet uns.«

Es stellte sich heraus, dass wir zum Haus der verheirateten Tochter von Chava und Sikina fuhren. Sie und ihr Mann hatten für uns ein Abendessen vorbereitet.

Es war ziemlich beengt und laut an diesem Abend. Nicht nur Zama, ihr Mann und ihre drei kleinen Kinder waren anwesend, es kamen auch mehrere Nachbarn vorbei. Die Musik spielte, mein Glas wurde wieder und wieder nachgefüllt, und auf meinem Teller türmte sich das Essen. Als die Kinder im Hof herumtollten, beobachtete ich Zamas sechsjährigen Sohn Eme. Er war etwas kleiner als Adam, aber mit seinem hellen Lachen und der Art, wie sich sein Körper ständig in Bewegung befand, erinnerte er mich sehr an meinen eigenen Sohn. Sobald ich mit dem Essen fertig war, ging ich durch das Haus und trat hinaus auf die staubige Straße, wo es ein wenig ruhiger zuging. Ich versuchte, zu Hause anzurufen, aber seit meiner Landung in Mexiko war mein Funkempfang schlecht und ich kam nicht durch. Ich entwarf eine Nachricht an Adam.

Hallo, mein kleiner Mann, schrieb ich, *ich sehe hier eine Menge aufregender Sachen. Wenn ich mehr Zeit habe, werde ich dir davon erzählen. Aber jetzt möchte ich dir nur sagen, dass ich dich liebe.*

Die Nachricht würde verschickt werden, sobald der Empfang wiederhergestellt war. In der Zwischenzeit wollte ich zu der Party zurückkehren, aber ich war mit dem Herzen nicht mehr dabei.

Chava bemerkte anscheinend, dass ich nach meiner Rückkehr recht still geworden war, und so schlug er ungefähr eine halbe Stunde später vor, nach Hause aufzubrechen. Nachdem ich in meinem Journal meine Gedanken über Chavas glückliche Familie festgehalten hatte, ging ich zu Bett. Ich empfand eine tiefe Sehnsucht und wünschte nichts sehnlicher, als dass mein Sohn hier neben mir liegen könnte. Warum hatte ich diese Momente nicht zu schätzen gewusst, als sie sich mir geboten hatten?

Am nächsten Morgen gingen Chava und ich schon in aller Frühe, als es noch dunkel war, zum Autoparkplatz. Ich hatte mit dem Gedanken gespielt, Sikina zu bitten, mich zum Flughafen zu bringen, um einen früheren Rückflug aus Mexiko zu nehmen, aber dann kamen mir Ayames Worte wieder in den Sinn. Julian hatte offenbar nicht ohne Grund ein bestimmtes Tempo für meine Reise vorgesehen. Zudem wollte Chava anscheinend meine Unterweisung in der Geschichte der Maya noch fortsetzen, und es erschien mir unhöflich, auf eine Verkürzung meines Aufenthalts zu drängen. Chava hatte darauf bestanden, vor Tagesanbruch nach Uxmal hinauszufahren.

»Wenn die Sonne aufgeht«, hatte er gesagt, »tauchen die Menschen auf. Sie müssen das aber allein sehen. Oder so gut wie allein.«

Chava kannte viele Leute, die bei den Ausgrabungen mitarbeiteten, daher war ein Wachmann angewiesen worden, uns an jenem Gebäude in Empfang zu nehmen, das als Eingang zum Tempel und zu den Ruinen diente. Wir sahen die Umrisse seiner uniformierten Gestalt vor der Eingangstür des Museums.

Als wir näher kamen, wechselten er und Chava ein paar Worte in der Maya-Sprache, dann öffnete uns der Wachmann die Tür. Er deutete zur Eingangshalle und sagte etwas.

»Ich kenne den Weg«, entgegnete Chava. »Folgen Sie mir einfach.«

Zehn Minuten später standen wir im Freien. Im fahlen Licht erhob sich eine prachtvolle Pyramide vor uns, mehr als dreißig Meter hoch und mindestens sechzig Meter breit. Im Unterschied zu der kleinen Pyramide, die ich gestern gesehen hatte, und auch zu den Bildern von anderen Maya-Pyramiden, die ich kannte, hatte diese anscheinend einen ovalen Sockel. »Der Tempel des Magiers«, sagte Chava.

Während wir vor der Pyramide standen, stieg die Sonne hinter uns am Himmel empor. Ihre Strahlen fielen auf die Steine des Tempels und tauchten sie in einen goldenen Glanz, als sei im Inneren der Pyramide ein riesiges Feuer entzündet worden.

Chava beugte sich zu mir und sagte leise: »Faszinierend, nicht wahr? Der Gedanke, dass Menschen das erbaut haben. Dass gewöhnliche Menschen wie Sie und ich zu solchen Taten fähig sind, zu solch herausragenden Leistungen.« Ich nickte, sprachlos angesichts dessen, was ich sah.

Wir betrachteten die Pyramide, während sich der Himmel um uns herum erhellte. Dann setzte sich Chava in Bewegung. Er ging auf das Bauwerk zu.

»Touristen dürfen die Stufen jetzt nicht mehr betreten, aber wir haben eine Sondererlaubnis.« Anstatt unmittelbar die Stufen vor uns hinaufzusteigen, ging Chava zuerst um den Sockel herum. Der Gedanke, die Pyramide zu erklimmen, war aufregend. Plötzlich war ich froh, dass Chava meine Unterweisung so ernst nahm.

»Auf der anderen Seite kann man besser hinaufsteigen«, erklärte er, als er mich zur Rückseite der Pyramide führte.

Als ich am Fuß der Pyramide stand und die Steine über mir emporwuchsen, wurde mir die atemberaubende Größe des Bauwerks erst richtig bewusst. Es würde ein anstrengender Aufstieg werden. Chava ging los, und ich folgte ihm. Langsam erklommen wir die glatten, harten Stufen. Sie waren steil und schmal, und es war ein verwirrendes Gefühl, auf einer riesigen offenen Wendeltreppe nach oben zu steigen. Chava erzählte mir, dass viele der Pyramiden mit Metallseilen ausgestattet seien, an denen man sich beim Aufstieg festhalten könne. Ich verstand auch, warum. Als wir schließlich ganz oben ankamen, war ich schweißgebadet, als hätte ich gerade einen Marathonlauf absolviert.

»Von hier aus hat man den besten Blick über Uxmal«, sagte Chava. »Setzen Sie sich und schauen Sie.«

Chava ließ seinen kleinen Leinenrucksack auf den Boden gleiten und ging in die Hocke. Ich tat es ihm gleich.

Die Ausgrabungsstätte Uxmal erstreckte sich über Hunderttausende Quadratmeter. Ein Großteil der Überreste der alten Stadt war noch immer von Vegetation überwuchert. Der einzige Hinweis auf Straßen und Gebäude waren flache Streifen, die durch eckige Hügel unterbrochen wurden. Unmittelbar unter uns lagen mehrere große Steinruinen.

Chava erklärte mir, dass sich die Häuser der Stadt, als Uxmal noch bewohnt war, viel weiter nach draußen erstreckten, als man von hier aus sehen könne. Er zeigte auf eine weitere Pyramide, die halb von Gras überwachsen war und als »Große Pyramide« bezeichnet wurde.

»Kennen Sie die Legende, die sich mit dieser Pyramide verbindet?«, fragte mich Chava, nachdem er mir die Stadt zu unseren Füßen beschrieben hatte. Ich schüttelte den Kopf.

Die Legende, die Chava dann erzählte, berichtete davon, wie vor langer Zeit der König von Uxmal die Warnung erhielt, dass sein Reich, sobald ein bestimmter Gong in der Stadt geschlagen würde, einem Manne zufallen werde, der nicht von einer Frau geboren worden war. Eines Tages erklang tatsächlich dieser Gong, und der König entdeckte zu seiner Bestürzung, dass es sich bei der Person, die ihn geschlagen hatte, um einen zwergwüchsigen Jungen handelte. Er war aus einem Ei geschlüpft, das von einer alten, kinderlosen Frau ausgebrütet worden war. Der König ließ den Zwerg in seinen Palast bringen und wollte ihn hinrichten lassen, doch dann änderte er seine Meinung. Anstatt den Jungen zu töten, entschloss er sich, dem Zwerg eine unlösbare Aufgabe zu stellen. Wenn der Zwerg dem König einen prachtvollen Tempel errichten könne, größer als alle anderen Gebäude in der Stadt, und wenn er dies in einer einzigen Nacht bewerkstelligte, sollte sein Leben verschont werden.

Als der König am nächsten Morgen erwachte, sah er erstaunt, dass vor ihm eine majestätische Pyramide in den Himmel ragte. Dem Zwerg wurde das Leben geschenkt, und die Pyramide hieß fortan »Tempel des Magiers«.

»In einigen Versionen der Geschichte wird der Zwerg selbst von der alten Frau über Nacht erschaffen. In anderen muss er zahlreiche Heldentaten vollbringen und Prüfungen bestehen, unter anderem auch die Pyramide bauen. Doch alle Versionen haben eines gemeinsam«, sagte Chava, »nämlich die Idee, dass dieses außerordentliche Bauwerk in einer einzigen Nacht geschaffen wurde.«

Chava zog zwei Flaschen Wasser aus seinem Rucksack. Er reichte mir eine davon und nahm einen Schluck aus der anderen, dann wischte er sich mit dem Handrücken den Mund ab.

»Vielleicht liegt es an meiner Arbeit«, fuhr er fort, »aber diese Geschichte gefällt mir. Sie erzählt uns so vieles über unsere Träume, unsere Sehnsüchte. Was wünscht sich der König? Nein, es geht nicht so sehr darum, dass er eine große Pyramide haben möchte. Er könnte sich von seinen Untertanen eine bauen lassen. Er möchte vielmehr, dass diese bemerkenswerte Schöpfung in einer einzigen Nacht zustande kommt.«

»Ich glaube, da hat sich nichts geändert«, sagte ich und lachte. »Jeder möchte, dass alles im Handumdrehen geschieht.«

»Ja, genau«, erwiderte Chava. »Aber das ist nicht möglich, nicht wahr? Dass die Aufgabe des Königs gelöst wurde, beweist immerhin, dass der Zwerg ein Magier war. Es liegt nicht in der Macht eines gewöhnlichen Menschen, etwas derart Wundervolles im Handumdrehen zu erschaffen. Die Menschen brauchen Geduld. Die Menschen müssen die Dinge langsam aufbauen, einen Schritt nach dem anderen tun. Wir wünschen uns, große Dinge in kürzester Zeit vollbringen zu können, aber so funktioniert unsere Welt nicht. Das Geniale ist ein Prozess.«

Chava hatte sich seinen Leinenrucksack in den Schoß gestellt und kramte darin herum. Nach ein paar Sekunden zog er eine kleine rote Stofftasche heraus und reichte sie mir.

»Soll ich sie jetzt gleich aufmachen?«, fragte ich. Chava nickte.

Die rote Tasche war mit einer Kordel zugebunden. Ich nestelte an dem Knoten, bis er aufging, dann hob ich die Tasche an und leerte ihren Inhalt in meinen Schoß. Es befanden sich ein Blatt dickes Papier und ein winziger Gegenstand aus Ton darin. Ich hob ihn hoch und betrachtete ihn. Anscheinend war es ein Miniaturmodell einer Pyramide.

Ich faltete das Blatt Papier auseinander und las die Worte, die darauf geschrieben waren.

MACHE JEDEN TAG KLEINE FORTSCHRITTE

Wie wir kleine Dinge erledigen, das bestimmt, wie wir Aufgaben im Allgemeinen erledigen. Wenn wir kleine Aufgaben gut meistern, werden wir auch unsere größeren Herausforderungen erfolgreich bewältigen. Dann wird die Meisterschaft unsere Art zu leben werden. Aber mehr noch – jede kleine Anstrengung führt zur nächsten, so dass Schritt für Schritt großartige Dinge erschaffen werden können, sich ein starkes Selbstvertrauen herausbildet und ungewöhnliche Träume verwirklicht werden können. Der wahrhaft Weise erkennt, dass kleine tägliche Verbesserungen stets im Laufe der Zeit zu außergewöhnlichen Ergebnissen führen.

Die Sonne stand nun schon wesentlich höher am Himmel als zu Beginn unseres Aufstiegs. Die Hitze wurde drückend. Ich wischte mir mit dem Hemdzipfel den Schweiß von der Stirn.

Chava schaute mich an und stand unverzüglich auf.

»Es tut mir leid, dass ich Sie so lange hier oben aufgehalten habe«, sagte er. »Ich weiß, Sie sind solche Temperaturen nicht gewohnt. Brechen wir auf. Ich möchte Ihnen auf dem Weg nach unten noch etwas zeigen.«

Wir begannen unseren Abstieg, der mir schwieriger vorkam als der Aufstieg. Als ich die steilen, schmalen Stufen hinunterschritt, die weite, offene Plaza vor mir, erkannte ich, wie hoch oben ich war. Es gab nichts, was mich davor bewahren konnte, auszurutschen und diese glatten Steinstufen hinabzustürzen. Ich war erleichtert, als Chava mir signalisierte, dass ich nicht länger abwärtssteigen musste, sondern mich jetzt seitwärts bewegen sollte. Chava ging ein Stück weit vor mir her, dann blieb er vor einer großen gewölbten Tür stehen, die sich an einer Seite der Pyramide öffnete.

»Dies«, sagte Chava und deutete mit der Hand auf die Tür, »ist die Ironie dieser Legende, so wie ich es sehe.«

»Wie meinen Sie das?«

»Die Pyramide wurde angeblich über Nacht erbaut, aber nichts könnte weiter entfernt sein von der Wahrheit«, sagte Chava. »Vielmehr wurde sie im Laufe von mehreren Jahrhunderten errichtet und dabei immer wieder neu gebaut. Fünfmal! Und jede neue Pyramide wurde auf die alte daraufgesetzt. Meine Vorfahren glaubten, dass der Tempel mit der ganzen Macht und

Größe seines Vorgängers ausgestattet werden würde. Die Tür ist ein Überbleibsel von einer der früheren Pyramiden, die hier standen. Was Sie hier sehen, wurde später hinzugefügt.«

»Phantastisch«, bemerkte ich und betrachtete die geschnitzten mystischen Figuren, die am Türrahmen angebracht waren. Ob sie wohl Maya-Götter darstellten? Sie waren kunstvoll und detailliert ausgeführt. Es hätte in der Tat mit Zauberei zugehen müssen, wenn jemand so etwas in wenigen Monaten oder gar über Nacht zustande gebracht hätte.

»Gestern habe ich Ihnen erzählt, dass ich hoffe, dank meiner Arbeit Erklärungen für den Untergang der Maya-Kultur zu finden«, sagte Chava. »In Wirklichkeit aber interessieren mich ihre Anfänge – wie all dies entstanden ist. Sie meinten, archäologische Ausgrabungen seien eine mühevolle Arbeit, aber die Erschaffung einer Kultur, der Bau einer großen Stadt, diese Pyramiden hier – *das* ist eine langsame, mühevolle Arbeit.«

Ich nickte, dann schwiegen wir eine Weile.

»Es ist gut, immer daran zu denken«, unterbrach Chava die eingetretene Stille, »dass jeder Traum klein beginnt.«

Chava brachte mich am nächsten Tag zum Flughafen Mérida. Die Fahrt dauerte fast zwei Stunden, und nachdem wir uns in der ersten halben Stunde angeregt unterhalten hatten, verstummten wir schnell. Ich zog mein Smartphone heraus, hatte aber noch immer keinen Empfang. Da begann ich, durch einige meiner Bilder zu blättern. Ich hielt inne bei einem Bild von Adam in seinem Fußballdress, auf dem er einen Fuß unsicher auf den Ball stellte.

Chava schaute kurz herüber. »Sie haben Heimweh?«, bemerkte er.

»Ja«, erwiderte ich.

»Sie befinden sich jetzt auf dem Heimweg, Jonathan«, sagte er nach einer kurzen Pause. »Sie sind auf dem Weg nach Hause.«

Wir hatten die kleine Stadt Ticul passiert, waren an vernachlässigtem Ackerland und mit Steinen übersäten Weiden vorbeigefahren und saßen noch eine Weile nebeneinander, ohne etwas zu sagen, dann holte ich mein Journal aus meinem Gepäck und schlug die letzte Eintragung auf. Ich hatte meine Gedanken über die Reise, die Talismane und die Briefe im Journal festgehalten, wie Julian es von mir verlangt hatte. Aber ich wusste nicht recht, was ich von seiner jüngsten Botschaft halten sollte.

Schließlich blickte Chava zu dem Notizbuch auf meinem Schoß und fragte: »Jonathan, hat Sikina Ihnen etwas von unserem Sohn Avali erzählt?«

»Nur, dass er in Mexico City lebt und dass er ihr fehlt«, antwortete ich.

Chava musste laut lachen. Ich schaute ihn fragend an.

»Tut mir leid«, sagte Chava. »Ich kann nicht glauben, dass sie nicht mehr erzählt hat. Avali ist Arzt. Sikina ist sehr stolz auf ihn. Normalerweise gehört das zu den ersten Dingen, von denen sie anderen Menschen berichtet.«

»Das kann ich verstehen«, sagte ich. »Warum sollte sie nicht stolz auf ihn sein?«

Es folgte ein kurzer Moment des Schweigens, dann redete Chava weiter.

»Als Avali acht Jahre alt war, kam er zu mir und sagte: ›Papa, ich will Arzt werden und kranken Menschen helfen. Wie kann ich das anstellen?‹ Nun, Jonathan, was hätte ich darauf antworten sollen? Sikina und ich, wir haben beide keine Universität besucht. Der Großteil meiner Familie ist nicht über die Grundschule hinausgekommen. Keiner von uns hat jemals Yucatán verlassen. Ich konnte mir nicht vorstellen, warum jemand Arzt werden wollte. Doch vor mir stand der kleine Avali, mit all seiner kindlichen Hoffnung. Ich nahm ihn auf den Schoß und sagte: ›Mein Sohn, ich erkläre dir, wie du es machen musst: Morgen gehst du zur Schule und passt genau auf, was der Lehrer sagt. Und du lernst fleißiger, als du jemals gelernt hast. Und dann kommst du heim und berichtest mir, was du gelernt hast.‹«

Chava lächelte milde, als könne er seinen kleinen Sohn vor sich sehen. Er neigte den Kopf leicht zur Seite, dann sprach er weiter.

»Und so fing er an. Bei jeder Prüfung, bei jeder Anstellung sagte ich zu ihm: ›Wenn du das gut bewältigst, kommst du weiter auf deinem Weg und wirst schließlich Arzt werden.‹ Keiner von uns kannte die Straße, die vor uns lag, daher konzentrierten wir uns einfach auf den nächsten Schritt. Als er älter wurde, sprachen wir mit allen Leuten, die wir kannten – den Archäologen und Forschern an den Ausgrabungsstätten, an denen ich arbeitete, den Krankenschwestern und Ärzten im Krankenhaus, sogar mit den Touristen, denen wir in den Ruinen oder in der Stadt begegneten. Langsam, aber sicher fanden Avali, Sikina und ich heraus, welches die nächsten Schritte sein würden. Bevor wir uns versahen, schloss Avali sein Studium an der Universität in Mexico City ab.«

»Kleine tägliche Verbesserungen können zu großen Fortschritten führen, nicht wahr?«, bemerkte ich.

»Die geringste Handlung ist besser als die kühnsten Absichten«, erklärte Chava. »Und Ergebnisse sagen immer mehr als Worte.«

Wie die übrigen Hüter hatte auch Chava verstanden, welche Weisheit sein Talisman repräsentierte, und er *lebte* sie. Er erkannte sie in seiner Arbeit, er erkannte sie in seinem Sohn. Wie würde sich wohl diese Weisheit in meinem Leben darstellen? Ich wusste nicht recht, welche großartigen Dinge ich vollbringen sollte, für welche Leistungen – und welche Träume – ich erste kleine Schritte unternehmen sollte. Ich hatte früher an einen Vorstandsjob gedacht, ein riesiges Haus oder einen Ferrari, wie ihn Julian besessen hatte. Doch jetzt war ich mir nicht mehr sicher. Erst als wir den Flughafen erreichten, kritzelte ich etwas in mein Journal. *Liegestützen*, schrieb ich. Ich würde den morgigen Tag mit zwanzig Liegestützen beginnen. Vor dort würde ich dann weitermachen.

Überraschenderweise fiel es mir schwer, mich von Chava zu verabschieden. Er und Sikina erinnerten mich stark an meine Eltern. Und ich wünschte, ich hätte mehr Zeit mit seiner Familie verbringen können. Wenn ich nach Hause abgereist wäre, hätte ich es vielleicht anders empfunden. So aber brach ich wieder einmal ins Ungewisse auf – diesmal nach Barcelona.

Am Flughafen hatte ich endlich wieder Funkempfang. Ich rief Annisha an, erreichte aber nur ihre Mailbox. Ich entschloss mich, Adam und Annisha jeweils eine Nachricht zu schicken und sie über meinen Aufenthalt in Mexico City zu informieren, aber als ich meinen Posteingangsordner öffnete, fand ich eine Nachricht von Tessa vor. Es war eine eigenartige Nachricht. Wir arbeiteten nicht mehr an einem gemeinsamen Projekt.

Hallo Jonathan, begann die Nachricht.

> *Ich habe heute mit Nawang gesprochen und sie gefragt, wann du wieder zurückkommst. Sie sagte, sie wisse es nicht. Sie meinte, dass du vielleicht überhaupt nicht wiederkommst. Ich kann kaum glauben, wie sehr mich das bestürzte. Und es brachte mich zum Nachdenken. Ich weiß nicht recht, wie ich es sagen soll, also werde ich gleich mit der Tür ins Haus fallen. Im Büro munkelt man, dass du dich scheiden lassen willst. Vielleicht ist es noch zu früh für dich, aber ich hatte immer das Gefühl, dass uns etwas verbindet. Wenn du nicht mehr hierher zur Arbeit zurückkehrst, würden wir uns eine Chance verbauen, zusammenzukommen. Ich glaube, wir könnten ganz gut zusammenpassen. Ach, ich rede schon wieder zu viel. Ich wollte dich nur wissen lassen, dass ich an dich denke.*
>
> *Tessa*

Kapitel 7

Als ich fünf Jahre alt war, nahm mich mein Vater zu meinem ersten Basketballspiel mit. Es war kein Spiel der NBA, aber doch das aufregendste Match, das ich jemals gesehen habe.

Es war das Grundschul-Halbfinale, veranstaltet in der Parkview Public School, wo mein Vater in der sechsten Jahrgangsstufe unterrichtete. Ich war im vorangegangenen Sommer dort gewesen, als mein Vater das Klassenzimmer für den ersten Schultag herrichtete. Meine Schwester und ich färbten Papierschnitzel, während Vater Plakate mit Tieren und Menschen fremder Völker aufhängte. Auf allen stand etwas geschrieben, aber ich hatte keine Ahnung, worum es ging. Eins war mir aber sofort klar, nämlich dass Vater ungemein schlau sein musste, wenn er den Jungen und Mädchen, die schon das fortgeschrittene Alter von sieben Jahren erreicht hatten, Mathematik, Lesen und noch viel mehr beibrachte.

Dieses Basketballspiel war für mich der erste Hinweis darauf, dass mein Vater auch Fertigkeiten besaß und Aufgaben übernahm, die über seine pädagogischen Fähigkeiten im Klassenzimmer hinausgingen. Ich saß am Ende einer langen Holzbank in einer riesigen Sporthalle. Großgewachsene Jungs, die alt genug aussahen, um als Erwachsene durchzugehen – zumindest in meinen Augen –, nahmen die übrigen Plätze auf der Bank ein. Mein Vater sprach zu ihnen, gab ihnen Anweisungen. Und alle diese Jungen hatten ihre Augen auf meinen Vater gerichtet – sie sogen jedes seiner Worte auf, als teile er ihnen die Geheimnisse des Universums mit.

Ich erinnere mich nicht mehr an das Spiel. Ich weiß nur noch, dass sich meine Brust jedes Mal voller Stolz hob, wenn mein Vater zu seinem Team sprach und er dabei zu mir schaute und lächelte.

In der vierten Klasse jedoch lag dieses Spiel schon weit in der Vergangenheit, und mein Stolz war von Besorgnis abgelöst worden. Meine Lehrerin in diesem Jahr war Mrs. Higginbottom – eine Frau, die manchmal mit einem vergessenen Lockenwickler in den Haaren im Klassenzimmer erschien. Sie trug dermaßen unmögliche Kleider, dass dies sogar neunjährigen Jungs auffiel. Mrs. Higginbottom konnte nur dank der Hilfe von Mrs. Dorman aus dem Klassenzimmer nebenan und mit Hilfe häufiger Besuche des Schulleiters ihre Autorität gegenüber ihrer Klasse durchsetzen. Doch selbst die häufigen Drohungen mit Arresten und zusätzlichen Hausaufgaben konnten uns nicht davon abhalten, uns in der Pause im Schulhof allerlei unfreundliche Spitznamen für sie auszudenken. Mrs. Higginbottom führte mir eindringlich vor Augen, dass Lehrer nicht notwendigerweise Respektspersonen waren, dass Lehrer auch häufig zur Zielscheibe von Spott werden konnten.

Ich war ziemlich sicher, dass Vater ganz anders war

als Mrs. Higginbottom – dass die Kinder in den Prüfungen nicht voneinander abschrieben, wenn er ihnen den Rücken zukehrte, oder dass sie ihn nicht zum Narren zu halten versuchten, indem sie ihn glauben machen wollten, er habe Aufgabenblätter verloren, die sie gar nicht abgegeben hatten. Aber eine Frage stellte ich mir immer wieder: Wenn jemand wie Mrs. Higginbottom Lehrerin sein durfte, was sagte das über meinen Vater aus?

In der siebten Klasse hatte sich meine Kindergartenvorstellung von der gottähnlichen Stellung meines Vaters verflüchtigt. Jetzt dachte ich nur noch daran, dass sich mein Vater entschieden hatte, sein Leben mit *kleinen Kindern* zu verbringen. Die Väter meiner Freunde waren Ärzte und Anwälte, Gabelstaplerfahrer und Geschäftsleute. Sie fuhren am Ende des Tages mit dicken Aktentaschen voller Unterlagen nach Hause oder mit Helmen in den Rückfenstern ihrer Laster. Mein Vater kam mit einem Haufen provisorisch zusammengebundener Heftchen über »Das alte Ägypten« heim und mit Stapeln von Arbeitsblättern über Bruch- oder Dezimalrechnung.

Als ich auf die Highschool kam, hatte ich Gewissheit. Dass mein Vater Grundschullehrer war, dass er sich an diese Position klammerte, lag daran, dass er keinen Ehrgeiz besaß – ein Mangel, der so ausgeprägt war, dass er die Armseligkeit seiner beruflichen Laufbahn gar nicht erkannte. Ich fand heraus, dass man ihm mehrmals angeboten hatte, stellvertretender Schulleiter oder Schulleiter zu werden, aber er hatte jedes Mal abgelehnt. Er sagte immer, er liebe eben sein Schulzimmer – und wenn er nicht unterrichten könnte, würde er etwas vollkommen anderes tun. Aber ich kannte die Wahrheit: Vater war in gewisser Weise ein Faulpelz.

Als ich dann selbst im Beruf stand, musste ich mir eingestehen, dass Vater ein ganz anderer Mensch als Mrs. Higginbottom war. Ich begriff, dass er wirklich liebte, was er tat, und dass er gut darin war. Doch die Frage nach dem Ehrgeiz nagte weiter an mir.

Daran dachte ich, als mir Lluis Costa seine Geschichte erzählte.

Lluis hatte mich am Flughafen Barcelona abgeholt. Wie Ahmed hielt er ein weißes Schild mit meinem Namen hoch. Er war vermutlich Anfang dreißig, wirkte aber etwas jungenhaft. Seine dunklen braungelockten Haare lagen eng an seinem Kopf an. Er trug einen flotten marineblauen Blazer und eine dunkelgraue Hose. Seine hellrote Krawatte stach von seinem weißen Hemd ab.

»*Hola, hola.* Willkommen, Jonathan«, sagte er. »Lluis Costa. Es ist mir ein großes Vergnügen, ein Mitglied von Julians Familie kennenzulernen.«

Bevor ich etwas erwidern konnte, legte mir Lluis seine Hände auf die Oberarme, beugte sich nach vorn und küsste mich auf beide Wangen.

»Nun«, sagte er und legte mir einen Arm um die Schultern, »wie wär's, wenn wir uns bei einem schönen Essen und einer guten Flasche Wein besser kennenlernen?«

Lluis' Vertraulichkeit bereitete mir etwas Unbehagen. Ich hatte die Zeit mit Ahmed, Ayame, Chava und Sikina als sehr angenehm empfunden, aber ich war nicht darauf aus, neue Freunde zu gewinnen. Ich wollte nur die Talismane abholen und dann nach Hause zurückkehren.

Lluis führte mich aus dem Terminal zu einem Taxistand vor den Eingangstüren. Anstatt das erste wartende Taxi anzusteuern, ging er schnurstracks auf das letzte Auto zu. Lluis öffnete die hintere Tür und deutete mit der Hand auf den leeren Sitz, als wollte er sagen: »Nach Ihnen.« Ich bewegte mich nicht. Es war klar, dass das Taxi leer war. Völlig leer.

»Lluis«, sagte ich. »Da gibt es keinen Fahrer. Der Taxifahrer ist nicht im Wagen.«

»Nein, natürlich nicht«, erwiderte Lluis. »Er hat Sie gerade im Flughafen abgeholt. Ich bin der Fahrer, Jonathan. Das ist mein Taxi.«

Es kam mir komisch vor, hinten zu sitzen, während mein Begleiter, ob er nun der Taxifahrer war oder nicht, auf dem Vordersitz saß, aber Lluis schob mich sanft in den Wagen. Nachdem ich mich gesetzt hatte, verstaute er mein Gepäck im Kofferraum. Ich sah, wie er einem anderen Taxifahrer winkte und ihm etwas zurief, während er um den Wagen herum zum Fahrersitz ging. Lluis strahlte eine Fröhlichkeit aus, die man bei Taxichauffeuren nicht häufig findet, zumindest nicht in meiner Heimatstadt. Nachdem er hinter dem Steuer Platz genommen hatte, drehte er sich zu mir um.

»Also, Jonathan. Waren Sie schon einmal in Barcelona?«

Als ich den Kopf schüttelte, nickte Lluis. »Dann haben Sie Glück. Sie haben sich den richtigen Fahrer ausgesucht. Aber vorab – Sie müssen müde sein. Ich habe für Sie ein Zimmer in einem ausgezeichneten

Hotel im Viertel Eixample gebucht. Dort bringe ich Sie hin, damit Sie sich frisch machen und ein wenig ausruhen können. Gegen neun Uhr werde ich Sie wieder abholen, und dann können wir am Meer zu Abend essen. Einverstanden?«

Ich musste zugeben, dass Lluis ein guter Fahrer war. Er bewegte sich geschmeidig im Straßenverkehr. Im Taxi war es kühl, aber nicht kalt. Leise erklang klassische Musik. Ich bemerkte einen kleinen Behälter neben dem Fahrersitz. Darin befanden sich eine Schachtel mit Papiertüchern, eine Flasche Desinfektionsmittel für die Hände und eine Packung Erfrischungstücher. Eine Hängemappe über der Lehne des Beifahrersitzes enthielt zwei Stapel bunter Handzettel. Ich zog aus jedem Stapel einen Zettel heraus – es waren eine Touristenkarte von Barcelona und ein Galerieführer. Ich fragte mich, ob alle Taxis in Barcelona wohl so gut ausgestattet waren.

Als wir ins Stadtzentrum kamen, begann Lluis, den Wagen durch schmale Straßen zu steuern.

»Das ist nicht der direkteste Weg, aber der eindrucksvollste. Vielleicht gefallen Ihnen die Gebäude aus dem 19. Jahrhundert, die es in diesem Teil der Stadt gibt. Sie sind wirklich sehenswert.«

Lluis hatte recht. Viele der Gebäude erinnerten mich mit ihren verzierten Steinfassaden, den schmiedeeisernen Balkonen und den langen unterteilten Fenstern an die Bauten im Stil der Art nouveau in Paris und New York.

»Das ist wunderschön!«, rief ich, als wir an einer prächtigen Kirche mit spindelartigen Türmen und kunstvoll verzierten Dächern vorbeifuhren.

»Ja, die Sagrada Familia von Antoni Gaudí. Der berühmteste Architekt von Barcelona. Wenn Sie Interesse haben, können wir morgen noch einmal herkommen. Niemand sollte Barcelona verlassen, ohne sich Gaudís Werk aus der Nähe angeschaut zu haben.«

Wir ließen die Kirche hinter uns, bogen um eine Kurve und hielten dann an einer roten Ampel. Als es grün wurde, trat Lluis sachte aufs Gas. Wir hatten noch nicht die Mitte der Straßenkreuzung erreicht, als anschwellender Motorlärm mich veranlasste, nach hinten zu schauen. Ein Taxi, das aus einer Seitenstraße kam, raste bei Rot über die Kreuzung und kam mit unveränderter Geschwindigkeit direkt auf uns zu. Ich war überzeugt, dass es in die Tür rechts von mir krachen würde. Mein Herz schlug heftig, als ich auf die andere Seite rutschte und meinen Kopf mit den Armen schützte. Dann hörte ich quietschende Reifen und das Geräusch von Metall, das auf Metall traf. Doch wundersamerweise fuhr unser Auto ruhig weiter, wenngleich etwas langsamer. Ich hob den Kopf und blickte auf. Lluis lenkte das Taxi zur Straßenseite auf der anderen Seite der Kreuzung. Er hatte es geschafft, dem anderen Wagen knapp auszuweichen. Nachdem er angehalten hatte, schaltete Lluis die Warnblinker an, dann drehte er sich zu mir um.

»Sind Sie in Ordnung, Jonathan?«, fragte er.

Ich nickte. Wir schauten aus dem Rückfenster. Das andere Taxi war gegen den Kühler eines Autos auf der gegenüberliegenden Seite der Kreuzung gekracht. In der Mitte der Kreuzung sah man Reifenspuren, wo das Taxi anscheinend ins Schleudern gekommen war, nachdem der Fahrer auf die Bremsen getreten war.

Bevor ich mich wieder gefasst hatte, war Lluis schon aus dem Wagen gesprungen und zum Unglücksort geeilt. Als ich ebenfalls dort ankam, hatte er bereits einer verstört wirkenden Frau und einem jungen verängstigten Mädchen geholfen, vom Rücksitz des anderen Taxis auszusteigen. Die Frau blutete am Kopf, und Lluis beugte sich nach unten und sprach mit dem Mädchen. Dem Fahrer des anderen Wagens, mit dem das Taxi zusammengeprallt war, war es gelungen, die Tür zu öffnen, und nun stand er unsicher auf der Straße. Er wirkte geschockt, schien aber unverletzt zu sein.

Ich beugte mich durch das Vorderfenster des verunglückten Taxis. Der Fahrer war nach vorne zusammengesackt, sein Gesicht lag auf dem Lenkrad. Von seiner Stirn tropfte Blut.

Wenige Minuten später erschienen die Polizei und der Ambulanzwagen. Unterdessen war der Taxifahrer wieder zu Bewusstsein gekommen und versuchte, Lluis zu berichten, was geschehen war. Er war anscheinend noch ziemlich jung und sehr aufgeregt. Schließlich kamen die Sanitäter und untersuchten den verletzten Taxifahrer. Lluis und ich gingen zum Polizeiauto, um unsere Angaben zu machen. Lluis übersetzte für mich, dann warteten wir, bis die Passagierin des Taxis erzählt hatte, was sie gesehen hatte. Die Sanitäter wollten eine zweite Ambulanz anfordern, um die Mutter ins Krankenhaus bringen zu lassen, doch sie lehnte ab und sagte, ihr und ihrer Tochter gehe es gut. Nachdem die Sanitäter und die Polizeibeamten weggefahren waren, ging Lluis noch einmal zu der Frau und sprach leise mit ihr. Schließlich nickte sie, und Lluis kehrte zu mir zurück.

»Ich habe sie überredet, sich von mir ins Krankenhaus fahren zu lassen, nur sicherheitshalber. Ich hoffe, Sie haben gegen diese kleine Verzögerung nichts einzuwenden, Jonathan«, sagte Lluis.

»Natürlich nicht«, erwiderte ich.

Lluis kehrte zu seinem Taxi zurück, nachdem er die Frau und ihre Tochter in der Notaufnahme abgeliefert hatte.

»Es tut mir leid, dass Ihr Besuch in Barcelona so anfängt, Jonathan«, sagte er.

»Machen Sie sich wegen mir keine Sorgen«, erwiderte ich. Ich musste zugeben, dass mich der Unfall mitgenommen hatte, aber wenn nicht Lluis mein Fahrer gewesen wäre, hätte es viel schlimmer ausgehen können. Ich fühlte mich erleichtert, überhaupt nicht ungerecht behandelt.

Zwanzig Minuten später kamen wir an einem weißen Steingebäude mit gewölbten Fenstern und gusseisernen Blumentöpfen an. Ein livrierter Pförtner stand vor der großen Messing-Drehtür. Lluis stellte den Wagen auf einem für Taxis vorgesehenen Platz ab und winkte dem Pförtner zu, bevor er ausstieg. Ich sah, wie er auf die andere Wagenseite eilte, um mir die Tür aufzumachen, sprang aber schon vorher aus dem Auto. Lluis holte mein Gepäck aus dem Kofferraum. Als wir zum Eingang des Hotels gingen, begrüßte ihn der Pförtner mit Namen, und die beiden wechselten ein paar Worte, während der Hotelangestellte die schwere Glastür neben der Drehtür öffnete. Wir traten in die Eingangshalle. Lluis winkte einen Pagen herbei, der sogleich zu uns herüberkam, und ging zur

Rezeption. Hinter dem Schalter stand ein großgewachsener, schlanker Mann, der gerade etwas las. Als er aufblickte und sah, dass Lluis auf ihn zuging, riss er die Hände hoch und rief: *»Bon día, Lluis!«*

Er kam hinter dem Tisch hervor und umarmte Lluis, dann wandte er sich mir zu.

»Das ist der Ehrengast, von dem ich dir erzählt habe. Jonathan Landry, ein Verwandter von Julian«, sagte Lluis.

Der Portier war überaus freundlich. »Ich habe ein wunderschönes Zimmer für Sie reserviert«, sagte er. »Und wenn wir sonst noch etwas für Sie tun können, lassen Sie es mich wissen.«

Er reichte mir den Zimmerschlüssel und winkte dem Pagen. Ich verabschiedete mich von Lluis und folgte dem Pagen zum Aufzug. Mein Zimmer lag im achten Stock. Ich holte tief Luft, als die Türen aufgingen, und trat schnell in den Lift hinein, bevor ich es mir vielleicht doch noch anders überlegte.

Als wir oben ankamen, öffnete der Page die Tür, stellte mein Gepäck ab und ging. Es war ein elegantes Zimmer: geräumig und luftig, mit großen Fenstern, durch die man über die Straße zu einem entfernten Park blicken konnte. Eine riesige Vase mit weißen Tulpen stand auf einem Tisch am Fenster und eine Schale mit Obst und Schokolade auf der Kommode. Ich zog die Schuhe aus, ließ mich auf das übergroße Bett fallen und holte mein Smartphone aus der Tasche.

Auf Tessas Nachricht hin hatte ich umgehend eine Antwort geschickt. Aber nicht an Tessa, sondern an Nawang. Was erzählte sie denn herum?

Natürlich werde ich zurückkommen, hatte ich geschrieben. *Ich habe nicht immer guten Funkempfang, aber ich überprüfe mein Postfach, sooft ich kann. Bitte halte mich auf dem Laufenden über irgendwelche Probleme in der Entwicklung. Ich tue mein Bestes, um so schnell wie möglich zu antworten.*

Auf dem Flug von Mexiko nach Spanien hatte ich mehrmals Tessas Nachricht durchgelesen. Sie hatte mich aus meinem Heimweh gerissen. Zunächst machte ich mir Sorgen um meinen Job. Nutzte Nawang meine Abwesenheit, um sich in meine Position zu schieben? Ich hatte bisher immer das Gefühl gehabt, dass ich ihr vertrauen konnte, aber war ich vielleicht zu naiv gewesen? Oder war das Davids Rache dafür, dass ich ihm Unannehmlichkeiten bereitet hatte? Signalisierte er unseren Kunden, dass Nawang jetzt die Leitung innehatte?

Während ich über all diese paranoiden Gedanken nachgrübelte, hörte ich noch das leise Echo von Julians Worten: *Wenn wir anderen misstrauen, misstrauen wir auch uns selbst.*

Vielleicht musste ich tatsächlich auf der Hut sein, aber diese verrückten Ängste nutzten mir ganz bestimmt nicht. Und es gefiel mir auch nicht, welche Empfindungen sie in mir auslösten.

Noch mehr Unbehagen als die Sorgen um meine Karriere bereitete mir Tessas persönliche Botschaft. Natürlich hatte sich zwischen Tessa und mir in den vergangenen Monaten etwas entwickelt. Das gehörte zu jenen Dingen, die mich ein wenig aufmunterten, wenn es besonders hart kam. Nach einem Streit mit Annisha oder einer einsamen Nacht in meiner Wohnung ging ich ins Büro und sah Tessas lächelndes Gesicht. Doch das war immer etwas Abstraktes gewesen. Nun aber hatte Tessa es konkret werden lassen, real.

Als ich gegen neun Uhr wieder hinab in die Hotellobby ging, entdeckte ich auf Anhieb Lluis' elegante Erscheinung. Er stand neben einer der Türen, mit den Händen hinter dem Rücken, und wippte auf den Fersen leicht vor und zurück. Offensichtlich wartete er auf mich, doch das leise Lächeln auf seinen Lippen vermittelte den Eindruck, dass es ihm nichts ausmachte.

Sein Taxi war vor dem Hotel an der Straße geparkt. Diesmal ließ er mich auf dem Beifahrersitz Platz nehmen. Während der Fahrt plauderte Lluis angeregt.

»Schade, dass Sie so wenig Zeit haben für diese faszinierende Stadt«, sagte er. »Hier gibt es so viel zu sehen. Ich sage immer, das ist eine Stadt von künstlerischer Brillanz.«

Wir fuhren eindeutig in einen wesentlich älteren Teil Barcelonas. Die Straßen wurden immer enger und dunkler.

»Tatsächlich?«, entgegnete ich.

»Oh, ich weiß, wenn Menschen an außergewöhnliche Künstler denken, dann kommen ihnen Florenz, Rom oder Paris in den Sinn. Sie denken an die Uffizien oder die Sixtinische Kapelle oder den Louvre. Aber Barcelona – Barcelona ist die Heimat so vieler großer Künstler des vergangenen Jahrhunderts. Joan Miró, Salvador Dalí, Pablo Picasso. Und nicht zu vergessen der hervorragende Architekt Antoni Gaudí. Lauter Genies.«

Ich spürte, dass Lluis voll bei der Sache war. Wir befanden uns jetzt, wie ich vermutete, in der Altstadt;

die Patina der Jahrhunderte haftete an allen Gebäuden und an der gepflasterten Allee. Einige Straßen waren so schmal, dass ich mir nicht vorstellen konnte, wie ein Auto sie passieren sollte. Lluis, der die ganze Zeit redete und mit der linken Hand wild gestikulierte, bugsierte uns mühelos durch sie hindurch. Unser Beinahe-Unfall hatte ihn nicht aus der Fassung gebracht.

»Ja, es gibt viele Orte auf der Welt, wo man die großartigen Werke von Picasso bewundern kann. Insgesamt sind es ungefähr 50 000 Kunstwerke. Aber wo sonst kann man die Anfänge dieser einzigartigen Begabung betrachten? Unser Picasso-Museum zeigt seine frühesten Werke – die Zeichnungen und Gemälde aus seiner Kindheit in Spanien. Hier kann man die Figurenstudien sehen, die er unter Anleitung seines Vaters erstellte. Man kann sehen, was für ein brillantes Auge er schon damals hatte. Es ist wirklich ein Vergnügen, diese frühen Keimlinge seiner späteren Meisterwerke zu betrachten.«

Wir fuhren an Kirchen und einer Kathedrale vorüber, an niedrigen Gebäuden mit kunstvollen gusseisernen Balkonen und gewölbten Eingängen. Wir sahen Ladengeschäfte mit geriffelten Stahltüren, die mit Graffitis verziert waren. Schließlich aber ließen wir die engen Gassen hinter uns und fuhren wieder auf breiten Straßen. Dann tauchte das Meer vor uns auf. Ich sah Yachten, die im Hafen vertäut waren und deren Lichter auf dem dunklen Wasser blinkten. Palmen säumten die Straßen, und die erfrischende Salzigkeit des Meeres hing in der Luft.

»Das ist Barceloneta«, erklärte Lluis, als wir am Hafengelände vorbeifuhren. Wir bogen in eine Nebenstraße ein, die vom Wasser wegführte. Lluis manövrierte den Wagen durch mehrere kleine Sträßchen und hielt schließlich in einer Allee an. »Von hier ab müssen wir zu Fuß gehen«, sagte er.

In dem kleinen, lauschigen Restaurant saßen anscheinend nur Einheimische. »Für Touristen ist es zu weit weg vom Wasser«, bemerkte Lluis.

Ich schaute mir die Speisekarte an. Sie war zweisprachig, auf Katalanisch, wie mir Lluis erklärte, und auf Spanisch. Ein paar Bezeichnungen waren mir bekannt, aber ich verstand zu wenig, um zu finden, was ich wollte. Ich blickte von der Speisekarte auf und sah, dass Lluis mich anlächelte. »Mögen Sie Fisch und Meeresfrüchte?«, fragte er.

Ich nickte.

»Gut«, sagte er. »Es wäre wirklich eine Schande, in einem katalanischen Restaurant zu essen und die Meeresfrüchte nicht zu probieren. Kann ich für uns bestellen?«

Unser Mahl begann mit einer milden Fischcremesuppe, dann kam eine Platte mit gegrilltem Gemüse, gefolgt von Garnelen, die mit Knoblauch garniert waren, knusprigem Tintenfisch und gedämpftem Zackenbarsch. Lluis bestellte Wein und füllte mein Glas sogleich wieder nach, wenn ich es leerte.

Bevor das Essen kam, griff er in seine Tasche.

»Ich möchte es Ihnen jetzt gleich geben. Ich habe Angst, ich könnte es verlieren.« Lluis reichte mir eine braune Lederschachtel. Sie war ungefähr zehn Zentimeter lang und fünf Zentimeter breit und hatte einen Klappdeckel. Ich hob die Messingspange an und schlug die Schachtel auf. Auf einem zusammengefalteten Blatt Papier lag ein dünner, feiner Farbpinsel. Sein Griff bestand aus glattem dunklem Holz, an dessen Ende ein Büschel feiner Borsten saß. Ich nahm den Pinsel heraus und drehte ihn langsam zwischen Daumen und Zeigefinger hin und her. Dann legte ich ihn vorsichtig auf den Tisch und nahm das Blatt heraus.

Es war in schwarzer Tinte beschriftet. Der Text lautete:

Um das bestmögliche Leben zu führen,
muss man die bestmögliche Arbeit leisten

Es gibt keine unbedeutende Tätigkeit auf der Welt. Jede Arbeit bietet uns die Chance, unsere persönlichen Begabungen zum Ausdruck zu bringen, unser Kunstwerk zu schaffen und das Genie zu verwirklichen, das wir sind. Wir müssen so arbeiten, wie Picasso gemalt hat: mit Hingabe, Leidenschaft, Energie und Vortrefflichkeit. Auf diese Weise wird unsere Produktivität nicht nur eine Quelle der Inspiration für andere werden, sondern auch eine Wirkung entfalten – sie wird das Leben der Menschen in unserem Umfeld verändern. Eines der größten Geheimnisse eines auf wunderbare Weise gelebten Lebens besteht darin, eine Arbeit zu verrichten, die etwas bedeutet. Und wer einmal dieses Stadium der Meisterhaftigkeit erreicht hat, auf den werden sich die Augen der Menschen richten.

Ich legte den Pinsel in die Schachtel zurück und schob sie in meine Tasche. Wenn ich wieder in meinem Hotelzimmer war, wollte ich den Pinsel und den Brief in meinem Beutel verstauen.

»Eine interessante Einstellung, nicht wahr?«, meinte Lluis.

»Ja«, erwiderte ich. »Picasso. Arbeit auf dem Niveau eines Genies. Ich glaube, das ist der Grund, warum Sie als Hüter dieses speziellen Talismans ausgewählt wurden. Sie interessieren sich für alle diese kreativen Meister, stimmt's?«

Lluis lachte.

»Vielleicht«, entgegnete er. »Aber es steckt noch mehr dahinter.«

Lluis erzählte mir, dass er Julian vor mehreren Jahren zufällig kennengelernt habe, als dieser einer seiner Fahrgäste gewesen sei. Durch Taxifahren habe er damals seine Berufsausbildung finanziert. Julian war auf der Durchreise und hatte daher nicht viel Zeit für Barcelona. Er hatte Lluis gefragt, was er unternehmen könne und besichtigen solle, wenn er nur einen einzigen Tag in der Stadt verbringen würde. Lluis hatte viel zu sagen, hatte so viele Ideen und Informationen, die er seinem Fahrgast mitteilen wollte, und sie unterhielten sich während der gesamten Fahrt vom Flughafen zum Hotel. Schließlich fragte Julian Lluis, ob er zusammen mit ihm zu Abend essen wolle.

»Ich habe Julian in dasselbe Restaurant geführt«, sagte Lluis. »Und wir sind seither in Verbindung geblieben. Ich glaube, all das, was mir seit unserer ersten Begegnung widerfahren ist, hat Julian dazu veranlasst, an mich zu denken, als er einen Talismanhüter suchte.«

Während wir uns durch die Gänge des Menüs arbeiteten, erzählte mir Lluis seine Geschichte.

Er hatte seine Kindheit in einem kleinen Dorf südlich von Barcelona verbracht, an der Mittelmeerküste. Im Alter von vierzehn Jahren war er mit seiner Familie in die Stadt gezogen.

»Das war ein großes Abenteuer für mich. Aus einem kleinen, verschlafenen Nest hierher.« Lluis gestikulierte mit der Hand. »Ich weiß, es ist nicht üblich für kleine Jungen, aber ich schwärmte für Kunstgalerien. Am meisten jedoch liebte ich die Straßen. Dass man La Rambla hinuntergehen und sich dabei ein Mosaik von Miró anschauen kann, genau hier, direkt vor Ihnen. Oder dass man auf eine Plastik von Picasso stößt oder eine mittelalterliche Kirche oder auf die Überreste einer römischen Mauer, wenn man durch Barri Gòtic streift. In meiner freien Zeit war ich ständig mit dem Fahrrad in der Stadt unterwegs, um auszukundschaften, was ich mir anschauen konnte.«

Nachdem Lluis die weiterführende Schule abgeschlossen hatte, wurde in der Familie ausführlich über seinen künftigen Lebensweg diskutiert. Sein Vater, ein Geschäftsmann, wollte, dass er Rechtsanwalt wurde. Seiner Mutter, aus deren Familie, ähnlich wie bei jener von Chava, niemand eine Hochschule besucht hatte, war es egal, solange er überhaupt zur Schule ging.

Schließlich schlug eine Tante vor, dass er sein Wissen und seine Liebe zur Stadt durch eine Ausbildung im Tourismus- und Hotelgewerbe nutzbar machen sollte.

»Mein Vater war enttäuscht. ›Du hast keinen Ehrgeiz‹, sagte er. Er wollte wirklich, dass ich Anwalt wurde oder zumindest irgendein hochqualifizierter Fachmann. Zum Beispiel Neurochirurg. Oder Kieferorthopäde.«

»Oder vielleicht Elektroingenieur?«, warf ich ein.

»Das wäre auch denkbar gewesen. Aber Hotelmanager? Meinem Vater erschien dies nicht gerade standesgemäß. Ein Hotel besitzen, ja. Aber in einem Hotel arbeiten, nein.«

Lluis hatte versucht, nicht auf seinen Vater zu hören. Er meldete sich an, besuchte die Kurse und fuhr Taxi, um seine Ausbildung zu finanzieren. Als er fertig war, bekam er eine Anstellung in dem Hotel, in dem ich abgestiegen war. Er arbeitete zunächst als Verwaltungsassistent, dann als Portierassistent, schließlich als Chefportier.

»Kurz nachdem ich in die höhere Führungsebene aufgestiegen war, war ich schon der jüngste Hotelmanager in der Stadt.«

Aber dann sah Lluis, als er am Ende eines langen Arbeitstages aus seinem Hotel kam, wie einer seiner alten Freunde aus seiner Zeit als Taxifahrer einem Hotelgast die Tür seines Taxis aufmachte. Er lächelte Lluis zu und winkte ihm, dann stieg er in den Wagen und fuhr weg. Lluis schaute ihm wehmütig nach, bis die Rücklichter auf der Straße verschwanden. An diesem Morgen war er schon vor Tagesanbruch zur Arbeit gekommen. Und er verließ seinen Arbeitsplatz, als die Sonne am Horizont unterging. Den ganzen Tag über war er kaum aus seinem Büro herausgekommen; er hatte nicht einen Schritt ins Freie gemacht. Es kam ihm vor, als habe er seine Arbeitszeit in einer Art Scheintod verbracht. Während all dieser Zeit hatte sich die Welt weitergedreht. Wolken zogen über den Himmel, Vögel zwitscherten, Menschen fuhren in der Stadt umher. Alles lebte, während er leblos gewesen war.

»So hatte ich mich nie gefühlt, als ich noch Taxi gefahren war. Ich war immer energiegeladen, lebendig, ein Teil der Welt. In diesem Augenblick, als ich in meinem teuren Anzug und meinen blitzblank polierten Schuhen auf dem Gehsteig stand, traf ich eine Entscheidung. Ich beschloss, meinen Posten im Hotel aufzugeben. Ich wollte zurückkehren in den einzigen Job, den ich jemals wirklich geliebt hatte. Ich wollte wieder Taxi fahren.«

Lluis schwieg einen Moment und nahm einen Schluck Wein.

»Sind Sie glücklich? War es die richtige Entscheidung?«, fragte ich.

»Eindeutig.«

»Ist Ihr Vater noch immer enttäuscht?«, wollte ich wissen.

»O ja«, antwortete Lluis. »Wir sprechen nicht mehr darüber, aber er behandelt mich, als würde ich im Gefängnis sitzen. Und wissen Sie, was das Komische ist, Jonathan? Was mich wirklich betrübt? Er ist ein Mensch, der hasst, was er tut. Sein Vater, mein Großvater, hat ihn gezwungen, das Geschäft zu übernehmen, als er in den Ruhestand ging. Und jeden Tag, den mein Vater mit der Führung dieses Unternehmens verbrachte, war eine Qual für ihn. Er schwor sich, er würde niemals seine Kinder zwingen, in die Firma einzutreten. Er zählt die Tage, bis er sich zurückziehen und das Geschäft verkaufen kann.«

Lluis starrte auf den Tisch und schüttelte den Kopf.

In diesem Augenblick erschien der Kellner und brachte uns die Desserts. Als er gegangen war, schaute ich Lluis an.

»Warum hört Ihr Vater nicht einfach auf?«, fragte ich.

»Nun«, antwortete er, »wie Sie sich denken können, ist er nicht besonders erfolgreich mit seinem Geschäft, vielleicht weil er es so sehr hasst. Wie einer meiner Kunden einmal sagte: Wie kann man mit einem schlechten Geschäft ein kleines Vermögen verdienen?«

Ich schüttelte den Kopf.

»Indem man mit einem *großen* Vermögen anfängt«, sagte Lluis. Wir lachten beide. Dann wurde Lluis wieder ernst.

»Die Firma ist nicht mehr viel wert, aber mein Vater plagt sich jeden Tag ab und hofft, dass er sie wieder aufbauen und sich dann als wohlhabender Mann in den Ruhestand zurückziehen kann. Aber zum jetzigen Zeitpunkt habe ich mehr Chancen, reich zu werden, als er.«

Wir schwiegen eine Weile. Lluis fischte eine Erdbeere aus seinem Obstsalat, ließ sie dann aber wieder in die Schale fallen.

»Also hat Ihnen Julian diesen Talisman gegeben, weil Sie sich entschlossen haben, etwas zu tun, das Sie lieben?«, fragte ich. Es erschien mir nicht völlig logisch: Bedeutete etwas zu tun, das man liebte, notwendigerweise, dass man seine Arbeit »auf bestmögliche Weise« ausführte?

»Nein, ich glaube nicht, dass ich deswegen gerade diesen Talisman erhalten habe«, antwortete Lluis. »Ich glaube, Julian hat ihn mir gegeben wegen eines Versprechens, das ich mir an jenem Abend auf dem Gehsteig selbst gegeben habe. Ich wusste, dass meine Freunde und meine Familie meine Entscheidung kritisieren würden. Und ich entschloss mich, dass ich mich niemals dazu bewegen lassen würde, mich wegen meiner Arbeit zu rechtfertigen. Ich wollte immer stolz sein auf mich. Und das war nur möglich, wenn ich meine Arbeit auf die bestmögliche Weise verrichtete.«

Lluis blickte mich an und lächelte.

»Dieser junge Taxifahrer, der uns gestern beinahe gerammt hätte – er weiß nicht, wie man Auto fährt. Er meint, um die Fahrgäste so schnell wie möglich an ihre Fahrziele zu bringen, muss man rasen und Risiken eingehen. Er begreift nicht, dass man am schnellsten von Punkt A nach Punkt B kommt, wenn man die Stadt kennt – wenn man die beste Route wählt und Problemgebiete meidet. Das tue ich. Es gibt keine Straße und keine Gasse, die ich nicht kenne. Doch der beste Taxifahrer zu sein bedeutet mehr, als nur effizient zu fahren. Wenn ich Besucher durch Barcelona chauffiere, kann ich ihnen jede Frage beantworten, die sie mir stellen – in welchem Restaurant man den besten *fideuà* bekommt, wann das Museum für Zeitgenössische Kunst geöffnet hat, wo man am besten Antiquitäten kauft. Und wenn ein Fahrgast um Mitternacht aus dem Flugzeug steigt und sich einen Hotdog nach amerikanischer Art wünscht, weiß ich, wohin ich ihn bringen kann.

Julian hat mir den Talisman gegeben, weil ich aus tiefstem Herzen glaube, dass ein Job nur dann ein Job ist, wenn man ihn auch als einen Job betrachtet. Manche mögen sagen, ich sei ›nur ein Taxifahrer‹. Aber ich verhelfe den Besuchern zu Erinnerungen, die ihr Leben bereichern. Ich habe die Chance, anderen Menschen etwas Schönes zu zeigen in einer Welt, in der sich so viele nach mehr menschlichen Beziehungen sehnen. Ich erzeuge ein Lächeln auf den Gesichtern meiner Kunden – und lasse sie froher oder zufriedener zurück, als ich sie vorgefunden habe. Nach meinem Verständnis ist Arbeit ein Vehikel, um mehr von unseren Fähigkeiten zu entdecken, unser Potenzial besser zur Geltung zu bringen und anderen Menschen von Nutzen zu sein.«

Mittlerweile war unser Kaffee gekommen, und wir schwiegen, als wir unseren ersten Schluck nahmen. Ich weiß nicht, woran Lluis dachte, aber meine Gedanken waren bei meinem Vater, in jenem Klassenzimmer vor so vielen Jahren.

Bevor wir uns an diesem Abend verabschiedeten, bot mir Lluis an, mich noch etwas mehr an seinen Begabungen teilhaben zu lassen. Er wollte mich am Morgen abholen und mir seine Stadt zeigen. Wir verabredeten uns für acht Uhr.

Als am nächsten Morgen um sechs Uhr der Wecker läutete, wälzte ich mich zunächst auf die andere Seite und wollte weiterschlafen. Dann fiel mir jedoch das Wort ein, das ich in mein Journal geschrieben hatte: *Liegestützen.* Ich krabbelte aus dem Bett und stolperte zu meinem Gepäck. Ich hatte auch Trainingssachen mitgenommen – das tat ich bei jeder geschäftlichen Reise, die ich unternahm –, Shorts, ein T-Shirt, Sportschuhe und Socken, die jedoch stets ungenutzt blieben, bis ich sie zu Hause wieder auspackte. Aber anstatt im Bett liegen zu bleiben und mir Gründe zurechtzulegen, warum ich nicht den Fitnessraum des Hotels aufsuchen sollte, stand ich an diesem Morgen auf und zog mir die Sportkleider an, bevor mein Körper dagegen protestieren konnte. Ich bestand aus mehr als meinen Begrenzungen, ich lernte. Dabei kam es mir vor, als seien all die Entschuldigungen, die ich gewöhnlich gefunden hatte, nichts anderes als Lügen, die meine Ängste mir aufdrängten. Ich ging ins Bad, putzte mir die Zähne und spritzte mir kaltes Wasser ins Gesicht, dann griff ich nach meinem Zimmerschlüssel und trat hinaus auf den Gang. Kaum zwanzig Minuten später – ich joggte auf einem Laufband, während ich auf einem Fernsehschirm Nachrichten verfolgte, die ich nicht verstand – wurde mein Gehirn wach, und mir wurde schlagartig bewusst, was ich hier eigentlich tat. Als Erstes gratulierte mir mein funktionierendes Gehirn.

Nach dem Laufen machte ich die Liegestützen, die ich mir in meinem Journaleintrag vorgenommen hatte, und ein paar Sit-ups auf der Schrägbank. Dann kehrte ich in mein Zimmer zurück, um mich frisch zu machen.

Nach einer ausgiebigen Dusche zog ich mich an und ging nach unten in die Eingangshalle. Der Chefportier war noch nicht im Dienst, doch sein Stellvertreter empfahl mir ein Café um die Ecke, wo man angeblich den besten Kaffee in der Gegend bekam.

Während des Frühstücks ging ich meine Nachrichten durch. Nawang hatte mir eine versöhnliche Mitteilung geschickt; sie versicherte mir, dass sie mich weiter auf dem Laufenden halten würde und dass sie sich auf meine Rückkehr freue. Außerdem waren mehrere weitergeleitete und in Kopie versandte Mails eingetroffen, und ich fragte mich, ob Nawang vielleicht verspätet aufgefallen war, dass sie mich von der Kommunikationskette abgeschnitten hatte. Ich beantwortete die meisten Nachrichten, wenn auch nur, um die anderen wissen zu lassen, dass ich noch im Spiel war. Und dann kehrte ich zu Tessas Mail zurück.

Ich las sie wieder und wieder, aber das half mir nicht weiter. Ich wusste einfach nicht, was ich ihr antworten sollte. Stattdessen zog ich das Journal heraus, das Julian mir gegeben hatte. Vielleicht würde es mir helfen, die Dinge zu klären, wenn ich meine Gedanken festhielt. Es stimmte, ich dachte an Tessa – ich dachte oft an sie. Aber es stimmte auch, dass der Gedanke, sie zu ermutigen – die Vorstellung, eine neue Beziehung anzufangen –, mich erschreckte und mir Schuldgefühle verursachte. Schließlich war ich noch immer verheiratet. Doch wie lange würde das gehen? In den Monaten nachdem Annisha mich gebeten hatte, sie allein zu lassen, hatte ich die Trennung lediglich als eine vorübergehende Regelung betrachtet. Ich wusste, Annisha wollte mich dadurch zwingen, mir neue Schwerpunkte zu setzen. Allerdings nahm ich an, dass die Trennung *sie* zu der Erkenntnis bringen würde, dass das, was uns verband, mehr wert war als die Vorzüge des Alleinlebens. Jetzt war ich nicht mehr so sicher, dass Annisha das auch so sah. Ihre Enttäuschung und ihre Wut waren abgeklungen, aber anscheinend durch Traurigkeit und Resignation ersetzt worden – nicht durch Reue. Bedeutete das, dass sie sich anderweitig ausrichtete? Dass es vorbei war?

Und wenn es tatsächlich so war, warum sollte ich mich dann nicht mit Tessa treffen? Vielleicht war es ja auch nur die übliche Romanze am Arbeitsplatz. Niemand ermutigte einen offen dazu. Oder vielleicht war es nur die Angst vor etwas Neuem, vor Veränderung, vor dem Unbekannten? Wie hatte Julian in dem Brief zu dem grinsenden Schädel geschrieben: Stelle dich deinen Ängsten? Vielleicht sollte ich das auch hier tun. Schließlich hatte es zuvor bereits funktioniert. Ich klappte das Journal zu und schob meinen Stift zurück in die Jackentasche, als plötzlich Erinnerungen in mir aufstiegen.

Annisha hatte ich zum ersten Mal in meinem Wahlkurs über antike Geschichte bemerkt. Ich hatte mich für diesen Kurs entschieden, weil er der einzige halb gewichtete Kurs war, der in den Stundenplan meines Ingenieurstudiums passte. Er war nicht uninteressant, aber der Hauptgrund, warum ich regelmäßig zu den Vorlesungen kam, war das Mädchen, das vorne rechts saß. Ich versuchte einen Platz zu finden, der möglichst nahe an ihrem lag, aber doch so weit entfernt, dass ich ihr Profil betrachten konnte, wenn sie den Kopf drehte. Sie hatte mandelförmige Augen und lange, glänzende, schwarze Haare. Selbst wenn sie nicht lächelte, hatte sie einen fröhlichen Ausdruck auf dem Gesicht. Sie sagte nicht viel im Kurs, aber wenn sie etwas vorbrachte, lohnte es sich, ihr zuzuhören. Ich überlegte das ganze Jahr, wie ich es anstellen sollte, mit ihr ins Gespräch zu kommen, doch mir fiel nichts ein. Als die Abschlussprüfung bevorstand, wurde mir klar, dass ich meine Chance vertan hatte. Da sie Kunst studierte und ich Ingenieurwesen, bestand nur eine verschwindend geringe Chance, dass wir jemals wieder gemeinsam einen Kurs besuchen oder uns auch nur über den Weg laufen würden. Den ganzen Sommer über machte ich mir heftige Vorwürfe und verfluchte mich selbst.

Es begann das dritte Studienjahr, und von Annisha war weit und breit nichts zu sehen. Ich hatte ein paar unglückliche Beziehungen und verbrachte einen weiteren einsamen Sommer. Dann, in meinem letzten Jahr, war mir das Glück hold.

In der ersten Woche nach Schulbeginn besuchte ich mit meinen Zimmerkollegen eines Freitagabends die Kneipe auf dem Campus. Es war eine Art Ritual – wir wollten die neue Bedienung einer näheren Prüfung unterziehen. Zu unserer Enttäuschung war für den Tisch, an dem wir saßen, ein männlicher Kellner zuständig. Es gab einige vertraute Gesichter unter dem Personal, ein paar neue Mädchen, aber erst als ich zur Toilette ging, bemerkte ich die Frau, die im hinteren Teil bediente. Es war Annisha. Als ich zu unserem Tisch zurückkam, beugte ich mich zu Evan und sagte ihm, er solle sich einmal das Mädchen anschauen, das neben der Bar bediente. Er stand auf und spähte durch den Raum, gerade als sich Annisha in unsere Richtung wandte.

»Hmmm«, sagte er, »was … haben … wir … denn … da?« Er setzte sich wieder. »Also, ich glaube, die spielt in einer ganz anderen Liga als du.«

Das war nicht die Antwort, die ich hören wollte. Ich hatte gehofft, er würde sich begeistert äußern, mich aus meiner Angst herausreißen, oder er würde etwas sagen, aus dem ich schließen konnte, dass ich handeln musste, um ihm zuvorzukommen. Aber Evan hockte nur vor seinem Bier und grinste mich an. »Ehrlich, Jonathan, vergiss sie«, bemerkte er wenig hilfreich.

Den restlichen Abend widmete ich mich meinem Bier und versuchte, meinen ganzen Mut zusammenzunehmen. Als meine Zimmerkollegen aufstanden, um zu gehen, sagte ich zu ihnen, dass ich noch auf die Toilette müsse und dass sie schon ohne mich nach Hause gehen sollten. Evan schaute mich an und zog die Augenbrauen hoch.

»Na dann, viel Glück«, sagte er, während er sich die Jacke anzog. Sein Tonfall signalisierte, dass Glück hier wohl nicht viel helfen würde – ich würde vielmehr göttlichen Beistand brauchen.

Ich sah, dass Annisha an einem Tisch in der Nähe der Bar saß. Ihr Zuständigkeitsbereich war leer. Sie zählte anscheinend das Trinkgeld, das sie erhalten hatte. Ich ging zu ihr hinüber und blieb in der Nähe des Tisches stehen, aber sie schien mich nicht zu bemerken.

»Hallo«, sagte ich schließlich.

»Oh, hallo.« Sie lächelte, als sie aufblickte, und sie lächelte weiter, als sie sah, dass ich es war, der vor ihr stand. Entweder war das sehr nett oder es war ein gutes Zeichen. Vielleicht auch beides.

»Entschuldige, dass ich dich störe«, sagte ich. »Ähm, ich glaube, du warst damals im zweiten Jahr auch in dem Kurs über antike Geschichte, nicht?«

Annisha legte den Kopf zur Seite und schwieg, als denke sie nach. Nach einer kurzen Pause sagte sie: »Der Ingenieur, stimmt's?« Sie sagte es langsam, als krame sie noch weiter in ihrer Erinnerung, während sie sprach.

»Stimmt genau«, sagte ich. »Es war mein Wahlkurs.«

Ich erkannte, dass ich angefangen hatte, von einem Bein auf das andere zu treten. Ich zwang mich, still zu stehen. Dann platzte ich damit heraus.

»Ich dachte mir, vielleicht könnten wir mal zusammen einen Kaffee trinken?«

Sie lächelte noch immer, aber sie reagierte nicht sofort. Sie dachte anscheinend über den Vorschlag nach.

»Diese Woche habe ich viel zu tun«, sagte sie. »Ich treffe mich mit vielen meiner Freunde, die ich seit letztem Jahr nicht mehr gesehen habe.«

Ich nickte, suchte nach einer Erwiderung und bemühte mich, eine Antwort zu finden, die den Eindruck erwecken würde, dass es mir überhaupt nichts ausmache, dass sie mich nicht sehen wollte.

»Aber nächste Woche habe ich wahrscheinlich Zeit.« Sie riss ein kleines Stückchen Papier von einem der Abrechnungszettel ab, die vor ihr aufgehäuft waren. Dann schrieb sie eine Telefonnummer darauf und reichte es mir.

»Übrigens, ich heiße Annisha«, sagte sie. »Es tut mir leid, aber deinen Namen habe ich vergessen.«

Lluis erschien Punkt acht Uhr vor dem Hotel. Er war nicht mit seinem eigenen Taxi gekommen.

»Ich dachte mir, wir könnten mit einem kleinen Spaziergang anfangen«, sagte er. »Ich fahre gern Auto, aber zu Fuß kann man diesen Teil der Stadt besser kennenlernen.«

Lluis hatte mich am vorhergehenden Abend überredet, mich in der kurzen Zeit, die ich in Barcelona zur

Verfügung hatte, auf die Architektur zu konzentrieren. Er meinte, dies sei einer der wichtigsten Beiträge Barcelonas zur Weltkunst.

»Wir haben neun Bauwerke, die von der UNESCO zum Weltkulturerbe gezählt werden. Und außerdem gibt es Gaudí und die wunderbare modernistische katalanische Architektur, die Sie gestern Nachmittag schon gesehen haben. Wir kümmern uns auch heute noch hingebungsvoll um unsere Bauwerke.«

Lluis erzählte, dass es in der Stadt mehr als fünftausend praktizierende Architekten gebe. »Ich möchte behaupten, dass man nirgendwo sonst auf der Welt mehr Architekten pro Kopf der Bevölkerung findet«, sagte er. Ich erwiderte nichts darauf. Er sprach über Gebäude, die Jean Nouvel, Zaha Hadid, Frank Gehry und Richard Rogers geschaffen hatten. Mir sagte nur der Name Gehry etwas, aber das wollte ich nicht zugeben.

Abgesehen von einer kurzen Unterbrechung für ein frühes Mittagessen waren wir den ganzen Vormittag und den Nachmittag auf den Beinen. Ab und zu bestiegen wir einen Bus, aber die meiste Zeit schlenderten wir durch die Straßen, reckten den Hals nach oben und drehten den Kopf hin und her, um die Gebäude um uns herum zu betrachten.

Wir sahen die Wohnanlage La Pedrera von Gaudí. Die gewellten Mauern, das verwaschen wirkende Gestein und die schmiedeeisernen Balkongitter des Gebäudes ließen mich an das untergegangene Atlantis denken. Zweifellos würde eine Stadt auf dem Grund des Meeres so aussehen. Wir spazierten durch den Park Güell mit seinen beiden mit Zuckergussdächern versehenen Pförtnerhäuschen, der Salamander-Fontäne und der ovalen, mit Keramiksteinchen ausgelegten Promenade. Und wir beschlossen diesen Tag dort, wo wir auch am vorhergehenden Abend gewesen waren, an der Sagrada Familia, dem unvollendeten Zeugnis der Vision und des Glaubens von Antoni Gaudí, wie Lluis erklärte.

»Ich liebe diesen Ort«, sagte Lluis nachdenklich, während er zu den spindelartigen Türmen hinaufblickte. »Habe ich Ihnen schon erzählt, dass mein Urgroßvater daran mitgearbeitet hat?«

»Tatsächlich?«, erwiderte ich. »War er Steinmetz?«

»Nein«, antwortete Lluis. »Nur ein einfacher Arbeiter, glaube ich. Ich vermute, er hat viel Zeit damit verbracht, Schubkarren zu schieben und Ziegel herumzuschleppen. Aber Sie wissen ja, wie es auch in Julians Brief steht, dass es keine unbedeutende Arbeit gibt. Ich stelle mir vor, wie er am Ende eines langen Arbeitstages verschwitzt und schmutzig aufblickte und sah, wie diese prachtvolle Kirche über ihm emporwuchs, und dabei wusste, dass ohne seinen Einsatz und seine Leistung so etwas schlicht nicht möglich war.«

Es war später Nachmittag, als mich Lluis zum Hotel zurückgeleitete. Er hatte noch einige Dinge zu erledigen, daher verabschiedeten wir uns für diesen Abend. Mein Flug ging am nächsten Tag um acht Uhr früh, und Lluis beharrte darauf, mich um fünf Uhr abzuholen und zum Flughafen zu bringen.

Als ich wieder in meinem Hotelzimmer war, bestellte ich mir über den Zimmerservice ein Abendessen. Ich machte ein paar Einträge in meinem Journal, zog mein Smartphone heraus und schrieb eine kurze Nachricht an Adam. Meine Sehnsucht nach ihm war noch immer so stark wie in Mexiko. Ich fragte mich, warum ich ihn oft tagelang nicht angerufen oder besucht hatte, als ich zu Hause war. Ich begann die Nachricht mit dem wehleidigen »Du fehlst mir so, mein Liebling«. Aber dann dachte ich an Adams traurige Augen, als ich ihm vor meinem Abflug nach Istanbul einen Abschiedskuss gegeben hatte. Ich löschte den Satz. Ich wollte für ihn da sein, wenn auch nur mittels einer Nachricht, und nicht meine Abwesenheit unterstreichen. Stattdessen berichtete ich ihm vom Tempel des Magiers und den Maya-Ruinen, die ich gesehen hatte. Ich sprach vom Gesang der Vögel in den Bäumen und von den Pumas, die durch die Wälder Yucatáns streifen – und wie froh ich war, dass mir keiner von ihnen über den Weg gelaufen war. Und dann erzählte ich ihm, dass ich gerade einen Tag in Barcelona verbracht hatte. *Erinnerst dich, wie wir vergangenen Sommer Sandburgen am Strand gebaut haben und nassen Sand darauf geträufelt haben, damit die Türme groß und spitz wurden? So hat auch die Kirche ausgesehen, die ich gestern besichtigt habe. Sie wurde von einem Architekten namens Antoni Gaudí entworfen, und ich möchte wetten, dass er, als er ein Junge war, auch Sandburgen gebaut hat wie du.*

Ich machte eine kurze Pause und dachte über meinen nächsten Satz nach. Dann schrieb ich: *Wenn ich heimkomme, fahre ich ein Wochenende mit dir an den Strand.* Ich wusste, es war gefährlich, Versprechungen zu machen, aber ich war entschlossen, dieses Versprechen zu halten. Es würde mir das Herz brechen, und Adam erst recht, wenn ich es nicht tun würde.

Am Horizont zeigte sich das erste Morgenlicht, als Lluis am nächsten Tag mit dem Taxi am Flughafen vorfuhr. Er war gut gelaunt und fröhlich wie immer, aber ihm war offenkundig nicht entgangen, dass ich noch nicht ganz wach war. Während er mein Gepäck aus dem Kofferraum nahm, blickte er mich besorgt an. »Sind Sie sicher, dass Sie alles haben, Jonathan?«, fragte er. Ich klopfte meine Taschen ab, suchte meine Brieftasche und meinen Pass und wurde kurzzeitig von Panik ergriffen. Die Talismane! Hing der Beutel um meinen Hals? Ich konnte ihn nicht spüren. Ich öffnete meine Jacke und klopfte das Hemd ab, und da war es – ein klumpiges kleines Säckchen, das auf meiner Haut ruhte. Wie hatte ich es nur übersehen können? Überrascht stellte ich fest, dass die Lederschnur anscheinend nicht mehr in meinen Hals einschnitt, obwohl der Beutel schwerer denn je war. Ich nahm ihn ab und steckte ihn in die Tasche. Bei der Sicherheitskontrolle würde ich den Beutel in einen der Plastikkübel legen müssen.

Nach dem Einchecken stand ich in der Abflughalle. Ich suchte mir ein ruhiges Plätzchen und rief Annisha an. Zu Hause würde es schon spät sein – gegen Mitternacht, vermutete ich –, aber ich sehnte mich danach, mit ihr zu sprechen und zu hören, was es Neues von Adam gab.

Als sich Annisha meldete, entschuldigte ich mich für den Anruf zu dieser späten Stunde, aber sie klang erleichtert, dass sie mich hörte. »Ich bin so froh, dass du anrufst«, sagte sie. »In der Schule hat es heute einen kleinen Vorfall gegeben, über den ich mit dir reden wollte. Anscheinend …«

Annisha brach ab. Ich hörte eine schwache Stimme im Hintergrund.

»Mami«, sagte Adam, »ich kann nicht einschlafen.«

»Oh, mein Schatz«, hörte ich Annisha sagen. »Komm her und setz dich zu Mami. Willst du mit Vati darüber reden, was dich wach hält?«

Als Adam ans Telefon kam, fragte ich ihn, wie es ihm gehe.

»Gut«, antwortete er ruhig.

»Was gibt's Neues?«, versuchte ich es noch einmal.

»Nichts«, antwortete er. Dann hörte ich Annisha im Hintergrund.

»Du wolltest doch Vati erzählen, was heute in der Schule passiert ist, erinnerst du dich?«

Nach ein paar aufmunternden Worten meinerseits und gutem Zureden von Annisha erzählte er mir schließlich, dass ihn ein Schüler aus einer höheren Klasse angerempelt, zu Boden gestoßen und ihm seinen Müsliriegel geklaut habe.

»Und was hast du dann gemacht?«, fragte ich.

Adam antwortete, er habe es der Lehrerin, Miss Vanderwees, gemeldet, die Schulhofaufsicht hatte. Miss Vanderwees habe daraufhin den älteren Jungen ins Zimmer des Schulleiters gerufen.

»Ist dir auch einmal so etwas passiert?«, fragte Adam. »Als du klein warst, haben dich da einmal andere Kinder verprügelt?«

Ich erzählte Adam von Phil Stefak, der mir alle meine Baseball-Karten geklaut und mich wegen meiner Brille gehänselt hatte. Ich erzählte ihm, dass Phil mir von der Schule nach Hause folgte und mich unterwegs ununterbrochen verhöhnte und beleidigte. Ich erklärte Adam, dass ich Angst hatte, jemandem davon zu erzählen, aber als Phil mir schließlich die Brille von der Nase riss und darauf herumtrampelte, hatte ich es dem Lehrer gesagt. Ich erfuhr nie, was daraufhin geschah. Aber danach starrte Phil mich nur noch finster an. Seit diesem Tag hat er mich nie mehr angerührt. Wir redeten noch lange, bis Annisha Adam das Telefon abnahm. Ich schaute auf meine Armbanduhr.

»Tut mir leid«, sagte ich zu Annisha. »Du musst müde sein.«

»Schon in Ordnung«, erwiderte sie. »Er musste wirklich mit dir reden. Aber jetzt soll er versuchen, zu schlafen.«

»Natürlich«, erwiderte ich. »Nur noch eines – weißt du, was in der Schule mit diesem Jungen geschieht?«

Annisha sagte Adam, er solle zurück in sein Zimmer gehen und sie würde gleich zu ihm kommen. Dann erzählte sie mir, dass Miss Vanderwees sie nach dem Essen angerufen habe. Der Schulleiter habe die Eltern des Jungen gebeten, zu einem Gespräch vorbeizukommen. Miss Vanderwees habe ferner gesagt, dass sie in der kommenden Woche so oft wie möglich die Pausenaufsicht übernehmen und die Dinge genau im Auge behalten werde. Und sie habe den Vorfall vor der versammelten Klasse angesprochen und die Schüler aufgefordert, nicht tatenlos zuzuschauen, wenn sie sahen, dass ein Mitschüler auf dem Schulhof misshandelt werde.

»Sie nimmt die Sache wirklich ernst«, sagte Annisha. »Ich hatte nach dem Gespräch mit ihr jedenfalls ein viel besseres Gefühl.«

Annisha und ich sprachen noch ein bisschen über Adam und die Schule, dann wünschte ich ihr eine gute Nacht.

Die Abflughalle hatte sich mittlerweile ziemlich gefüllt. Die meisten Sitzplätze waren besetzt. Männer und Frauen mit Aktentaschen und Laptops. Ein paar Eltern mit kleinen Kindern. Und gegenüber von mir hockte ein junges Mädchen mit aufgesetzten Ohrhörern zusammengekauert auf dem Sitz und starrte seine Mutter an, die ihm einen Kaugummi anbot.

Ich dachte daran, wie ich selbst als Teenager gewesen war. Wie viel Geduld meine Eltern mit mir aufgebracht hatten. Ich spürte ein vertrautes Ziehen in der Brust. Mein Vater fehlte mir.

Während ich hier im Flughafen von Barcelona saß und daran dachte, wie mein Sohn in Miss Vanderwees eine Beschützerin gefunden hatte, und mich an meinen Vater und meine eigene Kindheit erinnerte, erkannte ich, dass ich es als Fünfjähriger richtig gemacht hatte. Mein Vater war ein Genie im Schulzimmer gewesen und hatte einen wirklich ehrenwerten Beruf ausgeübt. Er hatte jene Größe erlangt, die Lluis erstrebte. Ich musste noch viel arbeiten, wenn ich auch so ein Mensch werden wollte wie er.

Kapitel 8

Als ich in Spanien war, hatte mir Julian Informationen über meine beiden nächsten Reiseziele zukommen lassen. Das erste lag in Nordamerika, auf der Insel Cape Breton vor der kanadischen Ostküste.

Nach Umsteigen in London und in Halifax und sechzehn Stunden nachdem mich Lluis am Flughafen in Barcelona verabschiedet hatte, landete ich schließlich in Sydney auf Cape Breton in Nova Scotia. Es war früher Abend. Wie Julian versprochen hatte, stand ein Mietwagen für mich bereit. Erleichtert stellte ich fest, dass er mit einem Navigationssystem ausgestattet war. Mir wurde klar, dass ich überhaupt nicht wusste, wie ich von Sydney nach St. Ann's kommen sollte.

»Sie werden ungefähr eine Stunde brauchen«, sagte der Mitarbeiter der Autovermietung.

Der Talismanhüter hier war eine Frau namens Mary McNeil. Ich schickte ihr eine Nachricht und teilte ihr mit, dass ich unterwegs war.

Als ich Sydney verließ und auf die Schnellstraße einbog, fühlte ich mich an die Halbinsel Yucatán erinnert. Es hatte nichts mit dem Wetter zu tun, den Häusern oder der Vegetation. Nein, hier war die Luft frisch und kühl, die Tannen und Birken waren mächtig und tiefgrün. Und das Wasser. Überall war Wasser. Die Straße schlängelte sich und war sehr kurvenreich – ich sah im Navigationssystem, dass ich fast im Kreis fuhr, aber nach ein paar Kilometern durch ein Waldstück tauchte immer wieder eine Wasserfläche auf – eine Bucht oder ein See. Was mich an Yucatán erinnerte, war die spärliche Besiedlung von Cape Breton. Ähnlich wie nach Mérida kam es mir nach dem Verlassen von Sydney vor, als hätte ich die Zivilisation und die Menschen hinter mir gelassen. Ich fuhr durch ausgedehnte Landstriche, in denen anscheinend niemand lebte. Ab und zu stand ein Haus am Straßenrand, das schnell in den Rückspiegel glitt und dann in einem Meer aus Bäumen verschwand. Doch es hatte auch etwas Beruhigendes, durch diese entlegene Gegend zu fahren, um jemanden zu treffen, auch wenn es sich dabei um eine fremde Person handelte. Am Ende der Fahrt, dachte ich, würde mich jemand erwarten.

Mary McNeil und Angus Macdonald lebten an einer malerischen Route, die Cabot Trail hieß, an der Straße, die von der St. Ann's Bay herführte. Mary hatte mir mitgeteilt, dass ich an der Straße einen Briefkasten und ein Schild mit einer Nummer sehen würde, aber das Haus würde ich erst etwas weiter unten an der Zufahrt zu Gesicht bekommen. Glücklicherweise nahm mir das Navigationssystem die Arbeit ab, und kurz nachdem ich in eine beidseitig von dichten Sträuchern gesäumte Kiesstraße eingebogen war, erblickte ich ein Hausdach, das über die Bäume aufragte. Sie hatte anscheinend aus dem Fenster geschaut, denn kaum hatte ich den Wagen hinter den beiden Transportern vor dem Haus zum Stehen gebracht, trat eine großgewachsene Frau mit graumelierten Haaren aus der Haustür und winkte mir zu. Das musste Mary sein, dachte ich.

Als ich aus dem Auto stieg, war Mary schon bei mir; hinter ihr kam ein Mann, bei dem es sich wohl um ihren Ehemann Angus handelte. Er war etwas kleiner als Mary, deutlich fülliger und hatte ebenso wie sie ein warmes Lächeln auf dem Gesicht. Keiner der beiden umarmte mich, wie Lluis es getan hatte, aber Angus klopfte mir auf die Schulter, und Mary hielt meine Hand mit beiden Händen, als sie sich vorstellte. Sie freuten sich anscheinend, mich zu sehen, trotzdem kniff Mary die Augen zusammen; sie wirkte besorgt. »Sie müssen sehr müde sein«, sagte sie. »Angus, Angus«, fuhr sie etwas theatralisch fort und deutete auf den Rücksitz meines Autos. Im nächsten Augenblick rangelten Angus und ich um mein Gepäck, was einigermaßen komisch ausgesehen haben muss. Ich gab schließlich nach und überließ es ihm, die Sachen ins Haus zu tragen.

»Ich habe von Julian erfahren, dass Sie schon eine lange Reise hinter sich haben«, sagte Mary. »Daher haben wir eine Suppe für Sie vorbereitet, dann können Sie sich eine Weile hinlegen, wenn Sie möchten. Ich nehme an, in Spanien ist es jetzt fast Mitternacht.«

Mary und Angus führten mich ins Wohnzimmer. Es war eklektisch und individuell eingerichtet, und an den Wänden hingen zwei riesige Leinwände. Die eine zeigte eine Art Wasserszene – kräftiges Türkis und Grün, durchsetzt mit dunklen Schatten. Die andere war ein Potpourri aus bunten Blöcken, die sich vor den Augen des Betrachters ständig neu zu arrangieren schienen. Mary winkte mich zu einem tiefen Sessel, der vor einer Fensterreihe stand. Als ich mich setzte, bemerkte ich sofort den auffälligsten Gegenstand im Raum. Eine große grüne Welle schwebte an mir vorüber, und an ihrem Ende erstreckte sich ein dünner dunkelblauer Streifen – die St. Ann's Bay und das Wasser des Atlantischen Ozeans.

»Nehmen Sie doch Platz«, sagte Angus. »Ich decke den Tisch und rufe euch dann.«

Mary brachte mir ein Bier und setzte sich neben mich. Sie stellte einige Fragen zu meinen Reisen.

»Mir scheint, Sie waren sehr beschäftigt. Vielleicht möchten Sie sich morgen ausruhen, aber Angus und ich hatten eigentlich etwas mit Ihnen vor.«

Ich war nicht überrascht. Antoine in Paris war bisher der einzige Talismanhüter gewesen, der mich mir selbst überlassen hatte. Ich hatte gemischte Gefühle. Nachdem ich so viele lange Flüge hinter mir hatte, war es vielleicht nicht schlecht, etwas zu tun. Eigentlich hatte ich aber keine große Lust, mich an irgendwelchen vorbereiteten Aktivitäten zu beteiligen.

Mary sagte, wenn ich nichts dagegen hätte, würde sie am morgigen Abend mir zu Ehren eine kleine Dinnerparty veranstalten.

»Nichts Großartiges«, versicherte sie mir. »Nur ein paar Freunde und Verwandte. Und Hummer. Es ist Hummersaison, und ich dachte mir, Sie würden vielleicht gern einen probieren.«

Ich lächelte und erwiderte höflich, das sei wunderbar; innerlich aber war ich nicht so überzeugt. Mary fuhr fort, sie werde am nächsten Tag die Party vorbereiten, während Angus mir den Cabot Trail zeigen würde – eine Schleife, die um die Berge der Cape Breton Highlands im nördlichen Teil der Insel herumführt.

»Es ist sehr schön hier«, sagte Mary. »Ich lebe fast seit meiner Kindheit auf der Insel und bin dessen immer noch nicht überdrüssig.«

Ich sagte, ich sei noch nie hier gewesen und würde mir gerne einmal diesen Teil der Welt anschauen. »Ich habe gehört, dass sich manche Leute hier an die grünen Berge von Irland erinnert fühlen«, sagte ich.

Mary nickte. »Ja, aber es ist irgendwie wilder. Und genau das mag ich.«

Ich war jetzt seit ungefähr zwei Wochen unterwegs, aber in Wirklichkeit hatte ich fast jedes Zeitgefühl verloren. Ich war müde und hatte Heimweh; wenigstens hatten sich die Ängste wegen meiner Arbeit und all der dringenden Angelegenheiten, deretwegen ich nach Hause zurückmusste, auf seltsame Weise verflüchtigt. Ich wusste, ich müsste mir eigentlich Sorgen machen, aber mir schien es, als könnte ich die dafür nötige Energie nicht mehr aufbringen. Ich hätte darauf bestehen können, gleich am nächsten Tag zurückzufliegen; ich hätte versuchen können, die Reise zu beschleunigen, aber das wollte ich nicht mehr. Eine lange Autofahrt war jetzt vielleicht genau das Richtige.

Einige Minuten später ertönte Angus' Stimme aus der Küche.

»Das Essen ist fertig!«, rief er. Mary nahm mein Glas und ging voraus.

Die Küche war sehr geräumig, aber nicht ausgefallen. Ein großer Holztisch erstreckte sich von einer Seite des Raums zur anderen – flankiert von achtzehn hochlehnigen Stühlen. Ein altmodischer Schrank war angefüllt mit altem Porzellan und hellen, handgeblasenen Schalen. An den Wänden hingen bunte Drucke.

Angus stellte eine dampfende Terrine mit Lasagne auf einen Dreifuß in der Mitte des Tisches. Grüner Salat und ein Korb mit Brot standen bereits da.

»Ich weiß nicht, wie viel Hunger Sie haben, Jonathan, also bedienen Sie sich bitte selbst«, sagte er.

Ich war nicht in der Stimmung, über mich zu reden, und ich wusste, dass man das am besten unterbinden konnte, wenn man selbst die Fragen stellte. Angus, so erfuhr ich, war Zahnarzt und hatte eine Praxis in Baddeck. Er war in Glace Bay aufgewachsen und Sohn eines Bergarbeiters. Alle männlichen Mitglieder seiner Familie hatten in Kohlenminen gearbeitet, bis der jüngste Bruder seines Vaters nach Moncton in New Brunswick gezogen war, wo er schließlich Buchhalter wurde. Angus hatte Mary während des Studiums an der Universität kennengelernt, aber sie waren sich erst nähergekommen, als sie beide schon über dreißig waren. Mary war Künstlerin und arbeitete in einem Studio auf dem Hügel hinter dem Haus.

»Dort ist das Licht einfach wunderbar«, sagte Mary.

Ich fragte sie, wie sie mit Julian in Verbindung gekommen seien. Mary erzählte mir, dass sie ihn vor vielen Jahren als junge Künstlerin in New York City kennengelernt habe.

»Julian hat mir einige meiner Bilder abgekauft«, sagte sie. »Damals war er noch Rechtsanwalt und warf mit dem Geld um sich wie ein betrunkener Matrose.« Mary lachte. »Wir haben uns eine Weile aus den Augen verloren, und nachdem ich hierhergezogen war, machte er mich wieder ausfindig.«

»Er muss ein großer Fan Ihrer Arbeit gewesen sein, wenn er Sie hier gesucht hat«, bemerkte ich.

»Nein«, erwiderte Mary. »Das war nach seiner Rückkehr aus Sivana. Er hat mit mir Kontakt aufgenommen, um mit mir zu reden.«

Ich dachte an meine alten Freunde aus der Highschool, meine Zimmerkollegen am College, an all die Leute, die ich im Laufe der Jahre ungewollt aus den Augen verloren hatte. Und dann gab es noch die Leute, die ich absichtlich ignoriert hatte. Ich empfand einen stechenden Schmerz in der Brust. Juan gehörte zur zweiten Kategorie. Nach meinem Essen mit David und Sven war Juan ein paarmal bei mir vorbeigekommen. Er wirkte verwirrt. David und Sven hatten ihn mit einer Flut von Forderungen überschüttet, ihm nahezu unerfüllbare Ziele mit völlig unrealistischen Terminen vorgegeben. Sie hatten so häufig Berichte von ihm verlangt, dass es fast ein Witz war. Nur dass Juan nicht lachte. Er begann, sich Sorgen zu machen, wurde ängstlich und angespannt. Jedes Mal, wenn er mit mir sprach, tat ich so, als wisse ich von nichts. Als er mich bat, ich möge mich als Vermittler betätigen, gewissermaßen als nichtoffizieller Verbindungsmann zwischen der Entwicklungsabteilung und dem oberen Management, kniff ich. Schließlich begann ich, ihm aus dem Weg zu gehen.

Juan war nicht dumm. Er sah, dass ich keine Lust hatte, mich zu engagieren. Er kam nicht mehr in mein Büro. Aber ich traf ihn hin und wieder auf den Gängen; er wirkte verstört und erschöpft. Tiefe Furchen hatten sich in sein Gesicht gegraben, seine Augen lagen tief in den Höhlen und blickten traurig. Bei einer unserer letzten Begegnungen überraschte er mich auf dem Parkplatz.

»Ah, Jonathan. Mir ist klar, dass du weißt, was hier vor sich geht«, sagte er bedrückt. »Und ich weiß auch, dass niemand etwas dagegen unternehmen kann. Aber ich bin jetzt 55 Jahre alt. Ich kann es mir noch nicht leisten, in Rente zu gehen, aber wenn ich aufhöre ... Nun, wer soll einen alten Knaben wie mich noch einstellen?« Dann stieg er in sein Auto und fuhr davon.

Ungefähr einen Monat später verbreitete sich die Nachricht in Windeseile in der Firma. Juan war auf dem Heimweg mit dem Wagen von der Straße abgekommen. Er war schon tot, als die Sanitäter eintrafen.

Die Lasagne war köstlich, aber die Verbindung aus üppigem Essen und dem Zeitunterschied ließ meine Augenlider schwer werden. Angus räumte den Tisch ab, doch Mary blieb sitzen.

»Ich weiß, Sie brauchen jetzt Schlaf«, sagte sie. »Aber ich möchte Ihnen heute Abend gleich den Talisman geben. Eigentlich wollte ich es erst morgen vor unserer kleinen Party tun. Ich hatte mich entschlossen, die Party wegen des Talismans zu veranstalten. Ich hielt das für passend – es erschien mir eine angemessene Form, um die Übergabe zu feiern. Doch ich kenne mich. Ich werde morgen alle Hände voll zu tun haben, um das Essen vorzubereiten, daher ist jetzt der Zeitpunkt dafür günstiger.«

Mary holte einen kleinen gepolsterten Umschlag aus ihrer Tasche und legte ihn mitten auf den Tisch, aber sie nahm die Hand nicht weg.

»Bevor Sie das aufmachen«, sagte Mary, »darf ich die übrigen Talismane sehen?«

Ich hatte mich mittlerweile an das weiche Leder auf meiner Haut gewöhnt und an den leichten Druck gegen meine Brust. Überrascht stellte ich fest, wie sehr es mir widerstrebte, diese angenehme Empfindung aufzugeben und den Beutel abzunehmen. Schließlich zog ich ihn aus meinem Hemd hervor, machte ihn auf und ließ die Talismane vorsichtig auf den Tisch gleiten.

Mary betrachtete aufmerksam meine kleine Sammlung.

»Julian hält anscheinend sehr viel von Ihnen, dass er Ihnen diese Aufgabe anvertraut«, sagte sie.

»Nun, ich weiß nicht«, erwiderte ich. »Er ist mit meiner Mutter eng befreundet. Aber eigentlich kenne ich ihn nicht näher.«

»Aber er kennt Sie«, sagte Mary. Sie lächelte gütig.

Sie streckte die Hand aus und nahm den grinsenden Schädel vom Tisch.

»Stelle dich deinen Ängsten«, sagte sie. Ich nickte.

Sie legte den Schädel auf den Tisch zurück und griff nach dem Kranich.

»Achtsamkeit.« Sie stellte den Kranich vor sich hin, neben den Schädel.

»Kleine tägliche Verbesserungen.« Sie fuhr mit dem Finger über die kleine Pyramide.

Sie stellte das rote Stück Ton auf den Tisch und griff nach dem Pinsel. Wie ich es auch getan hatte, als ich ihn das erste Mal in die Hand genommen hatte, drehte sie das dunkle Holz zwischen den Fingern.

»Jede Arbeit kann ein Mittel der schöpferischen Selbstdarstellung sein«, sagte sie.

»Woher wissen Sie das alles?«, fragte ich sie.

Mary blickte auf und neigte den Kopf, als müsse sie sich erst eine Antwort überlegen.

»Alle diese Talismane«, sagte sie schließlich und fuhr mit der Hand über die Gegenstände auf dem Tisch, »alle diese Dinge gibt es nur einmal. Aber sie sind ja auch Symbole. Julian spricht seit vielen Jahren über die Weisheiten, die sie verkörpern. Und ich habe ihm gut zugehört.«

Schließlich griff Mary nach dem Sonnen- und Mondamulett.

»Ah«, sagte sie. »Lebe dein authentisches Leben. Das ist etwas sehr Schönes. Es ist so wichtig, aber nur wenige Menschen beherzigen diese Wahrheit.«

Sie legte den Talisman auf den Tisch und schaute mich an. »Darf ich Ihnen eine Frage stellen, Jonathan? Eine persönliche Frage?« Ich spürte, dass ich ihr dies nicht abschlagen konnte.

»Haben Sie das Gefühl, dass Sie aufrichtig zu sich selbst sind? Glauben Sie, dass Sie das Leben führen, das für Sie vorgesehen ist – jenes Leben, das Ihrem wahren Selbst Ehre erweist, Ihre innersten Werte zum Ausdruck bringt und Ihre kühnsten Träume respektiert?«

Ich erbleichte und führte meine Teetasse zum Mund, um etwas Zeit zu gewinnen. Mary schaute mich fragend an. Ich konnte mir nicht vorstellen, warum sie so interessiert war an meiner Antwort. Ich nahm einen Schluck Tee, dann setzte ich die Tasse wieder ab.

»Ich … ich weiß nicht«, stammelte ich. »Ich habe auf dieser Reise versucht, mir darüber klarzuwerden.«

»Ich verstehe«, sagte Mary. »Es ist eine schwierige Frage.«

»Also, ich glaube, wahrscheinlich führe ich nicht dieses Leben«, sagte ich. »Aber ich bin mir auch nicht sicher, wie mein authentisches Leben aussehen sollte. Ich fange gerade an, meine Arbeit zu hinterfragen, aber in Bezug auf alles andere bin ich noch unsicher.«

Mary nickte.

»Nachdem ich Sie nach Ihrem Leben befragt habe, sollte ich Ihnen jetzt vielleicht auch etwas von meinem erzählen«, sagte Mary.

»Gern«, erwiderte ich, froh darüber, nicht mehr von mir sprechen zu müssen.

Mary hatte mir bereits vorher erzählt, dass sie Malerin war, und jetzt sagte sie, dass ihr Werdegang nichts mit einer Rebellion zu tun gehabt habe. Sie sei nicht Künstlerin geworden, weil ihre Familie gewünscht habe, dass sie Buchhalterin werden solle. Auch habe sie nicht eines Tages in einem normalen Vollzeitjob ein Erweckungserlebnis gehabt, dass die Kunst ihre wahre Leidenschaft sei. Sie habe schon immer gewusst, dass sie Künstlerin werden wollte, schon als Kind. Das habe sie glücklich gemacht. Zeichnen, malen, bildhauern, Dinge herstellen – das habe sie tun wollen.

»Wie Picasso«, bemerkte ich. Ich erinnerte mich daran, was Lluis mir über seine Kindheit erzählt hatte, aber Picassos Vater war ebenfalls Künstler gewesen. Er hatte den jungen Picasso ermutigt. Ich fragte Mary, ob auch ihre Eltern Künstler gewesen seien.

»Gütiger Himmel, nein. Mein Vater besaß ein Fischerboot; meine Mutter hatte einen Teilzeitjob in einem Lebensmittelladen«, antwortete Mary. »Sie sind faszinierende Menschen; und sie hielten es für ein großes Geschenk, dass ich etwas hatte, das ich so sehr liebte. Sie wollten, dass ich genau das tat.«

»Und hatten sie keine Bedenken, ob Sie damit Ihren Lebensunterhalt verdienen könnten?«, fragte ich.

Mary lachte. »Mein Vater hat immer gesagt: ›Nun, du wirst dich schwertun, noch weniger zu verdienen als deine Mutter oder ich – aber versuch's einfach.‹«

Ihre Familie war nie wohlhabend, aber zufrieden und glücklich. Die Aussicht, als Künstlerin am Hungertuch zu nagen, schreckte Mary nicht. Sie erhielt ein Stipendium und konnte Bildende Kunst an der Universität in Halifax studieren. Nach dem Abschluss ihres Studiums zog sie nach Manhattan. Sie arbeitete als Kellnerin und malte. Schließlich konnte sie den Job als Bedienung aufgeben und sich ausschließlich der Malerei widmen. Sie arbeitete hart, um sich durch Malen und Herstellung von Drucken ihren Lebensunterhalt zu verdienen, aber sie hatte auch Glück.

»Ich war zur richtigen Zeit am richtigen Ort, nehme ich an«, sagte Mary.

»Sie haben also Ihr authentisches Leben gelebt, waren aufrichtig gegenüber sich selbst und haben auch all das andere beherzigt«, hakte ich nach.

Mary blickte ein paar Sekunden in ihre Tasse, bevor sie antwortete. »Nun, das ist das eigentlich Interessante. Das dachte ich auch all die Jahre in Manhattan. Ich war jung, ich war erfolgreich. Ich hatte Freunde, führte ein aktives soziales Leben. Es war eine aufregende Zeit.«

»Und was war daran nicht real? Was war falsch?«, fragte ich. Jetzt hatte sie mich neugierig gemacht.

»Die meisten Leute wissen nicht, dass es auch in der Kunstszene starke Konkurrenz geben kann. Also, wer in welchen Galerien ausstellt, wer die Aufmerksamkeit der Kritiker findet, über wen gesprochen wird und über wen nicht. Es gibt oft heftige Rangeleien, Kleinkriege und Verleumdungen.«

Ich blickte anscheinend überrascht, denn Mary nickte und sagte: »Wirklich, so ist es.«

Sie erzählte von einem anderen jungen Künstler, der einen ähnlichen Stil und eine ähnliche Herangehensweise hatte wie sie und von Los Angeles nach Manhattan umgezogen war. Plötzlich war er bei jeder Galerieeröffnung anwesend, auf jeder Party, bei jedem künstlerischen Ereignis. Und überall, wo er auftauchte, ging er schnurstracks auf Henri zu, den Mann, der jene Galerie leitete, in der Mary ihre Werke ausstellte. Mary wusste, dass Henri den neuen Künstler nicht aufnehmen würde, weil sein Stil dem ihren stark ähnelte. Aber das bedeutete nicht, dass er nicht imstande gewesen wäre, Mary fallenzulassen und das neue Gesicht zu holen.

»Das hat mich ins Schleudern gebracht«, fuhr Mary fort.

Henri hatte es ihr ermöglicht, die Arbeit als Kellnerin an den Nagel zu hängen. Und mit seiner Hilfe war sie für eine Weile zum Liebling der Kunstkritiker geworden. Doch sie konnte ohne weiteres wieder in die Bedeutungslosigkeit zurückfallen. Mary erkannte nun, dass sie Henri zwar viel verdankte, ihm aber nicht vertrauen konnte. Sie spürte, dass er ihr seine Gunst entzog. Und sie sah, dass Henri nicht der Einzige war, der glaubte, dass Marys Stern am Sinken war.

Einige ihrer Freunde riefen sie nicht mehr so häufig an. Es fanden Dinnerpartys statt, zu denen sie nicht mehr eingeladen wurde. Bei einigen Galerieeröffnungen strich man sie von der A-Liste. Eines Abends bei einer Kinopremiere konnte es Mary nicht unterlassen, einem Journalisten einer lokalen Kunstzeitschrift von einem bestimmten Gerücht zu erzählen, das sie über den Maler aus Los Angeles gehört hatte.

»Es ging um einen Vorfall während seiner Zeit in Kalifornien, um etwas, das seinem Ansehen als Künstler sehr schadete. Ich habe es dem Journalisten erzählt, weil ich glaubte, mein Konkurrent würde dadurch gewissermaßen als eine Eintagsfliege erscheinen. Ein Aufschneider, der sich nicht lange in der Welt der Kunst würde halten können. Und ich glaubte, ich würde dadurch im Vergleich zu ihm als eine ernstzunehmende Begabung erscheinen.«

Als Mary an diesem Abend heimkam, war sie angeekelt von sich selbst. Sie hatte bisher noch nie schlecht über jemand anderen geredet, und sie fühlte sich klein, schäbig und hoffnungslos.

»Ich fragte mich immer wieder, warum ich das getan hatte, was mich dazu getrieben hatte«, sagte Mary. »Und das brachte mich dazu, die Menschen in meinem Leben ausgiebig und kritisch zu betrachten.«

Sie erkannte, dass sich die Leute grob in zwei Kategorien einteilen ließen. Zu der ersten gehörten jene Menschen, denen sie vertraute und die sie liebte, die echte Freunde waren, die ihr ein Gefühl der Sicherheit vermittelten, sie glücklich machten und immer das Beste in ihr zutage förderten. Und dann gab es die andere Gruppe. Das waren Menschen, die sie vielleicht interessant oder unterhaltsam fand – zu denen sie sich aus unterschiedlichen Gründen hingezogen fühlte, die aber in gewisser Weise negativ waren. Einige von ihnen waren unterhaltsam, aber hinterhältig. (Ich dachte an meinen alten Zimmerkollegen Evan und seine Bemerkung »Na dann, viel Glück«.) Manche waren interessant, aber böse. Andere betrachteten alles als eine Art Wettbewerb – und weil sie sich ständig mit ihr im Wettbewerb befanden, verglich sie selbst sich mit ihnen. Und dann gab es noch einige, die, ohne es zu wollen, tatsächlich einen sehr schlechten Einfluss auf sie hatten. Immer wenn sie mit einer bestimmten Frau ausging, trank sie zu viel. Ein anderer Bekannter war so pessimistisch eingestellt, dass sie sich noch Tage nach einer Unterhaltung mit ihm mutlos fühlte. Ein anderer war so faul und pflichtvergessen, dass sie bis mittags schlief, wenn sie sich zu viel mit ihm abgab.

»Wissen Sie«, sagte Mary ein bisschen traurig, »Julian gehörte damals zur zweiten Gruppe.«

Mary kam zu der Erkenntnis, dass sie mehr Zeit mit den Leuten aus der ersten Gruppe und weniger mit jenen aus der zweiten verbringen musste. Und dann wurde ihr noch etwas anderes klar: Es gab viele Leute, die auf keiner der beiden Listen standen.

»Meine Familie war sehr wichtig für mich, aber ich sah sie kaum noch.«

Sie wusste, dass sie sich in der Gegenwart ihrer Mutter und ihres Vaters, ihrer Brüder und Schwestern, ihrer Onkel und Tanten am wohlsten fühlte. Sie brachten das Beste in ihr zum Tragen.

»Ich erkannte, dass ich mein authentisches Leben in

der Kunst finden würde, dass aber auch meine Familie damit etwas zu tun hatte. Das Leben zu führen, das für einen selbst das richtige ist, heißt manchmal auch, all die verschiedenen Elemente zusammenzusuchen, die man dazu braucht.«

Mary entschloss sich, nach Cape Breton zurückzukehren, aber nicht nach Mabou, der Kleinstadt, in der ihre Eltern lebten. Stattdessen ließ sie sich in der Nähe von Baddeck nieder, in St. Ann's, denn in der SoHo-Kunstausstellung hatte sie Christine kennen- und schätzen gelernt, eine faszinierende Bildhauerin, die dort lebte. In dieser Stadt war auch das Gaelic College of Celtic Arts and Crafts angesiedelt, und Christine hatte ihr erzählt, dass in der kleinen Gemeinde mehrere erfolgreiche Künstler und Kunsthandwerker lebten.

»Ich wusste, dass es für mich auch wichtig war, von Menschen umgeben zu sein, die meine Leidenschaft teilten und mich inspirieren konnten, die mir vielleicht auch kleine Anstöße gaben. Und deshalb hat Julian mich gebeten, diesen besonderen Talisman in Verwahrung zu nehmen.«

Mary schob mir den gepolsterten Umschlag zu. Ich riss ihn auf und zog ein Blatt Papier heraus. Ihm folgte ein kleines Stück geschnitztes Holz. Es war nur zweieinhalb Zentimeter breit und gut einen Zentimeter hoch. Und es hatte die Form von zwei Händen, die einander hielten.

Ich faltete das cremefarbene Papier auseinander.

Wähle sorgfältig, welchen Einflüssen du dich aussetzt

Wir durchleben unsere Tage nicht allein oder abgeschottet von der Welt um uns herum. Daher müssen wir stets all der Dinge und Personen gewahr sein, die wir in unser Leben einlassen. Es ist ein Zeichen von Weisheit, Zeit an jenen Orten zu verbringen, die uns inspirieren und uns Kraft geben, und sich mit Menschen zu umgeben, die uns erheben und beflügeln. Sei es in unserer Arbeit oder in unserem Privatleben, diese positiven Freunde und Kollegen werden uns dazu verhelfen, unser Potenzial voll zu entfalten und unser Leben in seiner ganzen Fülle zu leben.

Ich faltete das Papier zusammen und steckte es in meine Tasche.

»Ich nehme an, morgen Abend werde ich einige dieser positiven Menschen aus Ihrem Leben kennenlernen«, sagte ich.

»Genau«, erwiderte Mary lächelnd. Sie schob den Talisman sachte in den Beutel. »Julian ist jetzt auch einer von ihnen. Ich wünschte, er könnte hier sein.«

Es war erst zehn Uhr, aber in Barcelona schon drei Uhr nachts. Mary reichte mir den Beutel und führte mich dann zu einem Schlafzimmer im zweiten Stock.

»Das Bad ist am Ende des Gangs. Ich habe Ihnen Handtücher an das Fußende Ihres Betts gelegt«, sagte sie. »Schlafen Sie gut. Wir sehen uns dann morgen früh.«

Am nächsten Morgen wachte ich auf und fühlte mich, als würde ich mich gerade mühsam in die Welt zurückkämpfen. Ich lag mehrere Minuten im Bett und versuchte herauszufinden, wo ich war. Der Geruch von Kaffee und Zimt drang durch die Schlafzimmertür. Da erinnerte ich mich – ich war auf Cape Breton.

Als ich in die Küche kam, hantierten Mary und Angus an der Anrichte. »Bitte nehmen Sie sich Kaffee«, sagte Mary. »Die Pfannkuchen sind gleich fertig.«

Neben der Kaffeekanne standen blaue Keramiktassen. Ich nahm eine davon und schenkte mir ein. Der Kaffee war aromatisch und stark – genau das, was ich brauchte. Das hatte zu jenen Dingen gehört, die ich im Hotel in Barcelona und in dem Restaurant in Kyoto vermisst hatte. Der warme Frühstücksduft, der durch das Haus zog.

Als Mary ein Tablett mit Pfannkuchen auf den Tisch stellte, läutete das Telefon. Angus nahm ab, und fast unverzüglich erschienen Falten auf seiner Stirn.

»Wie viele? Okay. Gibt es noch weitere Verletzte? Sind Sie sicher? In Ordnung. Legen Sie ihm einen Eisbeutel auf den Mund. Ich bin in einer halben Stunde im Büro.«

Angus legte den Hörer zurück und blickte zu Mary. »Connor Ashton. Er ist mit dem Rad gestürzt und hat sich einen Schneidezahn ausgeschlagen.«

Dann wandte sich Angus zu mir. »Es tut mir leid, Jonathan. Es ist ein Notfall – ich muss sofort los.«

Ich erklärte ihm, dass ich vollstes Verständnis hätte, aber er verschwand schon durch die Tür, bevor ich den Satz beendet hatte.

Mary und ich hörten, wie sein Wagen knirschend

über den Kiesweg fuhr. Mary legte mir ein paar Pfannkuchen auf den Teller.

»O je«, sagte sie und seufzte. »Jetzt weiß ich nicht, was ich tun soll. Ich sollte Sie eigentlich herumführen, aber ich weiß nicht, wie ich das schaffen und gleichzeitig die Party vorbereiten soll.«

Mir ging der Gedanke durch den Kopf, dass diese Wendung der Ereignisse, so unglücklich sie für den kleinen Connor Ashton war, für mich eine gute Gelegenheit darstellte. Ich hatte einen Mietwagen. Ich konnte auf eigene Faust auf dem Cabot Trail herumfahren, während Mary ihren Verpflichtungen nachging. Mary nickte, als ich ihr dies vorschlug.

»Sofern Sie keine Angst vor der Höhe haben und gerne Auto fahren, werden Sie gut zurechtkommen«, sagte Mary. »Sie können sich nicht verfahren. Es ist ein Rundkurs und nur gut dreihundert Kilometer lang. Bleiben Sie immer auf der Hauptstraße, dann kommen Sie am Ende wieder hierher zurück. Aber Sie werden unterwegs wahrscheinlich öfter anhalten wollen – an den Aussichtspunkten und in einigen der Städte an der Straße.«

Nach dem Frühstück holte Mary eine Straßenkarte, und wir setzten uns zusammen. Sie kreiste einige Punkte auf der Karte ein; auf einem separaten Stück Papier notierte sie die Namen von Orten, die ich besuchen, und von Dingen, die ich besichtigen musste. Es wurde eine sehr lange Liste.

»Oh, ich weiß, Sie können das nicht alles an einem Tag schaffen. Suchen Sie sich etwas aus. Und rufen Sie mich an, wenn Sie irgendwelche Fragen haben.« Mary füllte für mich eine Flasche mit Wasser und gab mir etwas Obst und ein Sandwich mit. Ich sagte ihr, sie solle sich keine Sorgen wegen meines Mittagessens machen. Ich würde unterwegs irgendwo anhalten, um etwas zu essen.

»Nun«, erwiderte sie, »wenn Sie im Hochland sind, können Sie eine ganze Weile fahren, ohne eine Einkehrmöglichkeit zu finden. Sie müssen das hier nicht essen, aber Sie haben wenigstens etwas dabei, falls Sie es brauchen sollten.«

Es war noch früher Vormittag, als mein Wagen durch das Margaree Valley kurvte. Mary hatte mir vorgeschlagen, den Cabot Trail im Uhrzeigersinn zu befahren, damit ich mich auf der Innenfahrbahn befand, wenn ich die Berge hinauf und hinab fuhr. Bislang war die Straße noch zu beiden Seiten von grünen Hügeln umgeben. Ich war seit zwanzig Minuten unterwegs und hatte bisher nur ein paar Autos gesehen. Ein Habicht schwebte über der Straße, und aus dem Augenwinkel sah ich ab und zu eine Bewegung in den Bäumen. Vielleicht ein Eichhörnchen oder ein Vogel, dachte ich, aber ich bezweifelte, dass mir ein Fuchs oder ein Rothirsch über den Weg laufen würden.

Ich begann, über Julians Ausführungen über Einflüsse und Menschen nachzudenken. Und über Marys Entscheidung in Bezug auf jene Menschen, die sie weiter in ihrem Leben behalten wollte. Ihre Erzählungen veranlassten mich auch dazu, darüber nachzudenken, welche Freundschaften ich gern erneuern würde. Und ich dachte auch daran, dass ich meine Schwester Kira und meine Mutter gern häufiger sehen würde. Vor allem Kira hatte es schon immer verstanden, das

Beste in mir hervorzukehren. Es war, als erinnerte ich mich in ihrer Gegenwart immer daran, wie es sein könnte, sich um eine jüngere Schwester zu kümmern. Und meine Mutter – ich nahm sie für selbstverständlich, das wusste ich. Ihre Angewohnheit, mich zu ermahnen, ich solle einen Pullover anziehen oder meine Erbsen aufessen – auch nachdem ich schon erwachsen und selbst Vater war –, hatte mich manchmal nach dem sonntäglichen Abendessen aus dem Haus getrieben, als müsse ich einer Folterkammer entweichen. Aber ich erkannte auch, was für ein Segen es gewesen war, in meinem Elternhaus aufgewachsen zu sein. Ich begann Dankbarkeit dafür zu empfinden. Wenn ich nach einem Baseballspiel heimkam, fragte sie immer »War es schön?« und nicht »Habt ihr gewonnen?«. Und es gelang ihr, über jeden irgendetwas Positives zu sagen – auch über Onkel Teddy, der in puncto Kreativität alles in den Schatten stellte, was Picasso hervorgebracht hatte. Und als mein Vater starb, legte sie eine Stärke und Tapferkeit an den Tag, die ich ihr zuvor nie zugetraut hätte. Sogar in den ersten Tagen nach seinem Tod schien sie mehr bekümmert zu sein über den Verlust, den Kira und ich erlitten hatten, als über ihren eigenen. Ihr Einfluss gehörte sicherlich zu jenen, die ich in meinem Leben wieder verstärken musste, dachte ich.

Aber gab es auch Leute, die mich hinunterzogen? Menschen, die in irgendeiner Hinsicht keine positiven Elemente waren? David und Sven kamen mir sofort in den Sinn, aber in meinem Privatleben fiel mir niemand ein. Selbst als Annisha und ich uns immer wieder gestritten hatten … ich hatte mich vielleicht nicht richtig verhalten, aber lag das an ihrem Einfluss? Oder tat ich nur mein Bestes, um aus einem Streit als Sieger hervorzugehen? Annisha gehört zu den optimistischsten Menschen, die ich kenne – was vielleicht auch der Grund dafür war, dass sie so lange durchhielt, während ich alle ihre Wünsche abschmetterte. Was war mit Tessa? Sie war lebhaft, fröhlich und schön. Sie erinnerte mich in mannigfacher Hinsicht an Annisha. Ich wollte sie in meinem Leben behalten, aber auf welche Art und Weise? Ich entschloss mich, beim nächsten Stopp eine verspätete Antwort auf ihre Mail zu schicken. Ich würde ihr die Wahrheit sagen: Ich befände mich in einer Übergangsphase; ich würde versuchen, mein Leben an den verschiedenen Fronten wieder in den Griff zu bekommen. Ich würde ihre Nachricht zu schätzen wissen, aber ich müsse über ihren Vorschlag persönlich mit ihr reden, wenn ich wieder zurückgekehrt war. Ich bräuchte ein bisschen Zeit, um mir über mich selbst klarzuwerden.

Es war kurz vor Mittag, als ich am Cape Breton Highlands National Park ankam. Auf den folgenden neunzig Kilometern würde die Straße dem Rand des Parks folgen, der sich entlang der Küste erstreckte. Mary hatte mir empfohlen, in diesem Teil des Parks ein kurzes Stück zu Fuß zu gehen. Ich freute mich schon darauf, aus dem Auto herauszukommen, meine Beine ausstrecken zu können und mein Mittagsmahl zu verzehren.

Ich folgte den Hinweisschildern nach Le Chemin du Buttereau und gelangte schließlich auf einen kleinen Parkplatz. Das Schild am Anfang des Wanderweges besagte, dass die Strecke ungefähr neunzig Minuten beanspruchen würde. Ich blickte mich um. Es war ein milder Frühlingstag, die Sonne stand hoch an einem nahezu wolkenlosen Himmel, doch der Parkplatz war leer, und weit und breit war niemand zu sehen. Mary hatte mich vor den Kojoten gewarnt. Sie näherten sich zwar Menschen gewöhnlich nicht, aber vor kurzem habe es einen Angriff auf einen Wanderer gegeben. Ich entschloss mich, nach der Wanderung mein Mittagsmahl im Auto einzunehmen. Mary hatte mir sicherheitshalber einen schweren Spazierstock mitgegeben. Ich nahm nur diesen Stock und die Wasserflasche mit.

Der Pfad war schmal und verschlungen und stieg unvermittelt an. Manchmal, wenn ich auf die nächste Baumwurzel oder einen Felsblock trat, hatte ich das Gefühl, auf einer flachen Treppe emporzusteigen. Beide Seiten des Weges waren dicht gesäumt von Kiefern, deren würziger Duft in der feuchten Luft hing. Vögel zwitscherten überall um mich herum, doch abgesehen davon war es still im Wald.

Mary hatte mir gesagt, dass ich über eine Strecke von zwei Kilometern ungefähr sechzig Meter hochsteigen würde, dann würde ich eine Schleife erreichen, die um die Spitze des Berges herumführte. »Von dort oben hat man einen phantastischen Ausblick«, erklärte sie.

Sie sagte mir aber nicht, dass ich dort auch der Geschichte begegnen würde. Nach ungefähr zwanzig Minuten tauchte am Rand des Weges ein Schild auf. Darauf stand, dass man links die Überreste eines der letzten fünf Häuser von Le Buttereau sehen könne –

eines französisch-kanadischen Bauerndorfes. Ich schaute den Hügel hinab, und tatsächlich war zwischen den Bäumen und dem dichten Gestrüpp eine unebene Steinfläche zu erkennen – die Fundamente eines winzigen Hauses.

Ich wusste, dass ich mich auf französisch-kanadischem Gebiet befand – Mary hatte mir auch empfohlen, in dem kleinen akadischen Fischerdorf Chéticamp einen kurzen Zwischenstopp einzulegen, bevor ich mir den Park anschaute.

Also war ich, eine Stunde bevor ich diese Wanderung begann, von der Hauptstraße heruntergefahren und hatte mein Auto neben einem Restaurant an der Straße abgestellt. Ein paar Läden und andere Gebäude drängten sich auf dem schmalen Streifen Land zwischen der Straße und der Chéticamp Bay zusammen. Mary hatte vorgeschlagen, ich könnte mir vielleicht die gehäkelten Teppiche anschauen, die als eine Besonderheit dieser Gegend galten, oder *tchaude* probieren, den Fischeintopf, den es dort gab, aber ich wollte nicht drinnen sitzen. Und ich hatte auch nicht so großen Hunger, um mich wegen einer Mahlzeit aufzuhalten. Stattdessen stieg ich die Holztreppe zwischen den Läden hinab und folgte einer Promenade, die zu mehreren kleinen Docks führte. Bescheidene Fischerboote, ganz ähnlich wie jenes von Ahmed, lagen am Anlegesteg nebeneinander. Vor einem der Docks stand ein großes Schild, auf dem Ausfahrten zur Walbeobachtung angeboten wurden. Unterhalb des Schildes war ein kleines Fischerboot festgemacht, daneben ein Schlauchboot. Mary hatte mir empfohlen, mit einem dieser alten Boote eine Walbeobachtungstour zu unternehmen – die Schlauchboote machten zu viel Lärm und erzeugten Vibrationen, welche die Meeressäuger störten. Ich hatte mich jedoch entschlossen, lieber später eine Wanderung zu machen.

Bevor ich zu meinem Wagen zurückkehrte, ging ich ein Stück an der Hauptstraße entlang, bis das Restaurant und die Läden von einer Reihe kleiner Häuser in Holzrahmenbauweise abgelöst wurden. Vor ihnen verlief ein schmaler Gehsteig, auf dessen anderer Seite die Autos vorbeifuhren – fast unmittelbar vor den Eingangstüren der Häuser. Hinter den Häusern konnte ich einen schmalen Streifen von grünem Gras erkennen, und dahinter die Wasser des Sankt-Lorenz-Golfs.

Der Cabot Trail war früher eine nicht asphaltierte Straße und damals vermutlich auch deutlich schmaler als heute. Diese Häuser hatte man gefährlich nahe an der Straße erbaut, während das eisige Salzwasser an ihre Hintereingänge schlug. Mary erzählte, dass man in Chéticamp und Umgebung noch immer Französisch sprach. Die Einwohner waren Nachfahren der Akadier, die Mitte des 18. Jahrhunderts von den Briten aus dem Annapolis-Tal im Kernland von Nova Scotia vertrieben worden waren. Nachdem die Briten 1710 die französische Kolonie Akadien eingenommen hatten, verlangten sie von den Akadiern, Großbritannien die Treue zu geloben. Die meisten Akadier, die eine blühende Landwirtschaft betrieben, waren politisch nicht interessiert – mehr noch, sie wollten in die Auseinandersetzungen zwischen Frankreich und Großbritannien auf dem nordamerikanischen Kontinent nicht hineingezogen werden. Einige wenige jedoch halfen bei der Versorgung der französischen Festungen im heutigen Nova Scotia und New Brunswick. Obwohl also die große Mehrheit der Akadier jahrzehntelang friedlich unter der englischen Herrschaft gelebt hatte, gelangten die Briten zu der Ansicht, dass ihre Anwesenheit eine gefährliche Bedrohung darstellte, und begannen, die Akadier nach Europa oder in andere britische Kolonien zu deportieren. Viele Akadier, die nach Frankreich zurückgebracht wurden, wanderten später in die französischen Kolonien in Nordamerika aus. Der größte Teil von ihnen ging nach Louisiana, und ihre Nachfahren wurden schließlich als Cajuns bekannt. Das wusste ich, aber Mary hatte mir auch noch erzählt, dass eine kleine Gruppe nach Cape Breton Island gelangte und sich an der Nordwestküste niederließ. Als ich an den Fronten dieser kleinen Häuser entlangging, wurde mir bewusst, wie isoliert diese akadischen Siedler in Chéticamp gewesen sein mussten – wahrscheinlich nur ein paar hundert Seelen, die sich zwischen dem Meer und dem zerklüfteten Bergland der Insel zusammendrängten. Wie ihr Leben wohl ausgesehen hat? Diese Handvoll Familien, die aus einer Tausende von Menschen umfassenden landwirtschaftlichen Gemeinschaft kamen, waren vermutlich in jeglicher Hinsicht voneinander abhängig. Aber wenn schon Chéticamp isoliert war, was war dann mit Le Buttereau?

Als ich durch die Fundamente von Le Buttereau streifte, die schon so stark zerbröckelt und verfallen waren, dass sie wie Felsblöcke aussahen, versuchte ich mir auszumalen, wie die Großfamilien in diesen winzigen

Gebäuden gelebt haben mochten. Unterhalb der Häuser lagen freie Flächen – die Überbleibsel von Äckern –, die sich bis zum Fluss Chéticamp erstreckten. Es war schwer vorstellbar, wie die Menschen auf diesem zerklüfteten Terrain Landwirtschaft betrieben oder wie sie auf winzigen Fischerbooten tagelang auf dem Wasser unterwegs waren. Auf den Tafeln am Wegesrand stand, dass die Männer, wenn der Fluss eisfrei war, den Sonntag zu Hause in Le Buttereau verbrachten, während der Woche aber in Fischerhütten in Chéticamp oder La Bloque lebten. Im Winter überquerten die Familien den zugefrorenen Fluss, um sich in der Stadt mit Vorräten einzudecken, später auch, um ihre Kinder dort zur Schule zu bringen. In den wärmeren Monaten nutzten sie für den Marsch in die Stadt einen Karrenpfad, auf dessen Überresten ich mich jetzt bewegte.

Auf dieser Landspitze konnten nie viele Familien leben. Im Jahr 1936 wohnten hier zwei Familien mit dem Namen LeBlanc sowie die Familien Chiasson, LeBrun und Devaux. Jede hatte zwischen neun und elf Kinder. Insgesamt also ungefähr fünfzig Menschen.

Wie anders war dagegen meine Welt. Hunderte von Arbeitskollegen, Hunderte von Freunden, ein Wohngebiet, das sich ununterbrochen über viele Kilometer erstreckte. In der Schule St. Adams gab es achtzig Schüler in der ersten Klasse. So viele Menschen. Ich dachte an Julians Ausführungen: Wähle die Menschen, die in deinem Leben eine Rolle spielen, sorgfältig aus. Ich konnte sie auswählen. So viele Menschen in der Vergangenheit kannten diesen Luxus nicht. Sie hatten keine echte Wahl, sie waren weitestgehend abhängig von der Handvoll Menschen, mit denen sie zusammenlebten.

Die Aussicht von der Spitze des Chemin du Buttereau war tatsächlich sehr schön – der Strand, der sich unten entlangschlängelte, das blaue Wasser, das sich weit in die Ferne erstreckte. Doch das sollte erst der Anfang sein.

Eine Stunde später fuhr ich mit meinem Mietwagen in das Bergland hinauf und fragte mich, wie man angesichts der Haarnadelkurven, der schroff abfallenden Berghänge und der steilen Steigungen ohne ein Sechs-Zylinder-Auto auf diesem Terrain vorankommen sollte. Es war klar, warum diese Gegend lange Zeit so dünn besiedelt geblieben war. Ich hielt an mehreren Aussichtspunkten, blickte hinaus auf das Meer oder zurück zu den dunkelgrünen Bergen. Ich fuhr am Walmuseum in Pleasant Bay vorbei und nahm mir vor, eines Tages mit Adam hierher zurückzukehren. Ich hielt an, um einen Blick auf das Sommerhaus von Alexander Graham Bell in der Nähe des Ingonish Centre zu werfen. Ich saß lange am Strand bei Wreck Cove und beobachtete die Wellen, die sich an dem steinigen Ufer brachen. Es war später Nachmittag, als ich wieder an der Zufahrt zum Haus von Mary und Angus ankam.

Marys Dinnerparty wurde ein außergewöhnlicher Abend. Es gab Berge von frischem Hummer, und nachdem der Tisch abgeräumt worden war, erfüllte der Klang von Fiedeln und Harmonikas den Raum. Die Freunde von Mary und Angus waren energiegeladene, begeisterte, fröhliche, leidenschaftliche Menschen. Sie unterhielten sich über alles Mögliche, von Politik bis Kunst, von internationalen Fragen bis Musik. Das wichtigste Gespräch für mich war jedoch eine ruhige Unterhaltung, die ich mit Angus' Vater hatte, bevor die übrigen Gäste eintrafen.

Ich hatte Mary und Angus angeboten, ihnen in der Küche zu helfen, aber Mary hatte mich ins Wohnzimmer gescheucht. »Trinken Sie ein Bier mit Don«, hatte sie gesagt. »Angus und ich arbeiten schneller, wenn wir zu zweit sind.«

Don war ein eher kleiner Mann, hatte aber die stämmige Figur eines Menschen, der sein ganzes Leben lang körperlich gearbeitet hatte. Seine Hände waren geädert und schwielig, seine Schultern leicht gebeugt, aber seine grünen Augen funkelten noch immer äußerst lebhaft.

Ich holte für jeden von uns eine Flasche Bier aus der Küche. (Don hatte nur »tch« gesagt, als ich ihn fragte, ob er ein Glas wolle.) Dann setzte sich jeder in einen der tiefen Wohnzimmersessel, und wir blickten hinaus auf die Bäume vor dem Haus.

Angus hatte mir bereits erzählt, dass sein Vater Bergarbeiter gewesen war, aber ich wollte gern Näheres über sein Leben erfahren. Don freute sich anscheinend, dass er von sich erzählen konnte.

Er hatte mit dreizehn Jahren im Bergwerk angefangen.

»Mein Vater, meine Onkels, sie alle haben unter Tage zu arbeiten begonnen, als sie zehn waren. Als ich an die Reihe kam, war das Mindestalter auf vierzehn Jahre angehoben worden, aber wir brauchten das Geld. Ich wollte nicht länger warten. Ich habe bei meinem Alter geschwindelt, und mein Vater und seine Kumpels haben mich gedeckt.«

Die Jungen durften noch nicht direkt im Stollen arbeiten. Stattdessen harrte der kleine Don jeden Tag zwölf Stunden lang im Stockdunkeln aus und wartete darauf, dass jemand an die großen Holztüren klopfte, die die Abschnitte, in denen gearbeitet wurde, von den Schächten abtrennten. »Ich habe die Bergleute hereingelassen und sie mit ihren vollen Karren wieder hinausgelassen.«

Don sagte, wenn man erst einmal alt genug war, um mit Pickel und Schaufel zu arbeiten und die Kohlenkarren zu ziehen, waren die Tage nicht mehr so einsam. Gemeinsam fanden die Männer Mittel und Wege, um die Zeit schneller vergehen zu lassen. Sie erzählten sich Witze und Geschichten. Sie sangen miteinander, Volkslieder und Balladen. Dennoch waren die Tage lang. Im Winter fuhren die Bergleute im Dunkeln in den Schacht ein und kamen im Dunkeln wieder herauf.

»Wir haben die Sonne nur an den Sonntagen gesehen, viele Monate lang«, sagte Don und lachte.

Und dann gab es auch noch die »dumpfen Kracher«.

»Ich habe sechzehn davon erlebt«, erzählte Don und wischte sich mit der Hand über die Stirn. Die Explosionen von Kohlenstaub und Gasen, die in den Minen eingeschlossen waren, hatten vielen seiner Freunde und Verwandten das Leben gekostet.

»Wie haben Sie es geschafft?« Ich schüttelte den Kopf, entsetzt über die schrecklichen Arbeitsbedingungen in den Minen.

»Nicht dass Sie mich falsch verstehen, junger Mann«,

antwortete Don. Anklänge an seine gälische Herkunft durchzogen seine Sprechweise. »Es war eine harte Arbeit, aber es war ein schönes Leben.«

»Wie meinen Sie das?«, fragte ich. »Wie können Sie das sagen?«

Don schwieg einen Augenblick. Dann legte er eine Hand auf die Stuhllehne und sagte: »Ich wusste nicht, dass Sie das nicht verstehen können. Es hat etwas damit zu tun, dass man mit einer Gruppe von Leuten zusammenarbeitet, mit Menschen, denen man jeden Tag sein eigenes Leben anvertraut. Du überlebst diese erste Explosion, du bringst die Kameraden nach oben, du beerdigst die anderen. Jemand wühlt sich durch die Kohle und findet dich und zieht dich heraus. Oder du bist stundenlang da unten gefangen. Vielleicht bist du mit zehn Mann zusammengepfercht. Wenn du nach dem Knall wieder nach unten fährst, siehst du diese Männer mit ganz anderen Augen. Du weißt, da besteht ein Band, das niemals reißen wird. Du fühlst dich glücklich. Gesegnet.«

»Wahnsinn«, sagte ich, noch immer ungläubig. »Aber trotzdem würde ich lieber Fischer sein.«

»Heilige Maria und Josef!«, rief Don. »Nicht für viel Geld könnte man mich auf einen dieser Kähne bringen. Wenn Sie etwas über eine gefährliche Arbeit erfahren wollen, sollten Sie mit Joe reden, Marys Vater.«

Don schüttelte den Kopf. »Diese Leute haben wirklich Mut, das kann ich Ihnen sagen.«

Den ganzen Tag war ich durch diese kleinen Fischerdörfer gefahren. Bergbau und Fischen – das stellte in diesem Teil der Welt für viele Generationen lange Zeit die einzigen Berufsmöglichkeiten dar. Und es waren gemeinschaftliche Aktivitäten gewesen, gefährliche Tätigkeiten, die man in kleinen Gruppen durchführte. In Japan, auf einer der am dichtesten bevölkerten Inseln der Welt, war mir bewusst geworden, wie wichtig es ist, andere gut zu behandeln. Hier konnte ich sehen, wie wertvoll menschliche Beziehungen sind. Hier kam es auf die Menschen an, mit denen man zusammen lebte und arbeitete. Hier konnte dies eine Frage von Leben oder Tod sein.

Auf den ersten Blick hatte dies nicht viel mit meinem Leben zu tun. Gewiss, Adam war auf dieselbe Weise von mir abhängig wie Don von den anderen Männern in der Mine, aber gab es sonst noch jemanden? Da fiel mir Juan ein. Vielleicht war meine Welt doch nicht völlig anders. Es hatte einen Moment gegeben, vielleicht sogar mehrere, als Juans Leben in meinen Händen lag. Und ich hatte ihn nicht wieder nach oben gebracht.

KAPITEL 9

Nachdem ich mich von Mary und Angus verabschiedet hatte, flog ich von Sydney nach Halifax, wo ich die Nacht in einem Hotel verbrachte. Ich musste früh am Morgen am Flughafen sein, um zu meinem nächsten Ziel aufzubrechen – Shanghai. Nach der Mitteilung, die mir Julian geschickt hatte, sah es so aus, als würde ich dort nicht einmal einen ganzen Tag Zeit haben. Vor meiner großen Reise hätte ich dies wahrscheinlich als eine enorme Geldverschwendung betrachtet – um die halbe Welt zu fliegen, um dann umzukehren und wieder zurückzukommen –, doch mittlerweile sah ich es lockerer. Auf dem Flug von Newark, wo ich hatte umsteigen müssen, nach Shanghai konnte ich etwas schlafen. Ich kam gegen zwei Uhr nachmittags in Shanghai an (drei Uhr morgens nach Halifax-Zeit) und wurde von Yu Feng in Empfang genommen, einem ernsten jungen Mann, der mir erklärte, er werde mir als Dolmetscher und Führer zur Seite stehen. Er nahm mein Gepäck und geleitete mich aus dem Terminal; ein glänzender Bentley wartete auf uns. Nachdem er meine Sachen verstaut hatte, setzte sich Yu zu mir auf den Rücksitz.

»Mr. Gao lässt sich vielmals entschuldigen, aber er

ist in einer Besprechung, die er nicht verschieben konnte. Er hofft, Sie am Abend um sechs Uhr in seinem Büro begrüßen zu können. Er wird Sie dann zu sich nach Hause zum Essen mitnehmen. Ich kann Ihnen in Shanghai alles zeigen, was Sie sehen möchten.«

Ich schaute auf meine Armbanduhr. Es hatte eine Weile gedauert, bis ich mein Gepäck geholt und die Einreiseformalitäten hinter mich gebracht hatte. Mir blieben ein paar Stunden, die ich nutzen konnte, um mir die Stadt anzuschauen, doch verlockender war der Gedanke an eine heiße Dusche und ein kurzes Nickerchen. Ich dankte Yu Feng für sein Angebot und fragte ihn, ob er mich einfach zu meinem Hotel bringen könne.

Yu Feng wechselte ein paar Worte mit unserem Fahrer, und im Nu waren wir eingetaucht in das Häusermeer Shanghais.

»Möchten Sie etwas trinken?«, fragte Yu Feng und zog an einer kleinen Tür an der Rückseite des Sitzes vor mir. Sie schwang auf, und es kam ein Fach zum Vorschein, das wie eine Minibar eingerichtet war. Dann klappte er einen kleinen Tisch aus dem Ledersitz zwischen uns herab.

»Nur Wasser«, antwortete ich. »Danke.« Es war schade, dass ich diesen Luxus nicht nutzen konnte, aber mich gelüstete im Moment nicht nach einem Drink.

Wir fuhren über eine Brücke, die sich über eine breite dunkle Wasserfläche erstreckte. »Der Fluss Huangpu«, sagte Yu Feng. Dann setzte er hinzu: »Mr. Gaos Büro befindet sich im Stadtzentrum, aber wir haben für Sie ein Zimmer in einem Hotel nur ein paar Blocks vom Bund entfernt gebucht.«

Ich schaute Yu Feng fragend an.

Yu Feng erklärte mir, dass der Bund ein breiter Boulevard ist, der am Westufer des Huangpu verläuft. In diesem Stadtteil hatten die Europäer, die sich in Shanghai niedergelassen hatten, in den 1920er und 1930er Jahren viele prächtige Gebäude errichtet.

»Sehr beliebt bei amerikanischen und europäischen Touristen. Auch nachts sehr schön«, stellte Mr. Yu fest.

Ich nickte, erwiderte aber nichts. Ich dachte an das herabstürzende warme Wasser und das schaumige Shampoo.

Als ich durch die Tür meines Zimmers trat, blieb ich stehen und fragte mich, ob es sich hier nicht um ein Versehen handelte. Sobald wir am Hotel vorgefahren waren, wusste ich, dass dies meine bisher prachtvollste Unterkunft sein würde. Die Eingangshalle, unter einem drei oder vier Stockwerke hohen Dach, war mit schwarzen Marmorfliesen ausgelegt, die wie Glas schimmerten, und mit elegantem Mobiliar und großen Palmen ausgestattet. Doch Hotellobbys können täuschen. Ich war schon in Hotels gewesen, wo die Eingangshalle auf ein Fünf-Sterne-Etablissement schließen ließ, während die Zimmer eher den Motels glichen, in denen meine Eltern bei Familienausflügen gern abgestiegen waren. Daher erwartete ich ein nettes Zimmer, war mir aber nicht sicher.

Aber was dann kam! Es war so viel mehr als »nett«, dass es mir schier den Atem verschlug. Ich drehte mich um und schaute zu Yu Feng, der darauf bestanden hatte, mich auf das Zimmer zu begleiten. Er runzelte die

Stirn und sprach in schnellem und zornigem Mandarin mit dem Hotelpagen.

»Ich bitte vielmals um Entschuldigung«, sagte er zu mir, nachdem er mit dem bedauernswerten Mann fertig war. »Ich habe ihm gerade gesagt, dass für Sie im Zimmer Obst, Champagner und ein kleines Buffet bereitstehen sollten. Er hat versprochen, dass das alles sofort nachgeholt wird.«

Ich stand im Foyer meines Zimmers und starrte in den Raum, der größer war als meine Wohnung. Ich sah Fenster, die vom Boden bis zur Decke reichten und die gesamte Breite des Zimmers einnahmen. Es handelte sich nicht nur um ein sehr geräumiges Wohnzimmer, sondern ich hatte auch ein richtiges Esszimmer zur Verfügung. Ich ging durch den Raum zu einem Schlafzimmer, das so groß war wie alle Hotelzimmer, in denen ich bisher gewohnt hatte. Es verfügte über einen eigenen Sitzbereich sowie über eine Büronische mit einem Schreibtisch. Das Badezimmer war ein helles, marmorverkleidetes Wunderland. Benommen ging ich zurück ins Wohnzimmer. Feng musterte mich neugierig.

»Sie möchten sich ausruhen. Ich lasse Sie jetzt allein«, sagte er und verneigte sich leicht. »Ich komme um halb sechs Uhr wieder und bringe Sie zu Mr. Gao.«

Als Yu Feng gegangen war, begann ich, meine Suite näher in Augenschein zu nehmen. Im Badezimmer entdeckte ich einen Schrank direkt gegenüber der Wanne. Ich schob die Mahagonitür ein Stück weit auf, und zum Vorschein kam ein riesiger Bildschirm. Darauf ging ich sogleich zum Bad, drehte die Hähne auf und kehrte ins Wohnzimmer zurück, in dem mittlerweile das Buffet bereitgestellt war. Ich füllte einen Teller mit venezolanischer Schokolade, Brie-Käse, Keksen und Weintrauben. Dann entkorkte ich eine kleine Flasche Cabernet Sauvignon und schenkte mir ein Glas ein. Ich trug alles ins Badezimmer und stellte es auf die Marmorleiste, welche die großzügige Wanne umschloss. In einer kleinen Schublade unter dem Fernsehschrank entdeckte ich die Fernbedienung. Ich schaltete durch die Filmkanäle, bis ich schließlich einen meiner bevorzugten Actionthriller fand.

Während das warme Wasser aus den Sprudeldüsen meinen Körper umströmte, wärmten mich der edle Wein und das gute Essen innerlich. Bald verlor ich das Interesse an dem Film. Ich schaltete den Fernseher aus und wandte mich der Musikanlage zu. Eine Stunde später stieg ich entspannt und erfrischt aus der Wanne und empfand Dankbarkeit dafür, wie gut es mir hier ging. Ich schlüpfte in einen plüschigen Bademantel aus Baumwolle. Während Musik durch meine Suite tönte, holte ich mein Journal heraus und ging ins Wohnzimmer. Ich streckte mich auf dem tiefen, weichen Sofa aus und schlug im Journal eine neue Seite auf. *Was für eine wunderbare Art zu leben,* schrieb ich. *Daran könnte ich mich gewöhnen!* Dann klappte ich das Buch zu.

Yu Feng holte mich mit dem Bentley ab und brachte mich zu Mr. Gaos glitzerndem Büroturm. Nachdem uns der Fahrer abgesetzt hatte, führte mich Yu Feng durch eine glasverkleidete und mit Springbrunnen ausgestattete Eingangshalle hinauf zum Penthaus-Büro.

Yu Feng drückte die Glastüren auf, und eine schöne junge Frau, die am Empfang saß, erhob sich hinter dem Tisch.

»Mr. Yu, Mr. Landry«, sagte sie. »Es tut mir sehr leid. Mr. Gao war sicher, dass die Besprechung bis sechs Uhr beendet sein würde, aber er ist noch nicht zurück. Ich werde Mr. Gao mitteilen, dass Sie gekommen sind.«

In diesem Augenblick flog eine Tür weiter unten auf dem Gang auf, und Männer strömten heraus. Der Klang lauter Stimmen und Gelächter umhüllte sie wie eine Woge. Als sie auf die Eingangshalle zukamen, entdeckte ich ein bekanntes Gesicht. Und dann hörte ich die Stimme.

»Mr. Gao, ich freue mich, dass Sie mit uns übereinstimmen. Ich glaube, das ist wirklich eines der besten Drehbücher, die Sie mir bisher geschickt haben.« Es war ein Schauspieler – ein Filmstar. Ich hatte ihn schon in Dutzenden Thrillern gesehen, einmal auch in einer romantischen Komödie. Und er ging auf mich zu. Ihm folgte ein anderer Mann, den ich ebenfalls zu kennen glaubte. Mir fiel der Name nicht ein, aber ich hatte ihn schon einmal bei einem Interview oder einer Preisverleihung oder dergleichen gesehen. Vielleicht ein Regisseur oder ein berühmter Produzent? Und neben ihnen stand ein hochgewachsener Asiate, der mich anblickte. Er legte dem Schauspieler eine Hand auf die Schulter und sagte leise etwas zu ihm. Dann trennte er sich von der Gruppe und kam zu mir herüber.

»Jonathan Landry«, sagte der Mann herzlich und streckte mir seine Hand entgegen. »Gao Li. Entschuldigen Sie bitte, dass Sie warten mussten. Darf ich Sie meinen neuen Geschäftspartnern vorstellen?«

Wie sich herausstellte, war Gao Li Risikokapitalgeber. Zu seinen jüngsten Investments gehörte eine neue Produktionsfirma aus Hollywood, die von einer Gruppe von Leuten gegründet worden war, zu denen auch der Schauspieler und der andere Mann gehörten – ein Regisseur, wie ich erfuhr. Sie hatten bei der gerade beendeten Besprechung die Verträge unterzeichnet.

»Sie dürfen sich auf ein ganz besonderes Vergnügen freuen«, sagte der Schauspieler zu mir. Er lächelte und klopfte Mr. Gao auf den Rücken.

Es heißt, wenn man berühmte Leute persönlich kennenlernt, sind sie oft kleiner, als man sie sich vorgestellt hat. Dieser Mann jedoch war genauso groß und muskulös, wie ich ihn von der Leinwand kannte. Seine Kleidung war leger, aber nichts davon ähnelte den Kleidungsstücken, die ich besaß. Ich fragte mich, ob so Designerklamotten aussahen, ob wirklich teure Hemden und Jeans dieses gewisse Etwas haben. Er trug eine Sonnenbrille auf die Stirn geschoben. Sie wirkte, als befände sie sich schon den ganzen Tag dort, saß auf seinen Schläfen und war bereit, über seine Augen herabzurutschen, falls er sie benötigen würde, um sich schnell unkenntlich zu machen.

»Lassen Sie sich von Mr. Gao auf seine Yacht bringen«, sagte der Schauspieler zu mir. Er deutete zu Gao Li. »Was war das gestern Abend für eine herrliche Party. Wahnsinn. Wirklich. Mr. Gao, das ist echt ein tolles Schiff. Und Sie sind wahrhaftig ein Tausendsassa. Danke. Danke für alles.« Als sich Gao Li und der Schauspieler die Hände schüttelten, beugte sich eine ernst dreinblickende junge Frau zu Mr. Gao und sagte leise etwas zu ihm.

Darauf erklärte Gao Li: »Meine Herren, der Helikopter ist da. Wollen wir raufgehen?« Dann wandte er sich zu mir.

»Jonathan, möchten Sie mich begleiten und zuschauen, wie meine Freunde abfliegen?«

Ich war noch nie auf einem Hubschrauberlandeplatz gewesen. Wir gingen durch eine Tür zur anderen Seite des Penthauses und fuhren mit dem Aufzug in das nächsthöhere Stockwerk. Die Türen öffneten sich auf ein ausgedehntes Flachdach. Dort wartete in einiger Entfernung ein Hubschrauber; seine Rotoren drehten sich. Es war ein surreales Gefühl – ich stand auf dem Dach eines Gebäudes, mehr als hundert Stockwerke über dem Erdboden, die Luft wirbelte über unsere Köpfe, und ein eigenartig weiter Himmel erstreckte sich in die Ferne. Die Dächer der übrigen Wolkenkratzer wirkten wie große schwebende Plattformen, eingestreut in die Betonschluchten, die uns umgaben.

Der Schauspieler, der Regisseur und ein paar weitere Männer beugten sich nach vorn und begannen, langsam zum Hubschrauber zu laufen. Es hatte den Anschein, als würden sie das jeden Tag tun. Nachdem sie eingestiegen waren und sich gesetzt hatten, hob der Helikopter langsam vom Gebäude ab. Gao Li und ich winkten. Ich sah, wie der Schauspieler aus dem Fenster zurückwinkte. Dann fuhren Mr. Gao und ich wieder hinab zum Büro.

»Es tut mir leid, dass ich Sie nicht mit dem Helikopter vom Flughafen abholen konnte, aber ich fürchte, wir hätten für diesen Flug heute noch eine Sicherheitskontrolle durchführen müssen, und daher wurde die Zeit zu knapp.«

Ich wusste nicht, was ich sagen sollte. Ich hätte nie daran gedacht, dass ich einmal die Gelegenheit bekommen sollte, auf diese Weise befördert zu werden.

Im Aufzug und auf dem Weg zu Mr. Gaos Büro gingen mir viele Gedanken durch den Kopf. Das Leben von Gao veranlasste mich, meine Vorstellungen von Luxus zu überdenken. Ich war zuvor noch nie in einem Bentley gesessen, aber jetzt war das etwas, an das ich später vielleicht einmal sehnsuchtsvoll denken würde. Und ein Chauffeur. Dann die Hotelsuite, dieses elegante Büro, der Hubschrauber. Und der Schauspieler. Wie glamourös das alles war. Es erinnerte mich an meinen großen Plan, den ich nach der Highschool entwickelt hatte.

Wie vielen Jugendlichen waren auch mir die Schulzeit und die Teenager-Jahre als eine Art Drangsal erschienen. Es lag nicht daran, dass ich unbeliebt oder in hohem Maße unsicher gewesen wäre oder mich in der Schule schwergetan hätte. Vielmehr wurde ich als Heranwachsender von einer tiefen Unzufriedenheit bestimmt. Ich wusste zwar, dass es vielen Kindern schlechter ging als mir, aber ich hatte nur Augen für jene, die es anscheinend besser hatten. Wenn die Frühlings- oder die Sommerferien näher rückten, erstellte ich im Geist eine Liste von jenen Mitschülern, denen eine wunderbare Zeit bevorstand – ein Trip in die Karibik oder ein Skiurlaub im März, ein Aufenthalt in einem Ferienhaus oder eine Reise nach Europa im Juli. Ich registrierte, wer das beste Fahrrad oder die neuesten Schlittschuhe hatte und das meiste Taschengeld bekam. Ich beobachtete, in welchen Häusern sie wohnten und welche Autos ihre Eltern fuhren – das

Glück, das sie hatten, war wie ein blinkendes Neonlicht über dem Eingang eines Ladens, den ich nicht betreten durfte.

Während dieser sehnsuchtsvollen Jahre fasste ich den Entschluss, mich nicht damit abzufinden, ein Leben wie meine Eltern zu führen, mit Couponschneiderei, Gebrauchtwagen und Billigurlauben. Ich würde großes Geld verdienen, wenn ich mit dem College fertig war. Und ich würde stilvoll leben!

Aber natürlich genügte schon ein wenig Kontakt mit der Wirklichkeit, um die eigenen Erwartungen neu einzustellen. Ich hatte es zwar nicht geschafft, mir einen Bentley zu kaufen, aber ich besaß ein Haus, das beträchtlich größer war als jenes, in dem ich aufgewachsen war; und ich hatte mich in der Firma hochgearbeitet und konnte nun ein luxuriöseres Leben führen. Doch auf dieser Reise für Julian hatte dieses Ziel für mich ein wenig an Bedeutung verloren. Ich begann, einige meiner bisherigen Prioritäten in Frage zu stellen und das »schöne Leben« in einem gänzlich neuen Licht zu sehen. Dieser Besuch erinnerte mich daran, warum ich mir diese Ziele in erster Linie gesetzt hatte. Das Leben von Gao Li war in hohem Maße faszinierend. Das musste ich mir eingestehen. Anders als Julian besaß ich keinen Ferrari, den ich verkaufen konnte. Aber war ich bereit, meinen *Traum* von einem Ferrari aufzugeben?

Gao führte mich in sein Büro. Es war eine riesige Ecksuite mit umlaufenden Fenstern. Antike, lackierte Möbel waren im Raum verteilt. In einer Ecke stand eine Seidenbrokat-Couch mit Stühlen, in einer anderen ein extravaganter Ebenholztisch. In einem Eiskůbel auf dem Kaffeetisch vor uns stand eine Flasche Champagner.

»Das ist noch von der Besprechung übrig«, sagte Gao, während er die Flasche anschaute. »Möchten Sie ein Glas oder sollen wir zu mir nach Hause fahren, um vor dem Abendessen noch etwas zu trinken?«

So gern ich noch länger an diesem exquisiten Ort geblieben wäre, um Champagner zu schlürfen und die Skyline von Shanghai zu bestaunen, war ich doch neugieriger darauf, zu sehen, wie – und wo – Gao lebte.

»Ich würde gern zu Ihnen fahren«, sagte ich.

»Sehr schön«, erwiderte Gao. »Ich möchte auch nach Hause. Ich war in den vergangenen Tagen stark damit beschäftigt, die Leute von der Produktionsfirma zu unterhalten, und ich sehne mich nach meinem Heim und meiner Frau und meiner Tochter.«

»Ja, und ich habe auch gehört, Sie haben eine Yacht«, sagte ich.

»Ja, ich hoffe, Sie nehmen es mir nicht übel, dass ich Sie nicht auf eine Ausfahrt mitnehmen kann«, sagte Gao Li. »Julian hat mir mitgeteilt, dass Ihre Zeit begrenzt ist, und die Crew ist noch damit beschäftigt, nach der Party von gestern Abend sauber zu machen.«

»Schon gut«, sagte ich, vielleicht ein wenig zu schnell. Ich war enttäuscht, dass ich dieses Schmuckstück nicht zu sehen bekommen sollte; immerhin hatte es eine Hollywood-Größe beeindruckt, die zweifellos schon andere große Yachten gesehen hatte.

Gao Li ging zu seinem Schreibtisch und drückte auf dem Telefon einen Knopf.

»Yang Jing-We«, sprach er in den Lautsprecher, »könnten Sie bitte Sung Hao sagen, dass er meinen

Wagen bereitstellen soll? Jonathan und ich möchten losfahren.« Dann wandte er sich zu mir.

»Ich bin heute früh mit meinem eigenen Wagen gekommen, damit der Chauffeur Sie mit dem Firmenauto herumfahren kann.«

Als wir vom Aufzug in die Eingangshalle gingen, überlegte ich, was für ein Auto ein Mann wie Gao Li fahren mochte. Würde er eine Limousine bevorzugen, etwa einen Mercedes, oder würde er ein sportliches Fahrzeug fahren? Vielleicht einen Maserati oder Porsche? Oder einen Lamborghini? Oder vielleicht sogar einen Ferrari?

Als wir die Glastür am Eingang aufstießen, musterte ich die Autos, die entlang des Gehsteigs geparkt waren. Da standen ein Lexus, ein Alfa Romeo, ein BMW und ein Aston Martin. Ich tippte auf den Aston Martin. Ich ging schon fast darauf zu, als ich hörte, wie Gao Li sagte: »Hier rüber bitte, Jonathan.« Er ging in die entgegengesetzte Richtung, zu einem Mann in einer Livree, der einen Satz Schlüssel in der Hand hielt. Der Mann stand neben einem Volvo-Kombi.

»Danke, Sung Hao«, sagte Gao Li, nahm die Schlüssel entgegen und ging zur Fahrerseite des Volvo.

Mir wurde bewusst, dass ich auf dem Gehsteig stehen geblieben war und Gao Li mit leicht geöffnetem Mund beobachtete, ohne mich zu rühren. Ich machte den Mund zu und trat schnell auf die Beifahrerseite. Ich öffnete die Tür und wollte einsteigen, aber auf dem Sitz lag eine Zeitschrift.

»Entschuldigen Sie bitte«, sagte Gao Li, griff nach der Zeitschrift und warf sie auf den Rücksitz. »Das ist von meiner Tochter.«

Ich war so überrascht über das Auto, dass ich nichts sagte, während sich Gao Li in den Verkehr einfädelte. Das war ein Auto, wie es auch meine Nachbarn fuhren, jene Art von Autos, die bei Adams Fußballspielen auf dem Parkplatz standen. Dagegen war nichts einzuwenden, aber es war kein Auto, das ich bei einem Mann mit den Mitteln erwartet hätte, die Gao Li offensichtlich zu Gebote standen.

Wir fuhren auf verschiedenen großen Straßen durch ein Meer von Bürogebäuden und Wohnhäusern. An jeder Biegung erwartete ich eine Veränderung, den Übergang in eine Vorortsiedlung mit kleineren Häusern oder vielleicht auch eine Grünfläche, aber die dichte Bebauung setzte sich unendlich weit fort. Wir unterhielten uns angenehm. Gao Li erzählte mir von einigen seiner großen Unternehmungen, darunter auch von einer Produktionsfirma und einem neuen Projekt, das er gerade in Brasilien aufbaute. Ich erzählte ihm von meiner Arbeit in der Autoindustrie. Schließlich fragte ich, woher er Julian kenne.

»Wir haben uns im Gericht getroffen, als er mich verklagt hatte«, sagte Gao Li und kicherte. »Genauer gesagt, sein Klient hatte mich verklagt«, fuhr Mr. Gao fort. »Erfolglos, wie ich hinzufügen möchte.«

»Ich dachte, Julian hätte nie einen Prozess verloren«, wandte ich ein. Ich hatte viele derartige Geschichten gehört.

»Sein Klient konnte keinen Rechtsanspruch geltend machen, aber für Julian spielte das gewöhnlich keine Rolle. Ich hatte das Glück, dass dieser Prozess gegen Ende von Julians Anwaltskarriere stattfand – als er nicht mehr ganz auf der Höhe war.«

»Lassen Sie mich raten«, sagte ich. »Er hat Sie kennengelernt nach seiner Rückkehr aus dem Himalaja?«

»Da haben Sie recht«, erwiderte Gao Li. Er fuhr langsamer und lenkte den Wagen schließlich in eine der seltenen Parklücken am Straßenrand.

»Entschuldigen Sie mich bitte«, sagte Gao Li. »Ich möchte kurz dieses Café dort aufsuchen. Ich bin in einer Minute zurück.«

Ich beobachtete Gao Li, wie er ausstieg, den Gehsteig hinunterging und dann in einem kleinen, hell erleuchteten Café verschwand. Es war jetzt mindestens acht Uhr abends, und das Café schien gut besucht zu sein. Ich sah Dutzende Leute, die dicht gedrängt an kleinen Tischen standen, die den Innenraum des Ladens einnahmen.

Wie versprochen, kehrte Gao Li nach einer Minute zurück. Als er ins Auto stieg, wirkte er erfreut.

»Auch eines meiner Investments«, sagte er. »Mr. Chang stammt aus meiner Heimatstadt. Er hat hier in Shanghai mit einem kleinen Karren im Gang eines Einkaufszentrums angefangen. Ich habe diesen Karren zur Hälfte finanziert. Und jetzt ist sein Café eines der beliebtesten in diesem Teil der Stadt. Wir erwägen die Eröffnung einer Filiale.«

»Das Geschäft läuft anscheinend gut«, sagte ich.

»Nun, am Abend bestimmt. Wenn die Leute hierherkommen, um einen Kaffee zu trinken – am Nachmittag und am Abend. Morgens trinkt man in China noch keinen Kaffee, aber Chang Ning arbeitet daran. Er hat bereits ein paar morgendliche Stammgäste. Und er versucht auch, eine ältere Kundschaft anzusprechen. Bis jetzt sind seine Kunden noch überwiegend junge Leute, auch einige Geschäftsleute, aber die meisten Leute in meinem Alter betrachten Kaffee als eine westliche Mode.«

Gao Li konzentrierte sich wieder auf die Straße, während ich im Rückspiegel verfolgte, wie das kleine Café hinter uns verschwand. Es erschien mir als ein eher mickriges Unternehmen für einen Mann, der mit Gao Li in geschäftlicher Verbindung stand.

Nach weiteren zwanzig Minuten verließen wir eine vielbefahrene Hauptstraße und fuhren in eine Tiefgarage. Die Veränderung der Stadtlandschaft hatte mich verwundert. Jetzt waren wir von unscheinbaren, hochaufragenden Wohnblöcken umgeben. Ich hatte nichts gesehen, das nach einem Luxusquartier oder einer wohlhabenden Wohngegend aussah.

Gao Li fuhr auf einen freien Parkplatz. Rechts und links davon standen ebenfalls gewöhnliche Autos. Gao Li stieg aus und öffnete die Heckklappe, um die Zeitschrift und seine Aktentasche herauszuholen. Ich folgte ihm, als er auf eine Reihe von Aufzügen zuging.

Wie sein Auto bildete auch Mr. Gaos Wohnung einen auffälligen Kontrast zu allem, was ich vorher an diesem Tag gesehen hatte. Sie war zweifellos beträchtlich größer als meine Wohnung, und das Mobiliar war gewiss elegant und geschmackvoll. Sie lag im fünften Stock, daher bot sie einen atemberaubenden Ausblick auf die nächtliche Skyline von Shanghai. Aber alles andere in dieser Wohnung wirkte eher schlicht. Seine Ehefrau, Gao Ling, eine attraktive Frau in mittleren Jahren, trug dunkle Jeans und eine weiße Bluse – was auch Annisha hätte tragen können – mit hellem türkisfarbenem Schmuck. Keine Diamanten steckten an ihren Fingern oder hingen an ihren Ohren.

Ihre Tochter, Gao Mei, war mit Freunden ausgegangen, daher waren wir beim Essen nur zu dritt. Mr. Gao und ich tranken jeder ein Glas Wein, während Mrs. Gao verschiedene Dinge auf den Tisch stellte.

»Kann ich helfen?«, fragte ich und schickte mich an, ins Esszimmer zu gehen.

»Nein, nein«, erwiderte Gao Ling. »Vielen Dank.«

Der Tisch füllte sich mit Speisen. Es duftete betörend.

Mr. Gao begann auf Mandarin mit seiner Frau zu sprechen. Mein Gastgeber sprach so fließend Englisch, dass ich gar nicht daran gedacht hatte, dass Gao Ling die Sprache vielleicht nicht so perfekt beherrschen würde.

»Meine Frau kocht gern«, sagte Gao Li. »Wenn wir eine große Party veranstalten, beauftragen wir einen Partyservice, aber wenn wir nur zu dritt sind oder ein paar Freunde zum Essen eingeladen haben, bereitet sie gern selbst alles vor. Manchmal erlaubt sie sogar, dass ich ihr helfe.« Mr. Gao lachte, worauf Gao Ling ihn fragend anschaute. Er wiederholte seine Bemerkung auf Mandarin, und sie lächelte.

Ich aß wesentlich mehr, als ich hätte essen sollen. Als das Mahl vorüber war, halfen Gao Li und ich beim Abräumen des Tisches, dann lud er mich ein, in seinem Arbeitszimmer Tee zu trinken.

»Ich muss Ihnen etwas geben«, sagte er und ging voraus.

Wir betraten einen kleinen Raum, an dessen Wänden sich Bücherregale reihten. Am Fenster stand ein Tisch, von dem aus man über die hell erleuchtete Stadt blicken konnte. Zwei tiefe gepolsterte Sessel und ein rundes Beistelltischchen nahmen den übrigen freien Platz ein.

Ich setzte mich in einen der Sessel, während Gao Li zum Tisch ging. Er zog eine Schublade auf und nahm etwas heraus. Als er sich wieder zu mir wandte, hatte er eine kleine, rote Seidenschachtel in der Hand.

»Julians Talisman«, sagte er stolz und legte mir die Schachtel behutsam auf die Hand.

Ich hob den Deckel an und schaute hinein. In der Schachtel lag eine kleine zylindrische Muschel – ungefähr fünf Zentimeter lang und knapp eineinhalb Zentimeter breit. Eine ganz gewöhnliche Meeresmuschel. Sie sah überhaupt nicht wie ein Amulett oder wie ein kostbares Schmuckstück aus. Auf dem Boden der Schachtel lag ein zusammengefaltetes Blatt Papier. Ich holte es heraus und faltete es auseinander.

DIE SCHLICHTESTEN VERGNÜGUNGEN SIND DIE GRÖSSTEN FREUDEN DES LEBENS

Was das Wichtigste im Leben ist, entdecken die meisten Menschen erst dann, wenn sie schon zu alt sind, um noch etwas dazu zu tun. Sie verbringen den größten Teil ihrer besten Jahre mit dem Streben nach Dingen, die am Ende nur wenig zählen. Die Gesellschaft ermuntert uns, unser Leben mit materiellen Dingen anzufüllen, doch im Innersten wissen wir, dass die einfacheren Vergnügungen jene sind, die uns bereichern und auf-

rechterhalten. Egal wie leicht oder wie schwer wir es gegenwärtig im Leben haben, wir alle sind umgeben von einer Fülle einfacher Freuden und Genüsse – die nur darauf warten, von uns erkannt zu werden. Wenn wir das tun, wächst unsere Zufriedenheit. Unsere Dankbarkeit wird größer. Und jeder Tag wird zu einem atemberaubenden Geschenk.

Ich blickte auf zu Gao Li. All die Verlockungen des Reichtums, die ich an diesem Nachmittag gesehen hatte, und dann diese schlichte Wohnung, das bescheidene Auto.

»Ich nehme an, Sie möchten mir dazu noch etwas mehr mitteilen«, sagte ich und hielt die Muschel in die Höhe.

»Ja, ich habe mir Gedanken über diesen Talisman und die Ausführungen von Julian gemacht. Aber ich glaube, Sie haben zunächst einige Fragen.«

Ich legte den Kopf schief. Ich wusste nicht recht, worauf Gao Li hinauswollte.

»Ich habe bemerkt, was Sie für ein Gesicht machten, als Sie mein Auto und die Wohnung gesehen haben. Und vielleicht wundern Sie sich auch ein wenig über dieses Café. Sie waren zu höflich, um Fragen zu stellen. Aber keine Angst, fragen Sie mich ruhig.«

Ich konnte Mr. Gao nicht täuschen – er wusste, was mich verblüfft hatte, dennoch wollte er, dass ich es selbst in Worte fasste, und so musste ich es versuchen.

»Die Yacht, der Bentley, der Hubschrauber. Ich meine, Ihre Geschäfte laufen anscheinend bestens, aber …« Jetzt kam ich ins Schwimmen. Ich wusste nicht, wie ich es ausdrücken sollte. »Ich möchte nicht unhöflich sein, aber Ihr Auto, Ihre Wohnung. Also, sie sind wirklich schön, zweifellos, aber …«

»Aber es ist nicht das Auto und nicht die Wohnung eines wirklich wohlhabenden Mannes«, sagte Gao Li und lächelte. »Sie fragen sich, ob ich meinen geschäftlichen Erfolg vielleicht nur vorgaukele. Aber mein Auto, mein Heim, all das geht zurück auf diesen kleinen Zettel, den Sie gerade in der Hand halten.« Ich blickte hinab auf Julians Ausführungen.

»Der Volvo ist ein schlichtes Vergnügen?«, fragte ich.

Gao Li lachte. »Vielleicht für jemand anderen, aber ich mache mir nichts aus Autos«, sagte er. »Nein«, fuhr er fort, »ich glaube, ich muss den Zusammenhang ein wenig erläutern. Sehen Sie, Jonathan, ich wurde nicht reich geboren. Meine Familie gehörte nicht einmal zur Mittelschicht. Jedenfalls nicht nach nordamerikanischen Maßstäben. Mein Vater und meine Mutter haben beide in einer Textilfabrik in Xintang gearbeitet. Im Vergleich zu der winzigen Wohnung, in der wir lebten, mutet diese hier wie eine Villa an.«

Ich spürte, wie ich rot wurde. Ich erkannte allmählich, dass ich Gao Li mit all jenen Annahmen in Verbindung gebracht und aus seinem Auftreten all jene Schlussfolgerungen gezogen hatte, die durch meine Mittelschichtexistenz geformt worden waren.

»Ich möchte Sie nicht in Verlegenheit bringen, Jonathan. Ich möchte Ihnen nur die Widersprüche erklären, die Sie heute zu Gesicht bekommen haben.«

Ich nickte.

»Ihnen zu erzählen, wie ich von den Fabriken in Xintang hierhergekommen bin, wäre abendfüllend, daher möchte ich nur sagen, dass es mir gelang, hier in Shanghai eine kleine Firma aufzumachen. Ich habe hart gearbeitet, ich hatte Glück, und schließlich konnte ich mein Geschäft für einen Betrag verkaufen, der mir damals als eine Riesensumme erschien. Mit diesem Geld habe ich angefangen, in andere Firmen zu investieren, große wie kleine. In den vergangenen paar Jahrzehnten hat es keinen Mangel an Gelegenheiten gegeben in diesem Land.«

Gao Li erzählte, dass er, als sein Unternehmen richtig durchstartete, genau das tat, was man von einem zu Wohlstand gelangten Mann erwarten würde. Er kaufte sich teure Kleidung, tolle Autos und eine Yacht. Er gab große Summen aus für Restaurantbesuche, Urlaubsreisen und Geschenke.

»Das Einzige, was ich nicht tat: Ich kaufte mir keine glamouröse Penthauswohnung und auch kein Riesenhaus. Meine Frau wollte davon nichts wissen. Wir bezogen diese Wohnung, bevor unsere Tochter geboren wurde. Für Gao Ling ist das ihr Heim. Sie wollte nie mehr.«

Mr. Gao erzählte weiter, seine Frau habe ihn eines Tages gebeten, mit ihr und ihrer Tochter einen Spaziergang im Park zu unternehmen. Er antwortete, dazu habe er keine Zeit – er hatte einen Termin bei einem Autohändler, um den neuen Sportwagen Probe zu fahren, den er sich kaufen wollte. Gao Ling schaute ihn enttäuscht an und fragte: »Du willst lieber einkaufen, anstatt zu leben?«

»Sie war nicht wütend, nur traurig. Den ganzen Nachmittag klangen mir ihre Worte in den Ohren. Und auch noch in den folgenden Tagen und Wochen.«

Gao Li kaufte das neue Auto nicht. Ihm wurde klar, dass er sich in Wirklichkeit aus Autos nichts machte. Und dass ihm auch eine schicke Wohnung nicht viel bedeutete. Tatsächlich bereiteten ihm die meisten Dinge keinen großen Spaß, für deren Erwerb er so viel Zeit aufwendete.

»Ich kaufte sie nur deswegen, weil ich glaubte, dass ich sie kaufen müsse. Also hörte ich auf mit dem Einkaufen. Und ich vermisste all diese Dinge kein bisschen. Aber ich bedauerte, dass ich diesen Spaziergang verpasst hatte.«

Gao erklärte, er halte sich den Bentley und den Hubschrauber allein zu geschäftlichen Zwecken. Der Helikopter spare ihm viel Zeit – Zeit, die er dann mit seiner Familie verbringen könne. Und die Yacht sei ein guter Platz, um Gäste zu empfangen, denn seine Wohnung sei dafür zu klein.

»Hier kommt die Weisheit dieses Talismans zum Tragen«, sagte Gao Li. »Ich habe erkannt, dass mir durch eine bestimmte Lebensweise viele einfache Freuden entgangen sind, die *größten* Freuden des Lebens.«

»Geld macht nicht glücklich, oder?«, bemerkte ich. Das war einer der Lieblingssätze meiner Mutter gewesen.

»Verstehen Sie mich nicht falsch«, erwiderte Gao Li und neigte sich nach vorn. »Ich bin arm gewesen, und deshalb würde ich niemals behaupten, dass Geld nicht wichtig ist. Sie haben heute den Reichtum in Shanghai gesehen. Aber Sie hatten auch die Möglichkeit, zu sehen, welch unglaubliche Armut es in diesem Land noch gibt. Die Armen hier – die Armen überall – haben weniger Möglichkeiten. Sie können oft die einfachen Dinge nicht genießen, weil sie so schwer arbeiten müssen, um nicht zu hungern und zu leiden. Sie sind viel zu erschöpft von dem harten Ringen um Nahrung und Kleidung und ein Dach über dem Kopf für sich selbst und ihre Familien. Meine Eltern hatten nur wenig Zeit für Vergnügungen – für schlichte Vergnügungen oder andere.«

Gao Li lehnte sich zurück. Dann beugte er sich nach vorn und schenkte sich Tee ein. Er bot mir an, auch meine Tasse nachzufüllen, aber ich schüttelte den Kopf.

»Wissen Sie, Jonathan«, sagte Gao Li langsam, »ich habe den Eindruck, dass die meisten von uns, die das Glück hatten, der Armut zu entrinnen, wissen, was es bedeutet, ein bisschen Geld zu haben. Es ermöglicht uns, frei zu entscheiden, was wir arbeiten, wo wir leben wollen, und Ähnliches. Es erlaubt uns, mit Freunden und der Familie Zeit zu verbringen. Es ermöglicht uns, die einfachen Dinge zu genießen. Aber die Leute glauben, bei Geld gehe es nur darum, was man sich damit kaufen kann, was man damit konsumieren kann. Also lassen sie sich ablenken vom nächsten glitzernden Spielzeug, so wie auch ich es getan habe. Und wenn sie anfangen, zu viele solche Dinge zu kaufen, können sie in eine Falle geraten. Sie sitzen dann fast auswegloser in der Falle als die Armen. Sie werden geknechtet von Hypotheken und Kreditkartenschulden. Oder sie sind gezwungen, immer das große Geld zu verdienen, von dem ihr Lebensstil abhängt. Wie Julian immer sagt: Je mehr man dem *Haben* verfallen ist, umso weniger wird man sich dem *Werden* widmen. Und ich habe auch festgestellt, dass echtes Glück nicht aus der Anhäufung von Dingen erwächst. Nein, dauerhaftes Glück entsteht, wenn man lernt, kleine Freuden wertzuschätzen, wie etwa eine kühle Brise an einem heißen Tag oder einen sternenübersäten Himmel nach einem harten Arbeitstag. Oder das Lachen mit geliebten Menschen bei einem dreistündigen selbst zubereiteten Essen.«

»Die Muschel«, sagte ich und nahm sie aus der Schachtel. »Muscheln sammeln am Strand?«

»Genau«, erwiderte er. »Zu den schönsten Momenten, die ich erlebt habe, gehörte das Bauen von Sandburgen mit meiner Frau und meiner Tochter in Qingdao. Die Muschel, die Julian mir gegeben hat, hat mich immer sehr schön an die vollkommenen Momente an diesem vollkommenen Tag erinnert. Und diese Erinnerungen sind eine Form von Reichtum.«

Wir schwiegen beide einen Moment. Ich dachte an einen anderen Strand, eine andere Frau, ein anderes Kind. Aber etwas beschäftigte mich.

Schließlich sagte ich: »Aber Gao Li, wenn Sie jetzt ein wohlhabender Mann sind, warum hören Sie nicht einfach auf? Warum widmen Sie nicht Ihre gesamte Zeit den einfachen Freuden?«

Er lachte. »Eine gute Frage«, sagte er. »Meine Frau verlangt das auch immer.«

Er nahm einen Schluck Tee und stellte dann die Tasse auf den Tisch.

»Auch die Arbeit ist eine Freude für mich, Jonathan. Sie ist sogar mehr als das. Erinnern Sie sich an das Café, an dem wir unterwegs angehalten haben?«

Ich nickte.

»Das ist nicht die einzige kleine Firma, in die ich

investiert habe. Für jedes große Unternehmen, das ich fördere, versuche ich, mindestens zwei kleine Firmen zu finden, die ich unterstütze. Ich suche nach Menschen, die überzeugt sind, dass sie ihr eigenes Leben und das Leben von anderen verändern können. Kleine Firmen in Dörfern auf dem Land oder in dicht bevölkerten Städten; Familienunternehmen und einzelne College-Studenten; Unternehmer mit Ideen und Mut. Und ich begleite diese kleinen Unternehmen, so wie Börsenhändler den Bewegungen des Marktes folgen. Die Männer und Frauen, denen ich Geld zur Verfügung stelle, damit sie meine Dollars in neues Leben verwandeln – sie tragen meine Hilfe weiter hinaus, als ich allein es könnte. Und sie helfen mir, dadurch eine bessere Welt zu schaffen. Etwas zu bewegen, etwas zu verändern ist für mich heute wichtiger, als Geld zu verdienen. Durch diese Erkenntnis ist mein Leben wesentlich befriedigender geworden, Jonathan.«

»Faszinierend«, entgegnete ich. Die Geschichte von Mr. Gao beeindruckte mich tatsächlich.

Gao Li schüttelte den Kopf. Dann blickte er zum Fenster, wo sich die hellen Lichter Shanghais vor uns ausbreiteten. Ich sagte nichts. Er dachte anscheinend über etwas nach.

Schließlich sprach Gao Li weiter.

»Ein paar Monate nachdem Julian seinen Herzanfall hatte, schrieb er mir einen Brief«, sagte er. »Ich muss Ihnen gestehen, ich war mir nicht sicher, ob ich ihn öffnen sollte. Ich fürchtete, es könnte sich um eine weitere Klage handeln, aber das war nicht der Fall. Es war ein handgeschriebener Brief. Julian teilte mir mit, dass er seine Kanzlei aufgegeben und seinen gesamten

Besitz verkauft habe. Er sei viel gereist. Er habe einiges gelernt. Und er schrieb, er freue sich sehr, dass er den Prozess gegen mich verloren habe und dass ich ein Mann sei, den er gern näher kennenlernen wolle.«

Gao Li lächelte. »Die abschließenden Sätze dieses Briefes werde ich nie vergessen«, fuhr er fort. »›Dauerhaftes Glück‹, schrieb er, ›erwächst aus der Stärke unserer Wirkung, nicht aus der Höhe unseres Einkommens. Echte Erfüllung ist ein Ergebnis des Wertes, den wir schaffen, und des Beitrages, den wir leisten, nicht des Autos, das wir fahren, oder des Hauses, das wir uns kaufen. Und ich habe gelernt, dass Selbstwert mehr bedeutet als Vermögenswert. Aber ich glaube, das wissen Sie bereits, Gao Li.‹«

»Und so war es auch?«, fragte ich.

»Ja«, erwiderte Gao Li.

Später an diesem Abend, als ich wieder zurück in meinem Hotel war, stand ich am Wohnzimmerfenster und blickte in den Himmel über dem Fluss. Der Ausblick war schon bei Tag fabelhaft, doch nach Sonnenuntergang sah der Horizont wie ein phantastischer futuristischer Unterhaltungspark oder wie eine gigantische abstrakte Skulptur aus – spektakulär gefärbte Kugeln, Säulen, Spitzen und Zylinder, die leuchteten und funkelten wie elektrifizierte Kristalle. Schon die Rückfahrt von Gao Lis Wohnung zum Hotel war wunderbar gewesen. Die Skyline der Stadt war in edelsteingetöntes Licht getaucht. So etwas hatte ich noch nie gesehen.

Jetzt dachte ich darüber nach, was Mr. Gao an diesem Abend gesagt hatte. All dieser Glitzer war verführerisch. Ich wäre gern länger hiergeblieben, um die Stadt zu erkunden, doch die Empfindungen, die Gao Lis Büro, der Bentley, der Helikopter, der Schauspieler und auch diese Hotelsuite in mir wachriefen, hatten mehr mit oberflächlichen Vergnügungen denn mit echtem Glück zu tun. Vielleicht war das der wichtigste Unterschied, den Gao Li mir begreiflich machen wollte. Wie konnte ich erwarten, dass diese Art von Reichtum mich glücklich machen würde, wenn es mir nicht einmal möglich gewesen war, die kleinen Freuden in meinem Leben zu genießen? Mir erschien es, als hätten Julian und Gao Li etwas gefunden, was die meisten reichen Leute nie erlangen werden: das Gefühl, genug zu besitzen.

Doch ich für meinen Teil kam hier in diesem Hotelzimmer, Tausende Kilometer von zu Hause entfernt, zu dem Schluss, dass ich mir, wenn ich einen Wunsch frei hätte, keine Yacht und kein tolles Auto wünschen würde und auch keine extravagante Wohnung. Ich würde mir vielmehr eine Antwort wünschen.

In der Nacht träumte ich davon, über die Straßen von Cape Breton zu kurven, wo ich ein paar Tage vorher unterwegs gewesen war. Das veranlasste mich dazu, an Juan zu denken, an die letzten Augenblicke seines Lebens. Er wohnte außerhalb der Stadt und befand sich an diesem Abend auf dem Heimweg; die Rushhour lag Stunden zurück. Es war eine laue Frühlingsnacht; die Straße war trocken. Juan fuhr durch ein bewaldetes Gebiet in der Nähe seines Hauses. Es handelte sich um eine Strecke, die er jeden Tag zurücklegte, dennoch prallte er gegen eine stählerne Planke und stürzte in eine Schlucht hinunter. Die Ärzte stellten später fest, dass er mehrere lebensbedrohliche Verletzungen erlitten hatte, doch gestorben war er letztendlich an einem schweren Herzanfall. Seine Frau Emily erklärte, der Stress in der Arbeit habe ihn in den Tod getrieben. Ich hatte keinen Zweifel daran. Als er an diesem Abend in sein Auto stieg, war Juan nur noch ein Schatten jenes Mannes, den ich früher gekannt hatte. Die letzten Jahre in der Arbeit – der Druck, die Isolation, verlassen von Freunden und gemieden von Kollegen – hatten ihn zerstört. Doch es gab eine Frage, die niemand stellte. Eine Frage, die auch mich umtrieb. Eine Frage, auf die ich verzweifelt eine Antwort suchte. Aber es war ein Puzzle, für das ich wohl nie die Lösung würde finden konnen.

Kapitel 10

Nichts konnte einen schrofferen Gegensatz zu Shanghais glitzernder Stadtlandschaft darstellen als die ruhigen, staubigen Weiten, die sich vor mir erstreckten. Ich war unterwegs auf der Straße von Phoenix nach Sedona in Arizona. Nachdem ich den größten Teil des Tages im Flieger verbracht hatte, war ich am frühen Nachmittag in Phoenix angekommen. Ich nahm mir einen Mietwagen und fuhr los. Obwohl ich zwischen den Zeitzonen hin und her gesprungen war wie ein Flugzeugpilot, fühlte ich mich erstaunlich gut. Ich glaubte zwar nicht, dass der Jetlag etwas war, an das man sich gewöhnen konnte, aber ich war mittlerweile imstande, einzuschlafen, wann immer ich Schlaf brauchte, und mit der Sonne aufzustehen, ganz gleich, wo ich mich gerade befand.

In einem Vorort am nordwestlichen Stadtrand von Phoenix hielt ich an einem Restaurant; es gehörte zu einer dieser allgegenwärtigen Ketten, in denen Quantität vor Qualität geht. Ich hatte Hunger, und hier würde ich schnell und unkompliziert etwas zu essen bekommen. Als ich das Restaurant betrat, bemerkte ich an der Wand neben der Tür verschiedene Touristenprospekte. Ich nahm ein paar aus dem Regal heraus, bevor ich zur Theke ging.

Eine Frau führte mich zu einem Tisch, und kurz darauf erschien ein junger Mann, kaum siebzehn Jahre alt, wie ich vermutete. Ich bestellte ein Club-Sandwich und Obstsaft, worauf der Kellner verschwand. Ich betrachtete den kleinen Stapel Broschüren, den ich auf den Tisch gelegt hatte. Eine stach mir besonders ins Auge. Darin ging es um »Wirbel-Touren«, die man in Sedona und Umgebung buchen konnte. Laut dem Prospekt gibt es in Sedona mindestens vier Energiewirbel – Plätze in der Landschaft, wo sich unsichtbare Kraftlinien in der Erde kreuzen und ein Kraftfeld erzeugen, das außergewöhnliche therapeutische Wirkungen haben kann. Mit diesen Energiewirbeln war anscheinend eine ausgeprägte Heimindustrie verbunden; in einem Prospekt wurden Dutzende Massagespezialisten, Tarot-Kartenleser, Experten für die Ausbalancierung des persönlichen Magnetfeldes und sogar Reinkarnationstherapeuten aufgeführt. *Meine Güte*, dachte ich.

Ich hatte schon genug Probleme in *diesem* Leben, warum sollte ich dann auch noch in ein früheres eintauchen?

Ich überlegte, ob der von Julian verschickte Talisman etwas mit Kristallen oder Auren oder Energiefeldern zu tun haben könnte.

Kaum hatte ich mein Sandwich verzehrt, war mein junger Kellner schon wieder zur Stelle und bot mir Kaffee und einen Nachtisch an. Ich lehnte ab, aber dieser junge Mann erinnerte mich stark an Lluis. Er kellnerte vielleicht nicht den ganzen Tag, aber ich hatte das Gefühl, dass er, was immer er tat, mit Begeisterung und Erfolg erledigte.

Ich zahlte, verließ das Restaurant und ging zum Parkplatz zu meinem Mietwagen. Es war Zeit, zu dem Treffen mit Ronnie Begay zu fahren. Laut Julians Anweisungen lebte sie ungefähr 160 Kilometer nördlich von Phoenix.

Nach ein paar Minuten auf der Straße ließ ich das Fenster herab. Die trockene Wüstenluft fühlte sich angenehm an auf meiner Haut – eine willkommene Abwechslung zur Schwüle in Shanghai. Ich hörte, dass mein Telefon läutete, nahm aber nicht ab. Ich musste auf die Straße achten.

Die Zahl der Nachrichten aus meinem Büro war stetig zurückgegangen. Ich hatte eigentlich nicht erwartet, noch einmal etwas von Tessa zu hören, aber auch Nawang hatte sich nicht mehr gemeldet. Gestern hatte sie eine Entschuldigung für ihre Funkstille geschickt:

Tut mir leid, dass ich dich nicht über alles auf dem Laufenden gehalten habe, aber hier ist im Moment einiges los. In den vergangenen paar Tagen haben sich Luke, Katherine und Sven mit einer Gruppe von Männern und Frauen, die ich nicht kenne, im Konferenzraum verbunkert. Es wird gemunkelt, dass am Ende des Tages oder vielleicht morgen eine Erklärung abgegeben werden soll. Zweifellos bahnt sich eine Fusion an, aber jeder versucht herauszufinden, ob wir aufgekauft werden sollen oder selbst die anderen aufkaufen. David flippt aus. Er ist überzeugt, dass er so oder so seine Marschpapiere bekommen wird.

Ich versuchte, mich nicht darüber zu freuen. Ayame würde nicht beeindruckt sein von einer solch kleinlichen Reaktion.

Ich weiß nicht, was das für meine Position bedeuten wird – oder auch für deine, schrieb Nawang.

Ich erkannte, dass mich diese Unsicherheit überhaupt nicht bedrückte.

Die unvermeidliche Neuorganisation in der Arbeit würde für mich keine Bedrohung darstellen. Wenn ich eine Abfindung erhielt, würde ich die freie Zeit nutzen und mich bei Unternehmen bewerben, die mir eine Stelle bieten konnten, die mir mehr zusagte. Wenn mich die neu aufgestellte Firma behalten wollte, würde ich versuchen, eine andere Position im Unternehmen zu bekommen. Seit Juans Tod gab es in der Entwicklungsabteilung eine Vakanz. Vielleicht sollte ich mich darum bemühen? Wie auch immer, ich konnte den Umbruch in der Firma zu meinem Vorteil nutzen. Die Aussicht auf eine Veränderung beflügelte mich.

Das war etwas Neues: Ich konnte einer Veränderung ohne Angst entgegensehen, oder vielleicht nicht völlig ohne Angst, aber mit der Bereitschaft, diese Angst zu akzeptieren, die mit jeder größeren Umwälzung in meinem Leben verbunden war. Vielleicht wurde ich allmählich meiner Schwester Kira ähnlicher.

Während ich mich bisher stets für den sicheren, naheliegenden Weg entschieden hatte, hatte sich Kira immer ihren eigenen Weg gesucht. Nach der Highschool hatte sie ein halbes Jahr gejobbt und dann im Rahmen eines Jugendaustauschprogramms als Freiwillige in verschiedenen Kinderheimen gearbeitet. Nach dem College reiste sie durch die Welt, besuchte wundervolle Länder – von Malaysia, Bali und Neuseeland bis nach Schweden, Estland und Russland – und arbeitete hier und da, um sich ihren Lebensunterhalt zu verdienen. Auf einer ihrer Reisen hatte sie eine Frauenkooperative in Guatemala besucht. Sie war beeindruckt von den Dingen, welche die Frauen herstellten – kunstvoll bestickte und verzierte Kissen und Leintücher –, und von dem Geschäftssinn, der Hoffnung und dem Mut der Frauen. Als sie nach Hause kam, verkündete Kira, dass sie versuchen wolle, diesen Frauen beim Verkauf ihrer Erzeugnisse zu helfen. Schon ein paar Jahre später betrieb sie ein sehr erfolgreiches Fair-Trade-Importgeschäft und hatte Läden in einem halben Dutzend nordamerikanischer Städte. Dann kamen ihre Zwillinge auf die Welt, und Kira entschloss sich, ihr Geschäft an einen ihrer Partner zu verkaufen. Sie wollte ein paar Jahre zu Hause bleiben und ihre nächste Unternehmung planen. Als ich mich überrascht darüber zeigte, dass sie ihr Geschäft aufgeben wollte, für das sie so hart gearbeitet hatte, lachte sie: »Ich will nicht jeden Tag das Gleiche machen, mein ganzes Leben lang«, sagte sie.

Julians Wegbeschreibung war unmissverständlich. Ungefähr eineinhalb Stunden nachdem ich aufgebrochen war, verließ ich die Hauptstraße und wechselte auf eine Nebenstraße. Nach einer Weile gelangte ich zu einer kleinen Ansammlung von Häusern, die entlang der beiden Straßenseiten standen. Bei den meisten handelte es sich genauer besehen um Wohnwagen, die mit Veranden und Markisen und anderen weniger mobilen Ergänzungen ausgestattet waren. Sie schlossen ein paar kleine, niedrige Bungalows ein. Einige davon waren mit Maschendrahtzäunen voneinander abgegrenzt.

Kleine Flecken braunen Grases umgaben die Häuser, aber die Wüste war bereits bis zum Rand dieser bedrohten Siedlung vorgerückt und dehnte sich dahinter kilometerweit aus.

Schließlich entdeckte ich eine Hausnummer an einem Briefkasten, der vor einem schmucken braunen Häuschen stand. Ich fuhr auf die Kieszufahrt und hielt neben einem grauen Pick-up, der vor einer kleinen Garage abgestellt war. Als ich in der Mittagshitze aus meinem Wagen stieg, bemerkte ich, dass im Vorgarten verschiedene bunte Plastiksachen herumlagen – Kinderspielzeug. Das Knirschen des Kieses hatte Ronnie aufmerksam gemacht; sie öffnete schon die Tür, als ich darauf zuging.

»Jonathan«, sagte sie, als seien wir zwei alte Freunde, die sich lange nicht mehr gesehen hatten.

Ronnie war ungefähr sechzig Jahre alt – ihre Haare waren silbergrau mit ein paar dunklen Strähnen. Ihr gebräuntes Gesicht war faltig, wirkte aber keineswegs verhärmt. Wenn sie lachte, sah es fast so aus, als tanzten die Falten um ihre Augen und um den Mund.

Sie führte mich ins Wohnzimmer und bat mich, auf die Spielsachen zu achten, die im Gang verteilt waren.

»Können Sie sich vorstellen, dass ich erst heute Morgen hier aufgeräumt habe?«, sagte sie und lachte.

»Ich habe einen sechsjährigen Sohn«, erwiderte ich. »Ich kenne das.«

Ronnie ging in die Küche und schaute aus dem Fenster. Ich folgte ihrem Blick. Im Hinterhof spielten mehrere Kinder mit einem großen aufblasbaren Ball. Ronnie erklärte mir, dass es sich um ihre Enkel und Großneffen handelte.

Die Enkelkinder seien am Nachmittag zu Besuch gekommen, die Großneffen aber lebten ständig bei ihr.

»Meine Nichte«, bemerkte Ronnie beiläufig, »steckt in Schwierigkeiten, seit ich mich erinnern kann. Ihr Vater ist nicht da; ihrer Mutter geht es nicht gut, und meine Nichte war nie in der Lage, ihr zu helfen. Vor ein paar Jahren haben sich die Dinge zugespitzt. Es bestand die Gefahr, dass man ihr die Kinder wegnehmen würde.«

Ronnie öffnete ein Fenster.

»Rose, lass auch Sammy mitspielen, in Ordnung?«, rief sie hinaus.

Dann wandte sie sich wieder mir zu.

»José und ich waren die einzigen Angehörigen, die genügend Platz und auch die Möglichkeit hatten, die Kinder aufzunehmen.« Ronnie legte eine Hand auf die Brust, als wolle sie ihr Herz wieder hineindrücken.

»Das war die beste Entscheidung, die ich in meinem Leben getroffen habe«, bemerkte sie lächelnd.

Ronnie ging zum Kühlschrank und holte eine große Kanne heraus.

»Mögen Sie Eistee?«, fragte sie. Als ich nickte, füllte sie zwei Gläser, die auf der Anrichte standen, und reichte mir eins. Das andere ließ sie auf der Anrichte stehen und ging zur rückwärtigen Tür.

»Entschuldigen Sie«, sagte sie, »aber ich habe den Kindern einen kleinen Imbiss versprochen, und den muss ich ihnen jetzt bringen, sonst haben sie zum Abendessen keinen Appetit mehr.« Ronnie trat durch die Tür hinaus. Ich beobachtete durch das Fenster, wie sie zur Garage ging. Ein paar Minuten später kam sie mit einer großen Wassermelone zurück. Als die Kinder die Melone erblickten, folgten sie ihr jubelnd und schreiend in die Küche. »Wassermelone, Wassermelone, Wassermelone!«, riefen sie, als forderten sie eine Zugabe bei einem Konzert.

»Die erste in diesem Jahr«, sagte Ronnie zu mir. »Ich weiß, heute kriegt man sie zu jeder Jahreszeit im Lebensmittelladen, aber ich kaufe sie erst, wenn es wirklich heiß wird. Dann schmecken sie wesentlich besser.«

Sie wies die Kinder an, sich draußen auf die Bank zu setzen, bis der Imbiss fertig sei. Die Kinder gingen durch die Tür hinaus.

Ronnie legte die Wassermelone auf ein großes hölzernes Schneidebrett auf der Anrichte, nahm ein großes Messer aus einer Schublade und stieß es mitten in die Melone. Man hörte ein dumpfes *thwack.* Dann führte Ronnie das Messer durch die Frucht, schnitt sie in der Mitte auf und teilte anschließend noch einmal die beiden Hälften. Darauf begann sie, jedes Viertel wie einen Laib Brot in Scheiben zu schneiden. Als sie das erste Viertel fertig hatte, nahm sie eine Scheibe und reichte sie mir.

Ich wusste nicht mehr, wann ich das letzte Mal eine Wassermelone gegessen hatte, aber als ich in das kühle, süße Fruchtfleisch biss, kam eine Erinnerung hoch. Es war ein anderer Hinterhof gewesen, vor vielen Jahrzehnten. Meine Mutter, die Haare unter einem hellen Kopftuch zurückgebunden, hielt mir in ihren ausgestreckten Armen ein Tablett entgegen.

Das gehörte zu jenen Dingen, von denen Gao Li gesprochen hatte. Hier, im Haus von Ronnie, war die erste Wassermelone, die in diesem Jahr geerntet worden war, noch ein Ereignis, ein Grund zum Feiern.

Ronnie trug ein großes Tablett nach draußen; später ging sie dann noch einmal hinaus, um die Schalen einzusammeln und ein paar Gesichter abzuwischen. Als sie wieder ins Haus zurückkam, nahm sie endlich einen großen Schluck von ihrem Eistee.

»Ich hoffe, es stört Sie nicht«, sagte sie, »aber ich muss mich jetzt um das Abendessen kümmern.«

Ich saß in Ronnies klimatisierter Küche, während sie das Mahl zuzubereiten begann. Ihre Tochter Rose würde vielleicht bei den Kindern bleiben, erzählte sie. Ronnies Ehemann José würde bald nach Hause kommen. Er würde vielleicht seine Schwester mitbringen. Sie arbeiteten zusammen.

»Mein Haus ist nie leer«, sagte Ronnie. »Es kann manchmal anstrengend werden, aber irgendwie mag ich es.«

Sie ging zum Kühlschrank und zog eine große Schüssel mit roten Peperoni heraus. Während sie die Schoten abwusch, warf sie über die Schulter einen Blick zurück zu mir.

»Aber ich muss Ihnen etwas geben, und es wäre schön, wenn wir ein ruhiges Plätzchen finden würden, um uns zu unterhalten. Ich habe mir gedacht, wir könnten nach dem Essen zu den Red Rocks hinausfahren, damit Sie den Sonnenuntergang sehen können. Wenn Sie schon so weit reisen, dürfen Sie diesen Sonnenuntergang nicht versäumen.«

Mehrere Stunden später saßen Ronnie und ich auf einem großen Felsblock und betrachteten die eindrucksvollen roten Sandsteinsäulen, die majestätisch aus der Wüste aufragten. Als die Sonne unterging, schienen die Felsen ihr erlöschendes Feuer anzunehmen. Sie leuchteten rötlich wie glimmende Asche. Die Szene erinnerte mich ein wenig an den Tempel des Magiers in der Morgensonne.

»Mir scheint, so etwas habe ich schon einmal irgendwo gesehen«, sagte ich.

»In Filmen«, sagte Ronnie. »In Western-Filmen.«

Ja, dachte ich, daher kannte ich das wahrscheinlich. Aber hier erschien es mir doch irgendwie besonders – als hätte ich eine persönliche Beziehung zu diesem Ort. Könnte es etwas damit zu tun haben, was ich in den Broschüren gelesen hatte?

»Ich habe schon etwas gelesen über diese Wirbel«, sagte ich zu Ronnie. Sie zuckte zusammen.

»Wir nennen sie hier ›Strudel‹«, sagte sie.

»Strudel. Richtig. Sind die hier in der Nähe, oder?«, fragte ich.

»Einer davon ist ein paar Kilometer von hier entfernt.« Ronnie deutete mit der Hand nach rechts, äußerte sich jedoch nicht näher.

»Sie klingen nicht gerade so, als würden Sie sich besonders dafür interessieren«, sagte ich zu ihr.

Ronnie lächelte und scharrte mit dem Fuß auf dem harten Boden.

»Nun«, sagte sie langsam, »die hier lebenden Indianer haben diese Plätze nie als heilige Stätten betrachtet – oder sie sind für sie zumindest nicht heiliger als der Rest des Landes.«

Ronnie beugte sich nach vorn und streifte die Erde von ihrem Schuh ab. »Aber das heißt nicht, dass diese

Orte nicht etwas Besonderes wären. Meine Angehörigen hatten schon immer eine besondere Beziehung zu diesem Land, und ich glaube an die heilende Kraft der Erde. Oder an das Einssein mit der Natur.«

»Aber …«, begann ich. Ein eindeutiges »Aber« lag in der Luft.

»Aber«, sagte Ronnie. Sie schaute jetzt zurück zu den Felsen. Das Licht wurde schwächer. Die Felsen schimmerten matt. »Aber ich bin überzeugt, dass die stärksten Heilkräfte dort zu finden sind, wo Menschen leben. Sie sind nicht auf einen bestimmten Ort, eine bestimmte Zeit oder einen bestimmten Umstand beschränkt.«

Eine kleine graue Eidechse huschte an uns vorbei. Ich beobachtete sie, bis sie im Gebüsch verschwand.

»Hat Ihnen Julian erzählt, wie wir uns kennengelernt haben?«, fragte Ronnie.

»Nein«, antwortete ich, »aber ich glaube, das ist bestimmt eine interessante Geschichte.«

Das war sie auch. Ronnie erzählte mir, dass sie Julian vor vielen Jahren begegnet sei, als er noch ein sehr erfolgreicher Anwalt war. »Nun, ich wusste damals nicht, was er machte«, räumte sie ein. »Er hat es mir erst später gesagt.«

Julian war eines Nachmittags auf der Straße unterwegs zu diesen Felsen, die Ronnie und ich gerade betrachteten. Er nahm an einem Golfturnier in Phoenix teil und hatte sich für die Dauer seines Aufenthalts einen flotten Sportwagen gemietet. Er und seine hübsche Freundin hatten einen Laib Brot, etwas Käse und eine riesige Thermosflasche mit Martini dabei. Sie wollten bei Sonnenuntergang ein Picknick an den Felsen machen. Doch bevor sie Sedona erreichten, hatte ihr Wagen eine Panne. Ronnie sah den gelben Sportwagen, der am Straßenrand stand und aus dessen Kühlerhaube Dampf aufstieg. Sie hielt an und bot Julian und seiner Begleiterin an, sie mitzunehmen. Ronnie brachte die beiden zurück zu ihrem Hotel, wo sie die Autovermietung anriefen. Diese versprach, einen Abschleppwagen zu schicken und ihnen einen anderen Wagen zur Verfügung zu stellen.

»Das wurde ein langer Nachmittag, das kann ich Ihnen sagen«, erklärte Ronnie.

»Mein Haus war voll wie üblich – meine halbwüchsigen Kinder, meine Enkelkinder und Neffen. Es war laut. José spielte Gitarre; die Kinder lachten und lärmten herum – sie übten auf dem Trampolin, das hinter dem Haus stand.«

Julian und seine Freundin hatten sich ein wenig mit Ronnie und ihrem Mann unterhalten, aber sie waren eindeutig verärgert, dass ihre Pläne so gründlich durchkreuzt worden waren. Und der Lärm im Haus ging ihnen sichtlich auf die Nerven.

»Die junge Frau, an deren Namen ich mich nicht mehr erinnern kann, konnte ihre Füße nicht still halten. Und Julian nahm immer wieder einen Schluck aus der Thermoskanne, während er alle paar Sekunden aus dem Fenster schaute. Da die beiden keinen Wert darauf legten, sich mit uns zu unterhalten, setzten José, die Kinder und ich unseren gewohnten Tagesablauf fort.«

Als schließlich ein paar Stunden später der Ersatzwagen eintraf, bestand Ronnie darauf, dass Julians Freundin ihn auf der Rückfahrt in die Stadt steuerte, weil Julian dazu nicht mehr in der Lage war.

»Und danach habe ich lange Zeit nicht mehr an die beiden gedacht«, sagte Ronnie.

Einige Jahre später erhielt sie dann einen Anruf von Julian. Er hatte sich an sie erinnert. Er überraschte sie mit der Frage, ob er sie einmal besuchen dürfe. Er wollte sich noch einmal die Red Rocks anschauen, aber in erster Linie wollte er sich mit Ronnie unterhalten.

»Als er hier ankam, nun, da hätte ich ihn kaum erkannt«, erzählte Ronnie. »Er sah irgendwie jünger aus. Er wirkte sogar größer, wenn das überhaupt möglich ist. Und er schien mit sich selbst im Reinen zu sein. So glücklich und zufrieden. Er war nicht mehr der Mann, an den ich mich erinnerte.«

Julian erzählte Ronnie, dass er gerade aus dem Himalaja zurückgekehrt sei, wo er eine Zeitlang bei einer Gruppe von Mönchen gelebt habe. Was er dort gelernt habe, das habe sein Leben verändert und ihn auch dazu gebracht, die Menschen mit anderen Augen zu betrachten. Und er habe erkannt, dass viele Menschen, denen er im Laufe der Jahre begegnet sei, ihm so vieles beibringen, ihm so vieles vermitteln konnten.

Ronnie und Julian waren bei Sonnenuntergang zu den Red Rocks hinausgefahren, so wie sie und ich heute. Sie waren ein kurzes Stück zu Fuß gegangen, während die Felsen in der Ferne leuchteten. Die Ruhe und die Stille bildeten einen schroffen Kontrast zum Lärm und zur Betriebsamkeit in Ronnies Haus. Doch gerade durch diesen Gegensatz erschienen Ronnie diese beiden Orte jeweils als etwas Besonderes.

Als sie einen letzten Blick auf die Felsen warfen und die Sonne vom Himmel verschwand, wandte sich Julian an Ronnie.

»Sie«, sagte er, »Sie kennen wahrscheinlich das Geheimnis des Lebens. Wenn ich Sie fragen würde, was der Sinn des Ganzen ist, was würden Sie antworten?«

Ronnie unterbrach ihre Geschichte kurz. Ich schaute sie an.

»Kennen Sie wirklich das Geheimnis des Lebens?«, fragte ich.

»Es war wirklich eigenartig, dass mir Julian diese Frage stellte«, erwiderte Ronnie und schüttelte den Kopf. »Wissen Sie, meine Mutter gehörte zum Stamm der Hopi, mein Vater war ein Navajo. Diese beiden Stämme haben viele gemeinsame Glaubensvorstellungen, aber es gibt auch Unterschiede. In meiner Erziehung hat der Glaube der Ureinwohner eine wichtige Rolle gespielt. Mein Ehemann ist Katholik. Einige unserer Freunde sind Juden, Buddhisten und Muslime. Ich habe versucht, aus allen diesen Religionen etwas zu lernen. Als junger Mensch habe ich viel gelesen und mit Menschen gesprochen.«

Der Himmel wurde nun dunkel; die Felsen, die am Horizont aufragten, hatten sich tiefrot verfärbt. Ronnie blickte in die Ferne, wirkte gedankenverloren. Ich wartete, bis sie weiterredete.

»Ich habe viel Zeit damit verbracht, nach Antworten zu suchen. Aber am Ende bin ich zu dem Schluss gekommen, dass es zwar viele Weisheiten gibt, dass jedoch alle auf eine schlichte Erkenntnis hinauslaufen.«

Ich schaute Ronnie erwartungsvoll an. Ich spürte, dass ich den Atem anhielt.

»Der Sinn des Lebens, Jonathan, ist *Lieben.* Ganz einfach.«

Ich schwieg einen Moment und ließ ihre Worte auf mich wirken.

»Und wenn man nicht geliebt wird, hat alles andere keine Bedeutung?«, fragte ich.

»Nicht ganz«, antwortete Ronnie. »Der Sinn des Lebens ist *zu lieben.* Lieben ist ein Verb. Und es muss im Mittelpunkt unseres Universums stehen. Es sollte alles bestimmen, was wir tun. Ich glaube, man kann nicht wirklich leben, wenn man nicht liebt.«

Das hatte Ronnie Julian geantwortet. Julian hatte erwidert, dass die Mönche dies genauso sahen.

»In der Tat«, erklärte Julian, »sie haben mir genau dasselbe gesagt, aber ich musste in den Himalaja reisen, um diese Botschaft zu erhalten, obwohl ich sie auch schon viele Jahre früher von Ihnen hätte erfahren können.«

»Sie waren damals noch nicht bereit, sie zu hören«, hatte Ronnie Julian erwidert. »Ich hätte sie tausendmal aussprechen können, Sie hätten sie nicht gehört.«

Ronnie war mit ihrer Geschichte fertig. Sie wühlte in ihrer Tasche und zog einen kleinen gewebten Beutel heraus.

»Das ist der Talisman«, sagte sie und reichte ihn mir.

Ich machte die kleine geflochtene Kordel auf und ließ den Inhalt in meine Hand gleiten. Der Talisman war ein silbernes Herzchen. Es sah handgemacht aus, seine polierte Oberfläche war rund und glatt. Ich rollte das Herz zwischen meinen Fingern. Als ich den kleinen Beutel mit der Öffnung nach unten hielt, rutschte noch ein kleiner Zettel heraus, den ich zuvor nicht gesehen hatte, und fiel auf den Boden. Ronnie bückte sich und hob ihn auf. Sie gab ihn mir.

Wie gut du lebst, hängt davon ab, wie sehr du liebst. Das Herz ist weiser als der Kopf. Achte es. Vertraue ihm. Folge ihm.

Ronnie und ich gingen langsam zu der Stelle zurück, wo wir das Auto abgestellt hatten. Die Luft wurde jetzt frisch, und ein angenehmer Wind aus der Wüste kam auf. Wir stiegen in Ronnies Truck, ohne zu sprechen, und fuhren zurück auf die Straße, während das Geräusch der Reifen um uns widerhallte.

Auf der Heimfahrt schwiegen Ronnie und ich. Sie erkannte anscheinend, dass ich Zeit zum Nachdenken brauchte. Ich begriff, dass ich meine Gedanken über mein »authentisches Leben« viel zu sehr auf meinen Job ausgerichtet hatte. Ich hatte den falschen Job. Das war mir fast seit Beginn meiner Reise klar gewesen. Aber Ayame, Mary und jetzt Ronnie hatten mir geholfen zu erkennen, dass ich mir auch in meinem Privatleben selbst in die Tasche gelogen hatte. Ich war nicht aufrichtig zu mir selbst gewesen in meinen Freundschaften, im Verhältnis zu meiner Familie, in meinem Liebesleben. Wenn ich jene Art von Freund gewesen wäre, die ich wertschätzte, wäre ich Juan nicht in den Rücken gefallen. Wenn ich mich darauf konzentriert hätte, jener Vater zu sein, der ich sein wollte, hätte ich mehr Zeit für Adam aufgebracht. Und wenn ich aufrichtig gegenüber meinem Herzen gewesen wäre, hätte ich nicht eine Sekunde an Tessa gedacht. Ich liebte Tessa nicht, aber ich liebte Annisha. Aus ganzem Herzen.

Ich übernachtete bei Ronnie. Bevor ich ins Bett ging, verschickte ich drei Nachrichten. Eine an Annisha und Adam. Eine nur an Annisha. Und eine letzte an Tessa: *Tut mir leid,* schrieb ich.

Ich wachte am nächsten Morgen auf, als die Strahlen der Sonne durch die Schlafzimmervorhänge fielen. Im Haus war es ruhig, daher zog ich mich an, holte mein Journal hervor und ging auf Zehenspitzen hinunter in den Gang. Ich trat durch die Tür hinaus und ging in den Hinterhof. Wie ihre Nachbarn hatten auch Ronnie und ihr Mann den Hof mit einer Graseinfassung abgegrenzt. Das Gras war jedoch in der Hitze verdorrt, und die harten Stoppeln kratzten an meinen nackten Füßen. Ich setzte mich an den Picknicktisch und blickte hinaus in die Wüste, die sich kilometerweit vor mir erstreckte. Ich sah Salbeisträucher und Felsblöcke, die den trockenen, harten Boden durchsetzten; und hier und da stand ein staubiger Wacholderstrauch oder ein Büschel Gras.

Ich hatte noch einen letzten langen Reiseabschnitt vor mir. Julian hatte mir eine Nachricht geschickt und mir mitgeteilt, dass ich am späten Vormittag vom Flughafen Phoenix nach Neu-Delhi in Indien abfliegen solle. *Indien.* Ich fragte ihn, ob er mich zu den Mönchen von Sivana schicken würde, aber er hatte nur zurückgeschrieben:

Nein, Jonathan, du bist jetzt lange genug unterwegs. Nur noch ein paar Tage, dann wirst du wieder zu Hause sein.

Ich schlug mein Notizbuch auf und begann zu schreiben. Auf dieser Reise war es darum gegangen, einige geheimnisvolle Artefakte für meinen Cousin einzusammeln. Dieser Teil war noch nicht abgeschlossen. Ich musste noch ein letztes Stück besorgen. Doch die persönliche Reise, die ich unternommen hatte, war beendet, wie mir klargeworden war. Um aufrichtig gegenüber mir selbst zu sein, musste ich mich meinen Ängsten stellen und um eine Rückversetzung in das Entwicklungslabor bitten oder mir eine andere Stelle suchen. Ich musste an jenen Platz zurückkehren, an dem ich mein Bestes geben, an dem ich Arbeit auf der »Ebene eines Genies« leisten konnte.

Doch das war nur ein kleiner Teil der Veränderung, die ich vollziehen musste. Ich musste die gemeinsame Welt mit Annisha wiederaufbauen, einen Weg finden, um die Geringschätzung, die ich in der Vergangenheit an den Tag gelegt hatte, wiedergutzumachen und unsere Beziehung zu erneuern. Ich musste mich nach Kräften bemühen, für Adam der bestmögliche Vater zu sein, und ich musste aufhören, mich der Freuden zu berauben, die der Umgang mit meinem Sohn mir bieten konnte. Mehr noch, ich musste aufhören, mich des Glücks und der positiven Einflüsse meiner Liebsten zu berauben – meiner Mutter, meiner Schwester, meiner alten Freunde und meiner neuen Freunde. Der Talismanbrief von Ayame sprach es aus – so wie ich andere behandelt hatte, so hatte ich auch mich selbst behandelt. Indem ich sie geringgeschätzt hatte, hatte ich mir mein eigenes Glück verbaut. Ich war nicht achtsam gewesen gegenüber anderen Menschen. Ich würde in Zukunft sorgfältiger auswählen müssen, welchen Einflüssen ich mich aussetzte. Ich würde alle die einfachen Vergnügungen wertschätzen, die sich mir boten. Nichts von alldem würde über Nacht geschehen. Aber ich würde jeden Tag darauf hinarbeiten, jeden Tag so leben, als beinhalte er mein ganzes Leben im Miniaturformat. Kleine tägliche Verbesserungen. Keine Entschuldigungen.

Ich hatte das Gefühl, dass ich nun über all die Instrumente verfügte, die ich brauchte, um die Zukunft in Angriff zu nehmen. Die Talismanbriefe hatten sie mir verschafft. Was fehlte jetzt noch?, überlegte ich. Welche weitere Weisheit konnte mir der letzte Talisman vermitteln?

Kapitel 11

Ich stand vor dem eindrucksvollsten Gebäude, das ich je gesehen hatte – dem Tadsch Mahal. Es dämmerte, und die meisten Besucher und Touristen waren schon wieder weg. Zunächst erschien es mir als ein eigenartiger Ort, um jemanden zu treffen, doch bei dieser Reise war nichts so verlaufen, wie ich es erwartet hatte.

Bevor ich in Phoenix abgeflogen war, hatte ich von Julian eine Nachricht mit genauen Anweisungen erhalten. Ich sollte in Delhi in einem Hotel übernachten und am nächsten Tag nach Agra weiterfliegen, wo ich den letzten Talismanhüter um halb sieben abends am Tadsch Mahal treffen sollte. Vor ein paar Wochen hätte mir der Gedanke, mich allein in New-Dehli und Agra zu bewegen, noch Unbehagen bereitet. Mittlerweile hatte ich jedoch so viele Orte besucht, so viele verschiedene Dinge gesehen, dass mich angesichts der bevorstehenden Herausforderungen eine neue Zuversicht überkam. Und jetzt waren alle Gedanken an Vergangenheit und Zukunft weggewischt, als ich auf dem Platz vor dem Tadsch Mahal stand und zu dem Mausoleum blickte.

Ich war etwas früher gekommen, denn ich hatte erwogen, mir das Tadsch Mahal von innen anzuschauen, bevor es für diesen Tag geschlossen wurde. Aber als ich ankam, begriff ich, wie töricht es war, etwas so Spektakuläres in so kurzer Zeit besichtigen zu wollen. Julian hatte mir noch nicht mitgeteilt, wann ich Agra wieder verlassen würde. Ich hoffte, mir würde genügend Zeit bleiben, um noch einmal hierher zurückzukehren und dieses atemberaubende architektonische Meisterwerk näher in Augenschein zu nehmen. Ich spazierte außen am Gebäude entlang, mit offenem Mund und nach hinten gelegtem Kopf.

Die Größe des Bauwerks war schlicht überwältigend. Keines der Fotos, die ich gesehen hatte, konnte dem Betrachter die enorme Dimension dieses Bauwerks vermitteln, die geschwungene Kuppel, die elegante Symmetrie, die ungeheuren Ausmaße. Ich verstand auch nicht, warum Julian das Treffen auf den Abend angesetzt hatte. In der untergehenden Sonne veränderten sich die Farben der leuchtenden Marmor- und Sandsteinmauern. Als ich näher heranging, sah ich, dass die Außenflächen mit aufwendigen Steinreliefs und kalligraphischen Verzierungen geschmückt waren, die sich ungefähr dreißig Meter weit nach oben erstreckten. Kostbare Juwelen und Edelsteine zierten das filigrane Gestein: Ich sah Türkis, Lapislazuli, Smaragd und rote Koralle herausschimmern. Ich spazierte vor dem Bauwerk hin und her, ging näher heran, um bestimmte Details genauer zu betrachten, und trat dann wieder zurück, um die unglaubliche Größe auf mich wirken zu lassen.

Ich war um das Tadsch Mahal herumgewandert, vollkommen in Bann geschlagen von diesem einzigartigen Moment, und hatte ganz vergessen, warum ich eigentlich hier war. Plötzlich sah ich etwas Purpurrotes aufblitzen. Ich drehte mich um. Vor mir stand eine großgewachsene Gestalt. Obwohl sie das Gesicht abgewandt hatte, erkannte ich, dass es ein Mann war. Er bewegte sich nicht; das Gewand, das seine schlanke Figur umhüllte, wehte leicht im Wind. Dann drehte er sich um und lächelte. Es war Julian.

»Was soll das?«, platzte ich heraus. Das ergab keinen Sinn. Was tat Julian hier? Warum hatte er mir nicht mitgeteilt, dass er selbst nach Indien kommen werde? Und wenn er hierhergekommen war, um die Talismane zu übernehmen, warum hatte er mich dann so weit fliegen lassen?

»Ich bin hier, um mir von dir die Talismane aushändigen zu lassen«, sagte Julian und zwinkerte mit den Augen.

Meine Lippen zitterten, ich suchte nach Worten, um all die Fragen zu formulieren, die mir durch den Kopf schossen.

»Ich weiß«, sagte Julian. »Du hast einen langen Weg hinter dir, während ich schon da bin. Ich bin auf dem Weg in den Himalaja, wo ich mich eine Weile aufhalten werde. Und hier ist wirklich der beste Treffpunkt.«

Ich nickte, noch ganz verwirrt und benebelt.

»Gehen wir ein Stück da hinunter«, sagte Julian und deutete auf die langen, von Blumen und Bäumen gesäumten Wege. Sie führten am Wasserbecken entlang, in dem sich das Licht spiegelte. »Suchen wir uns ein Plätzchen, wo wir uns hinsetzen können … in der Abendluft.«

Wir ließen die Bögen des Tadsch Mahal hinter uns und stiegen die steinernen Stufen hinab. Das Wasser im

Becken wurde dunkel, die Sonne sank unter den Horizont und tauchte den Himmel in weiches Indigoblau.

Im Gehen fuhr Julian mit der Hand in eine Tasche seines Gewands. »Möchtest du den letzten Talisman sehen?«, fragte er.

»Du hast ihn bei dir?«, entgegnete ich.

Julian nickte, dann zog er einen kleinen braunen Beutel heraus. Ich streckte die Hand aus, und er entleerte den Inhalt des Beutels auf meine Handfläche. Es war eine winzige Marmornachbildung des Tadsch Mahal. Diesmal gab es kein Papier dazu und auch keinen Kommentar. Ich neigte den Kopf.

»Lass mich dir erklären, was das bedeutet«, sagte Julian. »Bei diesem letzten Talisman geht es um das Vermächtnis«, fuhr er fort. »Die Mönche sagen, die Größe eines Menschen lässt sich am besten beurteilen, wenn man sich ansieht, wie stark sein Einfluss auf die nachfolgende Generation ist. Wenn wir also tatsächlich daran interessiert sind, uns als Menschen in neue Höhen aufzuschwingen, dann sollten wir nicht fragen: ›Was nützt mir das?‹, sondern: ›Was nützt es der Welt?‹ Und deshalb symbolisiert das Tadsch Mahal auf perfekte Weise das Vermächtnis.«

Ich warf einen Blick zurück auf das himmlische Bauwerk. Es schimmerte violett und strahlte wie ein glitzernder Stern.

»Ja, ich verstehe«, sagte ich. »Dieses Gebäude hat mich inspiriert und schon so viele Träumer aus so vielen Teilen der Welt beeinflusst. Seit Jahrhunderten. Ich kann kaum glauben, dass es das Werk eines einzelnen Mannes ist, dass es während der Lebenszeit eines einzigen Menschen erbaut wurde.«

»Daran besteht kein Zweifel«, entgegnete Julian. »Das ist ein höchst bemerkenswertes Werk der Kunst oder der Architektur. Nur wenige Menschen hinterlassen etwas derart Schönes und Bedeutendes. Aber wenn ich an das Vermächtnis des Schöpfers des Tadsch Mahal denke, kommt mir nicht in erster Linie das Architektonische in den Sinn.«

Ich schaute Julian an und verstand nicht recht, worauf er hinauswollte.

Shah Jahan war zu Beginn des 17. Jahrhunderts der Herrscher des Mogulreiches, erläuterte Julian. Seine Gemahlin war eine Frau namens Mumtaz Mahal oder Juwel des Palastes. Er verehrte sie, und sie verehrte ihn. Tragischerweise starb Mumtaz Mahal bei der Geburt ihres vierzehnten Kindes. Der Legende zufolge handelten die letzten Worte Mumtaz' von ihrer immerwährenden Liebe zu ihrem Ehemann.

Shah Jahan war durch ihren Tod am Boden zerstört. Nach dem Trauerjahr, das er in völliger Zurückgezogenheit verbracht und in dem er allen irdischen Freuden entsagt hatte, fasste Jahan den Entschluss, den Rest seines Lebens damit zu verbringen, seiner geliebten Frau eine Ruhestätte zu errichten, die einem Himmel auf Erden gleichkommen solle. Und heute pilgern jedes Jahr zwischen zwei und vier Millionen Menschen hierher, um zu besichtigen, was Shah Jahan für die Liebe seines Lebens erbauen ließ.

»Nicht viele von uns werden der Welt etwas hinterlassen, das so groß ist wie das Tadsch Mahal«, sagte Julian. »Doch auch wesentlich kleinere Hinterlassenschaften sind wertvoll.«

Julian begann, in der Tasche seines Gewandes zu suchen. Dann zog er ein kleines Blatt Papier heraus und reichte es mir. Darauf stand:

FÜR ETWAS GRÖSSERES EINSTEHEN,
DAS ÜBER EINEN SELBST HINAUSWEIST

Es leben keine überflüssigen Menschen auf der Welt. Jeder Einzelne von uns ist aus einem Grund hier, lebt für einen bestimmten Zweck – eine Mission. Ja, erschaffe dir ein schönes Leben für dich selbst und für deine Lieben. Und, ja, werde erfolgreich, nach deinen eigenen Maßstäben, nicht nach denen, die dir von der Gesellschaft vorgegeben werden. Aber vor allem – und das ist das Wichtigste – sei bedeutend. Sorge dafür, dass dein Leben etwas bedeutet. Und sei für möglichst viele Menschen von Nutzen. Auf diese Weise kann sich jeder von uns aus dem Reich des Gewöhnlichen emporschwingen in die Höhen des Außerordentlichen. Und bewege dich unter den Besten, die jemals gelebt haben.

»Es machte einen großen Unterschied, dass Mumtaz Mahal auf der Welt war«, sagte Julian ruhig. »Ihr Schatten ist länger als der ihres Ehemannes. Es war ihre Liebe, die zu alldem geführt hat.« Julian streckte eine Hand vor sich aus.

»Manchmal, Jonathan«, fuhr Julian fort, »sind unsere Hinterlassenschaften deutlich sichtbar in der Welt – ein Fortschritt in der Wissenschaft, ein Kunstwerk, die Entwicklung eines erfolgreichen Unternehmens, der Bau eines Hauses oder einer Stadt. Oft aber sind unsere Hinterlassenschaften weniger greifbar, weniger messbar. Wichtig ist, dass wir überhaupt etwas hinterlassen. Das macht den Unterschied aus: dass wir ein Vermächtnis hinterlassen.«

Ich erkannte nun, dass ich mich in Sedona geirrt hatte. Ein Stückchen Weisheit fehlte noch in der Sammlung der Talismane. Das Vermächtnis. Dabei handelte es sich nicht um Geld oder darum, Beifall einzuheimsen. Es ging vielmehr um Einfluss und Wirkung, es ging darum, die Welt ein Stück weit besser zu machen. Gao Li hatte das verstanden. Meine Schwester Kira wusste es. Mein Vater und meine Mutter hatten es gewusst. Und als ich hier saß, vor diesem berührenden Monument der Liebe, da begriff ich, dass dies etwas war, das mir in den folgenden Monaten und Jahren nicht mehr aus dem Kopf gehen würde. Wie würde mein Vermächtnis beschaffen sein? Welche bleibenden Spuren würde ich hinterlassen?

»Nun«, sagte Julian nach einigen Augenblicken des Schweigens, »hast du die übrigen Talismane?«

»Oh«, erwiderte ich. »Das hätte ich fast vergessen.«

Das stimmte nicht ganz. In Wirklichkeit widerstrebte es mir auf eigenartige Weise, mich von ihnen zu trennen.

Als ich mein Hemd aufmachte und langsam den Beutel von der Schlaufe löste, lächelte Julian.

»Du hast sie mittlerweile ein bisschen liebgewonnen«, sagte er freundlich. »Du hast ihre Kraft entdeckt.«

»Nun, ich weiß nicht«, erwiderte ich.

»Ich glaube schon. Wie fühlst du dich?«

»Gut«, antwortete ich. »Überraschend gut.«

»Kein Jetlag? Keine Müdigkeit? Immer noch viel Energie?«

»Ja«, antwortete ich langsam. »Meinst du …?«

»Die Weisheit dieser Talismane kann dein Leben verändern, wenn du sie annimmst, wenn du dich ihnen verpflichtest. Sie können, wie ich dir bereits sagte, *lebensrettend* sein.«

»Übrigens«, sagte ich, als mir einfiel, wie besorgt meine Mutter damals vor Wochen geklungen hatte, »wer ist in Gefahr? Wessen Leben versuchst du mit diesen Talismanen zu retten?«

Julian schaute mich mit hochgezogenen Augenbrauen an, sagte aber nichts. Es herrschte einen Augenblick Stille, während mir allmählich die Wahrheit dämmerte.

»Ach, komm schon«, sagte ich, während sich mein Gesicht rötete. »Mein Leben muss nicht gerettet werden.«

Julian erwiderte nichts. Aber er schaute mich weiter unverwandt an, als warte er auf etwas. Die Talismane lagen noch immer in meiner Hand.

»Ich bin gesund und habe einen tollen Sohn. Na gut, mit meiner Ehe steht es nicht zum Besten, aber …«

»Jonathan, du weißt ebenso gut wie ich, dass dein Leben ziemlich in Unordnung geraten ist. Deine Mutter hat das erkannt, und sie macht sich fürchterliche Sorgen. Sie hat ihren Mann, deinen Vater, verloren, und sie fürchtete, dass sie auch dich bald verlieren würde. Sie sah, dass du nicht das Glück und die Zufriedenheit finden würdest, die sie und dein Vater besaßen, wenn du weitermachen würdest wie bisher. Du hast in einem Job gearbeitet, den du hasst; du hast deine Ehe aufs Spiel gesetzt; und du hast die Kindheit deines Sohnes versäumt.«

»Dann waren alle diese Talismane also nur Unsinn? Es gab keine wundersame Heilung?«

»Die echte Magie liegt in diesen Briefen, Jonathan, und in deinem Journal. Die Talismane waren eine Möglichkeit, deine Aufmerksamkeit zu wecken. Die Reise war eine Möglichkeit, dir die Zeit zu verschaffen, um die Erkenntnisse in dich aufzunehmen, die diese Briefe – und meine Freunde – dir vermitteln konnten.

Jonathan, du hast gezeigt, dass du gewillt bist, dich anzustrengen, dich deinen Ängsten zu stellen und Risiken auf dich zu nehmen, um das Leben von jemand anderem zu retten. Doch als du abgereist bist, warst du noch nicht bereit, alle diese Dinge zu tun, um dich selbst zu retten. Doch ich glaube, jetzt hast du diese Bereitschaft.«

»Aber was ist mit all den Talismanhütern?«, fragte ich. »Wissen sie, dass diese Dinge nichts Magisches an sich haben – selbst wenn man alle beisammen hat?«

Julian lächelte. »Das war meine einzige wirkliche Unaufrichtigkeit, Jonathan. Ich habe diese kleinen Amulette gesammelt, nachdem ich vor ein paar Monaten mit deiner Mutter gesprochen hatte, und dann habe ich sie an meine Freunde geschickt. Sie begriffen, um was es ging, und halfen mir bereitwillig. Jeder dieser Menschen ist auf seine eigene Art weise – für mich verkörpern sie das Wissen, das in den jeweiligen Briefen enthalten ist. Ich habe so viel gelernt von jedem von ihnen, und ich wollte, dass du sie kennenlernst und auch von ihnen lernst. Und das war die einzige

Möglichkeit, die mir dazu eingefallen ist. Sonst hättest du diese Reise niemals angetreten.«

Es hatte mir Vergnügen bereitet, mich mit Julians Freunden zu treffen, und ich musste zugeben, dass ich gerne mit jedem von ihnen mehr Zeit verbracht hätte. Dabei musste ich an die anderen Menschen denken, denen ich ebenfalls gern mehr Zeit gewidmet hätte – meinem Vater. Und Juan.

Julian deutete zu einer kleinen Steinbank vor uns. Als wir uns setzten, legte er mir sachte eine Hand auf die Schulter.

»Ich glaube, dass dir mittlerweile einige Dinge klargeworden sind, aber etwas bedrückt dich noch immer«, sagte er leise.

Ich hatte schon so lange darüber nachgegrübelt, dass ich nicht genau wusste, wo ich mit der Geschichte anfangen sollte. Also fing ich ganz vorne an. Ich erzählte Julian von meiner Zusammenarbeit mit Juan im Labor und von meiner Entscheidung, diesen Posten aufzugeben. Ich berichtete ihm, wie Sven und David versucht hatten, Juan hinauszudrängen, und dass ich ihn nicht in Schutz genommen und ihm auch nicht meine Freundschaft gezeigt oder mein Mitgefühl bekundet hatte. Dann erzählte ich ihm von Juans Autounfall.

»Ein Unfall also«, sagte Julian. Er sagte es beiläufig, aber in seiner Stimme lag ein gewisser fragender Ton.

Als ich nichts antwortete, fuhr er fort. »Aber du hast Zweifel.«

»Ja«, sagte ich schließlich. »Juan hatte einen Herzanfall. So viel ist sicher. Aber wann hatte er ihn? Vor oder nach dem Aufprall auf die Leitplanke?«

Juan schaute mich betrübt an, als wisse er, dass meine Geschichte ihren Schlusspunkt noch nicht erreicht hatte.

Ich blickte hinab auf die Steine vor mir und die große Kuppel in der Ferne.

»Zwei Tage vor seinem Tod«, fuhr ich fort, »ging ich an Juans Büro vorbei. Er kam gerade aus der Tür. Er schaute zu Boden, offenkundig in Gedanken versunken. Fast wäre er mit mir zusammengestoßen. Als er mich sah, veränderte sich sein Gesichtsausdruck nicht. Er sprach, als richte er sich nicht an mich, sondern äußere nur laut seine Gedanken.

›Es hat nicht mehr viel Sinn, weiterzumachen‹, sagte Juan. Damals dachte ich, er wolle damit andeuten, dass er kündigen werde. Und so beschämend es ist, es zuzugeben, aber ich war erleichtert. Zumindest würde ich nun sein gequältes Gesicht nicht mehr jeden Tag sehen müssen. Zumindest konnte ich nun so tun, als würden sich die Dinge doch noch zum Besseren wenden. Ich sagte nichts zu Juan, und er ging weiter, den Gang hinab, mit gesenktem Kopf und schweren Schrittes. Aber danach … Juans Worte brannten wie Säure in mir. Hatten diese Worte seinen tödlichen Unfall angekündigt? Hatte sich Juan entschlossen, seinem Leben ein Ende zu setzen, nicht seiner beruflichen Karriere? Und wenn ich ihn aufgehalten, mit ihm gesprochen, ihm meine Hilfe angeboten oder mein Mitgefühl gezeigt hätte, würde er dann heute noch leben?«

Julian und ich schwiegen eine Weile. Nur noch wenige Menschen waren zu sehen. Die Leere auf dem Platz erschien mir surreal nach den lauten, überfüllten Straßen von New-Delhi und Agra.

Julian faltete die Hände und streckte die Beine aus. Seine braunen Ledersandalen ragten unter seinem roten Gewand hervor.

»Jonathan«, hob er an. »Ich glaube, wir sollten alle versuchen, fünf Jahre in die Zukunft zu blicken und uns zu überlegen, welche Dinge in unserem gegenwärtigen Leben wir dann am meisten bereuen werden. Und dann müssen wir *heute* etwas unternehmen, um zu verhindern, dass es wirklich so weit kommt, dass wir uns später diese Vorwürfe machen müssen.«

Julian legte seine Hand auf meine.

»Ich glaube, auf dieser Reise hast du bereits mit diesem Prozess begonnen. Dein künftiges Leben wird sich deutlich anders entwickeln, als wenn du diese Reise nicht unternommen hättest. Aber das ist die Zukunft. Wovon du jetzt sprichst, das ist die Vergangenheit. Du weißt ebenso gut wie ich, dass niemand die Fragen beantworten kann, die du dir stellst. Und du musst den Mut aufbringen, das zu akzeptieren.«

Ich seufzte tief. Ich hatte gehofft, Julians Antwort würde anders ausfallen, aber ich wusste, dass das nicht möglich war.

»Du kannst nicht nach vorn gehen, Jonathan, wenn du ständig zurückblickst«, sagte Julian entschlossen. »Und es gibt nichts, was du tun könntest, um die Vergangenheit zu ändern.«

»Aber ich habe das Gefühl, dass ich etwas tun muss, um Wiedergutmachung zu leisten, um zu zeigen, wie leid mir das alles tut«, sagte ich.

»Es gibt zwei Dinge, die du tun kannst«, erwiderte Julian. Ich blickte zu ihm auf und schöpfte zum ersten Mal Hoffnung in dieser Angelegenheit.

»Zwei Dinge, die du tun *musst*«, sagte er. »Zum einen musst du sicherstellen, dass du nie mehr einen Freund auf diese Weise vernachlässigen wirst; dass du nicht stummer Zeuge bleibst, wenn andere sich grausam oder schlimm verhalten.«

Ich nickte. Diesen Entschluss hatte ich schon vor ein paar Monaten gefasst.

»Und das Zweite«, fuhr Julian fort, »du musst dir selbst verzeihen.«

Julian schaute mich streng an.

»Erinnerst du dich an den Kranich-Talisman, Jonathan?«, fragte er.

»Ja«, antwortete ich und dachte voller Zuneigung an Ayame.

»Weißt du noch, was in dem Brief stand? Dass es wichtig ist, andere und auch sich selbst achtsam zu behandeln. Dass es wichtig ist, anderen zu vergeben. Es ist *unabdingbar,* dir selbst zu vergeben.«

Ich fuhr mit den Händen über mein Gesicht. Ich wusste, dass Julian recht hatte. Es würde das Schwierigste sein, was ich jemals zu tun hatte, aber ich musste aufhören, in Selbstvorwürfen zu versinken. Ich musste loslassen und nach vorne gehen.

»Da wir gerade von Vergebung sprechen«, sagte Julian und stand auf. »Da ist noch jemand, der dich sehen möchte.«

Die Sonne war mittlerweile vollständig verschwunden und hatte nur noch einen matten Schimmer am Horizont hinterlassen. Der Mond schien hell am Himmel; er sah aus wie eine goldene Münze vor einem tiefen samtenen Vorhang. Ich blickte umher. Licht glänzte auf dem Wasser des Reflexionsbeckens, aber der Garten war dunkel und leer. Dann bemerkte ich am Rand des steinernen Weges eine kleine Gestalt … die auf mich zukam. Ich schaute zu Julian, aber er war weg. Als ich mich wieder umdrehte, enthüllte das Mondlicht die Gestalt einer Frau: klein und schlank, mit langen, dunklen Haaren, die ihr über die Schultern fielen. Sie war jetzt nahe genug, dass ich ihr Lächeln sehen konnte. Annisha! Mein Herz hüpfte, und ich sprang auf.

Dann, als ich auf sie zueilte, sah ich noch etwas anderes. Die winzige Gestalt meines Sohnes tauchte hinter seiner Mutter auf. Adam senkte den Kopf nach unten und wirbelte mit den Armen, als er an Annisha vorbeirannte. Ich ging in die Knie und öffnete die Arme, um ihn in Empfang zu nehmen. Ich konnte nur seinen Namen sagen, bevor die Tränen meine Stimme erstickten.

Annisha, Adam und ich blieben noch drei Tage in Agra, dann flogen wir nach Hause. Die Zeit, die wir zusammen in Indien verbrachten, erschien mir als das Wichtigste, was ich jemals getan hatte.

Julian sagte mir, ich könne alle Talismane behalten – und auch die Briefe. »Vielleicht willst du die Talismane eines Tages Adam geben und ihm alles beibringen, was du gelernt hast.«

Beim Gedanken daran musste ich lächeln.

Als ich nach meiner langen Abwesenheit wieder in die Firma zurückkehrte, traf ich auf ein Meer aus unbekannten Gesichtern und kam in ein Büro ohne David und Sven. Ich verbrachte viel Zeit mit Gesprächen mit verschiedenen Managern und dem neuen Firmenchef. Viele Leute, auch meine Kunden, versuchten, mich zu überzeugen, im Vertrieb zu bleiben. Aber ich wusste, wo ich meine bestmögliche Arbeit leisten konnte. Schließlich erklärten sie sich einverstanden, und nachdem ich mehrere Monate als amtierender Technischer Direktor gearbeitet hatte, erhielt ich diesen Posten dauerhaft.

Natürlich hatte ich vorher bereits meine Wohnung aufgegeben und war zurück zu Annisha und Adam gezogen. Adam versuchte unverzüglich, mich als stellvertretenden Trainer für seine Fußballmannschaft zu gewinnen. Es überraschte ihn anscheinend, wie schnell ich mich dazu bereit erklärte. Und Annisha und ich begannen langsam und sorgfältig, an der Wiederherstellung unserer Ehe zu arbeiten.

Als eine der ersten Maßnahmen führten wir einen neuen Brauch ein – einmal im Monat veranstalteten wir an einem Sonntag ein gemeinsames Essen mit meiner Mutter, meiner Schwester und deren Familie sowie Annishas Eltern. Und wir begannen, unsere nächste Urlaubsreise zu planen.

»Wo sollen wir hinfahren?«, fragte Annisha, als sie einige Reiseführer durchblätterte, die meine Mutter uns ausgeliehen hatte. »Was sollen wir uns anschauen?«

»Fangen wir ganz am Anfang an«, schlug ich vor, während ich liebevoll an mein neues Leben und meine neuen Freunde dachte. »Fangen wir mit Istanbul an.«

Anhang
Die Talismanbriefe

Die Macht der Authentizität

Das größte Geschenk, das wir uns selbst machen können, besteht darin, uns die Selbstverpflichtung aufzuerlegen, ein authentisches Leben zu führen. Doch ehrlich zu uns selbst zu sein ist nicht leicht. Wir müssen uns von den Verlockungen der Gesellschaft befreien und unser Leben nach unseren eigenen Vorstellungen leben, nach unseren eigenen Werten und im Einklang mit unseren Träumen. Wir müssen Zugang finden zu unserem verborgenen Selbst; wir müssen die tiefsitzenden, unsichtbaren Hoffnungen erkunden, die Sehnsüchte, die Stärken und die Schwächen, die uns zu dem machen, was wir sind. Wir müssen verstehen, woher wir kommen und wohin wir gehen. Jede Entscheidung, die wir treffen, jeder Schritt, den wir tun, alles muss von unserer Selbstverpflichtung geleitet werden, ein Leben zu führen, das wahrhaftig und ehrlich und authentisch für uns selbst ist – und nur für uns selbst. Wenn wir auf diesem Weg voranschreiten, wird uns Glück in einem Ausmaß widerfahren, das unsere kühnsten Träume übersteigt.

Stelle dich deinen Ängsten

Was uns im Leben behindert, ist die unsichtbare Architektur der Angst. Sie hält uns fest in unseren Komfortzonen, die in Wirklichkeit die unsichersten Orte sind, an denen wir leben können. Das größte Risiko des Lebens besteht darin, keine Risiken einzugehen. Doch immer, wenn wir das tun, wovor wir uns fürchten, holen wir uns jene Macht zurück, welche die Angst uns genommen hat – denn die Kehrseite unserer Angst ist unsere Stärke. Jedes Mal, wenn wir uns der Unbequemlichkeit des Wachens und Voranschreitens aussetzen, werden wir ein Stück freier. Je mehr Ängste wir überwinden, desto mehr Macht gewinnen wir zurück. So werden wir furchtlos und mächtig zugleich; dann sind wir in der Lage, unsere Träume zu leben.

Lebe achtsam

Wir sollten stets bedenken, dass nicht nur unsere Worte unsere ausgesprochenen Gedanken sind, sondern dass auch unsere Taten unsere verwirklichten Überzeugungen darstellen. Keine Handlung, wie geringfügig sie auch sein mag, ist unbedeutend – so wie wir einen bestimmten Menschen behandeln, so behandeln wir auch alle anderen, auch uns selbst. Wenn wir einander nicht achten, achten wir auch uns selbst nicht. Wenn wir anderen misstrauen, misstrauen wir auch uns selbst. Wenn wir grausam zu anderen sind, sind wir auch grausam zu uns selbst. Wenn wir die Menschen in unserer Umgebung nicht schätzen, schätzen wir auch uns selbst nicht. Gegenüber jedem Menschen, mit dem wir in Verbindung kommen, bei allem, was wir tun, müssen wir achtsamer sein, als man es von uns erwartet, großzügiger, als man es erhofft, positiver, als man es uns zutraut. Jeder Augenblick in der Begegnung mit einem anderen Menschen ist eine Gelegenheit, unsere höchsten Werte zum Ausdruck zu bringen und den anderen durch unsere Menschlichkeit zu beeinflussen. Wir können die Welt verbessern, jeder für sich.

Mache jeden Tag kleine Fortschritte

Wie wir kleine Dinge erledigen, das bestimmt, wie wir Aufgaben im Allgemeinen erledigen. Wenn wir kleine Aufgaben gut meistern, werden wir auch unsere größeren Herausforderungen erfolgreich bewältigen. Dann wird die Meisterschaft unsere Art zu leben werden. Aber mehr noch – jede kleine Anstrengung führt zur nächsten, so dass Schritt für Schritt großartige Dinge erschaffen werden können, sich ein starkes Selbstvertrauen herausbildet und ungewöhnliche Träume verwirklicht werden können. Der wahrhaft Weise erkennt, dass kleine tägliche Verbesserungen stets im Laufe der Zeit zu außergewöhnlichen Ergebnissen führen.

Um das bestmögliche Leben zu führen, muss man die bestmögliche Arbeit leisten

Es gibt keine unbedeutende Tätigkeit auf der Welt. Jede Arbeit bietet uns die Chance, unsere persönlichen Begabungen zum Ausdruck zu bringen, unser Kunstwerk zu schaffen und das Genie zu verwirklichen, das wir sind. Wir müssen so arbeiten, wie Picasso gemalt hat: mit Hingabe, Leidenschaft, Energie und Vortrefflichkeit. Auf diese Weise wird unsere Produktivität nicht nur eine Quelle der Inspiration für andere werden, sondern auch eine Wirkung entfalten – sie wird das Leben der Menschen in unserem Umfeld verändern. Eines der größten Geheimnisse eines auf wunderbare Weise gelebten Lebens besteht darin, eine Arbeit zu verrichten, die etwas bedeutet. Und wer einmal dieses Stadium der Meisterhaftigkeit erreicht hat, auf den werden sich die Augen der Menschen richten.

Wähle sorgfältig, welchen Einflüssen du dich aussetzt

Wir durchleben unsere Tage nicht allein oder abgeschottet von der Welt um uns herum. Daher müssen wir stets all der Dinge und Personen gewahr sein, die wir in unser Leben einlassen. Es ist ein Zeichen von Weisheit, Zeit an jenen Orten zu verbringen, die uns inspirieren und uns Kraft geben, und sich mit Menschen zu umgeben, die uns erheben und beflügeln. Sei es in unserer Arbeit oder in unserem Privatleben, diese positiven Freunde und Kollegen werden uns dazu verhelfen, unser Potenzial voll zu entfalten und unser Leben in seiner ganzen Fülle zu leben.

Die schlichtesten Vergnügungen sind die grössten Freuden des Lebens

Was das Wichtigste im Leben ist, entdecken die meisten Menschen erst dann, wenn sie schon zu alt sind, um noch etwas dazu zu tun. Sie verbringen den größten Teil ihrer besten Jahre mit dem Streben nach Dingen, die am Ende nur wenig zählen. Die Gesellschaft ermuntert uns, unser Leben mit materiellen Dingen anzufüllen, doch im Innersten wissen wir, dass die einfacheren Vergnügungen jene sind, die uns bereichern und aufrechterhalten. Egal wie leicht oder wie schwer wir es gegenwärtig im Leben haben, wir alle sind umgeben von einer Fülle einfacher Freuden und Genüsse – die nur darauf warten, von uns erkannt zu werden. Wenn wir das tun, wächst unsere Zufriedenheit. Unsere Dankbarkeit wird größer. Und jeder Tag wird zu einem atemberaubenden Geschenk.

Der Sinn des Lebens ist Lieben

Wie gut du lebst, hängt davon ab, wie sehr du liebst. Das Herz ist weiser als der Kopf. Achte es. Vertraue ihm. Folge ihm.

Für etwas Grösseres einstehen, das über einen selbst hinausweist

Es leben keine überflüssigen Menschen auf der Welt. Jeder Einzelne von uns ist aus einem Grund hier, lebt für einen bestimmten Zweck – eine Mission. Ja, erschaffe dir ein schönes Leben für dich selbst und für deine Lieben. Und, ja, werde erfolgreich, nach deinen eigenen Maßstäben, nicht nach denen, die dir von der Gesellschaft vorgegeben werden. Aber vor allem – und das ist das Wichtigste – sei bedeutend. Sorge dafür, dass dein Leben etwas bedeutet. Und sei für möglichst viele Menschen von Nutzen. Auf diese Weise kann sich jeder von uns aus dem Reich des Gewöhnlichen emporschwingen in die Höhen des Außerordentlichen. Und bewege dich unter den Besten, die jemals gelebt haben.